攀西民族地区
乡村振兴理论与实践

胥 刚 陈 江 著

西南财经大学出版社

中国·成都

图书在版编目(CIP)数据

攀西民族地区乡村振兴理论与实践/胥刚,陈江著.—成都:西南财经
大学出版社,2023.12
ISBN 978-7-5504-5735-5

Ⅰ.①攀… Ⅱ.①胥…②陈… Ⅲ.①民族地区—农村—社会主义
建设—研究—四川 Ⅳ.①F327.71

中国国家版本馆 CIP 数据核字(2023)第 060118 号

攀西民族地区乡村振兴理论与实践

PANXI MINZU DIQU XIANGCUN ZHENXING LILUN YU SHIJIAN

胥刚 陈江 著

策划编辑:李邓超 王青杰
责任编辑:王青杰
责任校对:金欣蕾
封面设计:墨创文化
责任印制:朱曼丽

出版发行	西南财经大学出版社(四川省成都市光华村街55号)
网 址	http://cbs.swufe.edu.cn
电子邮件	bookcj@swufe.edu.cn
邮政编码	610074
电 话	028-87353785
照 排	四川胜翔数码印务设计有限公司
印 刷	成都市金雅迪彩色印刷有限公司
成品尺寸	170 mm×240 mm
印 张	19
字 数	449 千字
版 次	2024 年 8 月第 1 版
印 次	2024 年 8 月第 1 次印刷
书 号	ISBN 978-7-5504-5735-5
定 价	88.00 元

总　序

　　党的十八大以来，在以习近平同志为核心的党中央坚强领导下，始终把解决好"三农"问题作为全党工作重中之重，不断加大强农惠农富农政策力度，扎实推进农业现代化和新农村建设，全面深化农村改革。2017年10月，党的十九大报告首次提出实施乡村振兴战略。这一战略的提出既是我国经济社会发展的必然要求，也是中国特色社会主义进入新时代的客观要求；2021年4月，第十三届全国人民代表大会常务委员会第二十八次会议通过《中华人民共和国乡村振兴促进法》，为全面指导和促进乡村振兴提供了法律保障；2022年10月，同时，党的二十大报告提出要"全面推进乡村振兴"，这是对党的十九大报告提出的"实施乡村振兴战略"的进一步发展，党的二十大把乡村振兴战略作为"构建新发展格局，推动高质量发展"的一个重要方面进行了部署。全面推进乡村振兴既是构建新发展格局的需要，其本身也要基于新发展格局的构建，贯彻新发展理念，以中国式现代化高质量推进，即全面推进乡村振兴要主动服务、融入和支撑中国式现代化。

　　2021年2月25日，习近平总书记在脱贫攻坚总结表彰大会上庄严宣告：我国脱贫攻坚战取得了全面胜利。脱贫攻坚战取得全面胜利后，以习近平同志为核心的党中央作出设立5年过渡期，实现巩固拓展脱贫攻坚成果同乡村振兴有效衔接的重大决策，在巩固拓展脱贫攻坚成果的基础上，做好乡村振兴这篇大文章，接续推进脱贫地区发展和群众生活改善。各级各部门要以习近平新时代中国特色社会主义思想为指导，全面贯彻落实党的二十大精神和中央经济工作会议、中央农村工作会议精神，加快构建新发展格局，着力推动高质量发展，扎实推进乡村发展、乡村建设、乡村治理等重点任务，全面推进乡村振兴，加快农业农村现代化，建设宜居宜业和美乡村，为全面建设社会主义现代化国家开好局起好步打下坚实基础。

全面推进乡村振兴，加快农业农村现代化，对于全力推动巩固拓展脱贫攻坚成果再上台阶具有重要意义。作为脱贫攻坚的"硬骨头""最短板"，民族地区依然是巩固拓展脱贫攻坚成果的重点区域。2022年11月，国家民委等九部门联合印发《关于铸牢中华民族共同体意识 扎实推进民族地区巩固拓展脱贫攻坚成果同乡村振兴有效衔接的意见》，该意见着眼于促进各族群众在实现乡村振兴进程中不断铸牢中华民族共同体意识，确保民族地区在巩固拓展脱贫攻坚成果和乡村振兴工作中不掉队，在共同富裕路上跑出好成绩。

攀西民族地区位于四川西南部，作为四川五大经济发展片区之一，包括攀枝花市和凉山彝族自治州（以下简称凉山州）2个市（州）、22个县（市、区），区域面积约6.8万平方千米，区域内分布有彝族、傈僳族、苗族、白族、纳西族、傣族等少数民族，是全国重要的少数民族聚居区。随着攀枝花高质量发展建设共同富裕试验区的加快推进和全国民族团结进步示范市的全面启动（2023年1月，凉山州已被命名为新一轮"全国民族团结进步示范州"），攀西民族地区必须适应新形势、新任务，把推进巩固拓展脱贫成果、扎实推动各民族共同富裕、不断铸牢中华民族共同体意识等重要行动同乡村振兴有效衔接，切实推进区域内乡村振兴战略全面深化和提质增效。

当前，学术界对乡村振兴战略的实质内涵、逻辑理路和实践进路等方面进行了深入研究，成果颇丰。但乡村振兴战略研究还存在重视理论而实践不足，研究内容分布不均衡等问题。作为四川省社科规划重大项目的研究成果，这套精心撰写的"攀西民族地区乡村振兴系列丛书"汇聚了众多专家学者的智慧和经验，围绕乡村振兴"产业兴旺、生态宜居、乡风文明、治理有效、生活富裕"的总要求，立足攀西民族地区经济、政治、社会、文化和生态"五位一体"整体建设的实际情况和需求，将理论与实践相结合，以多元视角阐述乡村振兴的重要意义、发展现状及未来趋势与推进方向，旨在为攀西民族地区乡村振兴战略的深入实施提供有力的理论支持和实践指导。

该系列丛书由《攀西民族地区乡村振兴理论与实践》《攀西民族地区乡村产业振兴：夯实发展根基》《攀西民族地区乡村人才振兴：抓实第一资源》《攀西民族地区乡村文化振兴：筑牢精神基础》《攀西民族地区乡村生态振兴：建设美丽乡村》《攀西民族地区乡村组织振兴：构建治理体系》和《攀西民族地区乡村振兴与康养小镇耦合协同发展研究》《攀西民族地

区乡村振兴特色发展路径研究》八本著作组成。该丛书具有体系逻辑性强、现实指导性强和学科交叉性强等特点和优势。

一是体系逻辑性强。本丛书按照乡村振兴的内在逻辑关系进行排列，从理论到实践，从宏观到微观，构成了一个以乡村振兴战略的理论创新和实践分析为核心，乡村振兴区域特色发展路径为重点，以及促进乡村产业振兴、人才振兴、文化振兴、生态振兴和组织振兴"五位一体"总体布局为主线的"一心两翼五轴"的体系架构。

"一心"是指丛书以《攀西民族地区乡村振兴理论与实践》为核心，从理论逻辑和实践路径两方面进行宏观层面的分析与构建。该书首先阐释了攀西民族地区实施乡村振兴战略的必要性和重大意义。其次，分析了中国古代、马克思主义者、新中国成立以来、西方经济学派关于乡村振兴的理论，并对这些理论进行分析。本书的重点是按照乡村振兴的五个要求，对攀西民族地区乡村振兴实践展开研究，并阐述"五大振兴"的内在逻辑以及对攀西民族地区乡村振兴的意义。同时还对国外乡村振兴理论和实践进行了参照透视。最后，对攀西民族地区乡村振兴的政策供给以及实施步骤提出了可行性建议。

"两翼"是指丛书以《攀西民族地区乡村振兴与康养小镇耦合协同发展研究》和《攀西民族地区乡村振兴特色发展路径研究》两书为重点，分别选取攀西民族地区文旅康养与特色农业两个优势特色产业为切入点，深入探析它们如何更好地与乡村振兴、城乡融合发展相契合。前者以系统论、系统耦合理论、协同论理论等相关理论为指导，在宏观层面，剖析攀西地区乡村振兴与康养特色小镇建设之间的内涵及特征，构建耦合发展整体研究框架，重点分析2017—2021年两者耦合协同发展的内在演变过程，从内生性揭示内在耦合机理。在中观层面，依据攀西民族地区乡村振兴与康养小镇建设耦合研究框架，评价两者耦合发展过程，构建各自的指标体系。在微观层面，通过调研数据分析小农户参与耦合乡村振兴与康养小镇建设，实现"小农户和现代农业发展有机衔接"的有效途径。后者结合攀西民族地区农业产业基础情况，探索攀西民族地区乡村振兴背景下特色农业发展路径、生态农业发展的路径、特色休闲观光农业发展路径、文旅康养发展路径、开放路径、特色文化产业发展路径和品牌路径等内容，重点阐述了如何发挥区域优势，发展生态、休闲、观光等特色农业产业形态。

"五轴"是指丛书从"五大振兴"角度，分别论述了攀西民族地区在产业、人才、文化、生态和组织领域的统筹推进情况、应对策略和发展方向。其中《攀西民族地区乡村产业振兴：夯实发展根基》一书以构建具有攀西民族地区特色的绿色高效乡村产业体系为目标，通过系统深入的调查和研究，分析攀西民族地区农村产业发展的潜力、困境和主要发展路径。《攀西民族地区乡村人才振兴：抓实第一资源》一书以当前攀西民族地区乡村振兴人才发展的困境为依据，通过系统梳理攀西民族地区农业农村人才队伍建设和作用发挥等方面存在的问题及国内外乡村人才振兴的措施及启示，紧扣实施乡村振兴战略的现实需求，研究并提出攀西民族地区人才振兴体系、人才聚集的机制、人才振兴的路径、强化攀西民族地区乡村振兴人才支撑的对策措施。《攀西民族地区乡村文化振兴：筑牢精神基础》一书分别从攀西地区乡村公共文化服务体系建设、乡村文化特色产业发展、乡村传统文化保护、乡村文化生态构建四个维度，调研了攀西民族地区乡村文化建设概况，通过剖析典型案例，总结成功经验，分析存在的问题，进而提出相应发展路径，以期为攀西民族地区乡村文化振兴实践开展提供参考。《攀西民族地区乡村生态振兴：建设美丽乡村》一书以乡村生态振兴视角，结合攀西民族地区乡村生态振兴的建设实际，从乡村系统质量提升、农业资源合理利用与可持续发展、农业生产环境综合治理与绿色农业发展、农村生活环境综合治理、农村生态聚落体系建设、农村人居环境改善和生态资源利用与生态补偿等方面剖析了攀西民族地区美丽宜居乡村建设的实施路径和政策建议。《攀西民族地区乡村组织振兴：构建治理体系》一书围绕乡村组织振兴，深入攀西民族地区开展实地调查研究，重点介绍乡村振兴与乡村组织振兴、乡村组织振兴发展历程与现状、乡村基层党组织建设、乡村基层政权建设、乡村自治实践、乡村德治建设、乡村法治建设、乡村人才队伍建设等方面的内容。

二是现实指导性强。作为目前唯一一套全面梳理攀西民族地区乡村振兴发展现状和成效，并通过大量实地调研及案例分析，提出了一系列推动乡村振兴发展具体策略和方法的丛书，其不仅为民族地区乡村振兴提供了理论指导，还针对攀西民族地区的实际情况，深入挖掘了该地区的特色资源，多维度提出了全面推进乡村振兴的具体策略和方法。同时，每个板块都能从理论基础、政策导向和实践经验层面开展论述，具有很强的地域性、针对性和实用指导意义，这使得丛书能够提供对攀西民族地区乡村振兴的独特见解和观点，不仅对于关注攀西民族地区乡村振兴的读者和学者具有很强的实用参考意义，还能为政府、企业和社会组织及乡村工作人员提供政策决策支持和借鉴。

三是学科交叉性强。本丛书注重专业性的同时突出了学科交叉性，涵盖了地理科学、环境科学、生态学、经济学、社会学、管理学和文化学等多个学科领域，如丛书中的《攀西民族地区乡村组织振兴：构建治理体系》一书，运用了管理学、社会学和文化学的相关理论和方法，对乡村组织的构建、治理体系的完善等方面进行了深入研究，为读者提供了乡村组织振兴的实用方法和建议。同时借鉴了国内外涉及乡村振兴的多学科理论和实践应用经验，通过多学科的交叉融合，丛书为读者提供了一个全面、深入的视角来理解和研究攀西民族地区乡村振兴问题。

总之，这套"攀西民族地区乡村振兴系列研究丛书"具有较强的系统逻辑、实用指导性和学科交叉创新性等特点，其包含的八本著作，资料翔实，调查充分，视野开阔，案例实证性强，各自独立而又相互联系，宛如攀西民族地区乡村振兴的八面镜子，从不同角度全面、深入、系统地揭示了攀西民族地区乡村振兴的理论内涵与实践路径。

民族要复兴，乡村必振兴。实现中华民族伟大复兴的中国梦，归根到底要靠56个民族共同团结奋斗。在以习近平同志为核心的党中央坚强领导下，四川攀西民族地区各族干部群众将铆足干劲、接续奋斗，努力绘就乡村振兴的壮美画卷，朝着共同富裕的目标稳步前行。希望这套丛书能对广大读者有所启示，对攀西民族地区的乡村振兴和共同富裕有所推动。同时，也期待广大读者和学者能对这套丛书提出宝贵的意见和建议，让我们共同为攀西民族地区的乡村振兴和共同富裕贡献智慧和力量。

赵心愚

2023 年 12 月

前　言

习近平总书记指出，中华民族包含着众多的民族，各民族彼此扶持、荣辱与共，中国的发展根本上就是实现所有民族共同富裕。

攀西民族地区（包括攀枝花市和凉山彝族自治州）是我国彝族主要聚居区，这里居住着彝族、苗族等多个少数民族，出于历史、交通、区位等多种原因，其较全国其他地区发展相对滞后。攀西民族地区推进乡村振兴战略对于攀西民族地区经济社会发展的意义不言而喻。攀西民族地区拥有丰富的自然资源。该地区丰富的水资源、宽广的原始森林和湿地等构成了独特的生态系统。地区内拥有许多动物和植物的自然宝藏，其中包括大熊猫、金丝猴、金钱豹、黑熊等多种珍稀动物，以及茶叶、油茶、砂仁、桂花等多种珍贵植物。攀西民族地区还拥有独特的民族文化。地区内有多个民族，他们拥有独特的民族风俗、习俗和文化传统。他们的语言、音乐、舞蹈、建筑、民俗等都丰富而多样，形成了独特的文化景观。实现攀西民族地区乡村振兴对于解决发展不平衡、不充分问题具有里程碑意义。攀西民族地区在实现精准脱贫后，充分利用本地优势资源，发展建设特色康养小镇，实现康养小镇与乡村振兴耦合协同发展，将巩固脱贫攻坚成果与乡村振兴无缝衔接起来，在国家政策倾斜、资金支持以及兄弟省份的帮扶下，攀西民族地区将迎来前所未有的发展机遇，对于攀西民族地区乡村振兴以及现代化建设意义重大。因此，稳步推进乡村振兴战略成为攀西民族地区党和政府以及群众的重要任务，也是攀西民族经济社会快速发展、各民族共同进步并走上共同富裕道路的关键所在。

攀西民族地区通过几年的脱贫攻坚，取得了显著成效，辖区内绝对贫困得到彻底解决，但巩固脱贫攻坚成果，接续乡村振兴任务十分艰巨。一方面，乡村产业单一，生产技术落后，影响了农业生产的效率。自然资源丰富，潜能未得到利用和发挥，丰富的文化资源也未能转化为经济资源。

另一方面，攀西民族乡村地区农业产业发展不充分，提供的就业机会不多，造成从事第一产业的人数多、效率低，农村居民收入低，难以实现就地就业，脱贫攻坚成果基础不牢，极易因自然或市场风险而再度大面积返贫。

攀西民族地区要积极推进乡村振兴，构建农业现代化发展体系，推进农业技术改造，提高农业生产经营效率，增加劳动力的就业机会，发展乡村旅游和其他乡村经济活动，为当地群众提供更多就业机会，更好地改善他们的生活条件。攀西民族地区推进乡村振兴战略，不仅有助于实现攀西民族地区乡村经济的发展，而且能改善乡村经济发展环境，提高乡村劳动力就业率，有助于巩固脱贫攻坚成果，实现社会和谐稳定。首先，乡村振兴将推动攀西民族地区农业现代化的发展，提高农业生产经营效率，实现农村经济的稳定发展。其次，乡村振兴有助于改善乡村的生活条件，发展乡村旅游业和其他乡村经济活动，为当地群众提供更多就业机会，促进社会和谐稳定。最后，乡村振兴有助于提升攀西民族地区科技水平，加快攀西民族地区经济社会发展。攀西民族地区投入资金，大力推动农村科技创新，支持农业科技投资，实施科技型农业发展战略，加快农业科技进步，实现农村经济社会的可持续发展。攀西民族地区推进乡村振兴，不仅有助于改善当地群众的生活条件，还有助于提高攀西民族地区科技水平，促进经济社会发展，实现攀西民族地区经济社会的可持续发展。

产业振兴是攀西民族地区乡村振兴的物质基础。产业振兴是包括产业结构调整、产业转型升级和现代服务业发展在内的全面系统过程，对促进农村经济发展和社会进步具有重要作用。攀西民族地区地方政府应充分利用当地的资源优势，积极发展特色农村产业。一方面，政府应加快当地农业产业发展，推进农产品产业化，发展现代农业产业园；另一方面，政府应鼓励现代服务业的发展，促进现代产业集群的发展。同时，还要重视农村人才的培养，鼓励农村群众积极参与农村产业的发展，推动农村现代服务业的发展。

产业振兴是攀西民族地区巩固脱贫攻坚成果的需要。近年来，攀西民族地区在脱贫攻坚方面做出了巨大努力，取得了显著成效。但是，巩固脱贫攻坚成果仍然是一个艰巨的任务。因此，有必要推动攀西民族地区农业产业振兴，巩固攀西脱贫成果。一方面，推动产业振兴可以保证贫困人口收入的稳定增长。政府要主动推动农村产业发展，推进农产品产业化，发展农村现代服务业；另一方面，推动产业振兴可以增加就业，增加居民收入。政府应主动发展农村产业集群，鼓励企业开展跨区域合作和资源共享。攀西民族地区地方政府在实施乡村振兴战略时，要着力推动农业产业振兴，推进农业产业化和农村现代化，促进传统农业产业转型升级。

攀西民族地区应加快推进产业转型与升级，实现从产业扶贫到产业振兴的转变。为此，应加强顶层设计，制定并落实扶持政策，建立完整的政策措施，促进攀西民族地区农业产业持续稳定发展。同时，要健全和创新农户利益联结机制，深入推进农村土地制度改革，完善农业专业化、社会化服务体系，破解种地难题，构建新型农业产业组织体系，促进农业供给侧结构性改革，实现全面振兴。另外，还要发挥攀西民族地区资源和区位优势，健全产业支撑体系，注重旅游、文化、康养及其他特色产业与产品，主动融入国内大循环等。

生态振兴是攀西民族地区乡村振兴的根本前提。生态宜居既是乡村振兴的重要目标，也是乡村振兴应有的责任。攀西民族地区优良的生态环境是广大农村的最大优势，乡村振兴建设生态宜居美丽民族村社，突出了新时代对生态的重视、文明建设与各族人民日益增长的美好生活需求之间的内在联系。生态宜居的内涵包括自然、社会、人三个层面，外延则涉及人与自然和谐共处、人与人的协调统一、文化传承等多个方面。

乡村生态宜居遵循传统农业生产方式，融入现代产业体系。生态宜居的核心是以推动绿色发展和低碳为核心，以可持续发展为中心，是生产场地、居住家园、生态环境相结合的复合型"村社化"道路的实践和路径示范。要充分尊重和利用少数民族自然生态文化，引导少数民族融入现代生态文明。

人才是第一资源，攀西民族地区农村人才缺乏，推进攀西民族地区农村人才振兴是政府推进农业农村发展、提升农村发展水平的重要举措。要实现农村人才振兴，政府首先要采取有效措施来培育、吸引农村人才。政府要加大对农村人才的投入力度，改善农村人才的工作条件和收入，为他们提供更多的成长成才机会，使他们能够在农村担任重要的职责；政府要加强农村人才的培训，提高他们的素质，使他们能够更好地担当起公共管理中的重要职责；政府还要加强农村社会保障，落实农村人才保障制度，为农村人才提供足够的社会保障，使他们能够长期在农村扎根，能够发挥他们的聪明才智。同时，政府还要注重对农村文化教育的投入，加强农村人才的文化修养，使他们有更强的社会责任感。

为此，攀西民族地区各级政府要出台相关人才政策，做好农村人才振兴的工作，农村才能实现真正的发展。农村人才的振兴不仅有利于改善农村经济状况，而且可以提高农村人民的生活水平。

攀西民族地区实现乡村文化振兴，是落实乡村振兴战略的必然要求，要坚持物质文明与精神文明齐头并进，养成文明乡风、良好家风和淳朴民风，提升攀西民族地区居民的精神风貌，持续提升攀西民族地区乡村社会文明水平，焕发乡村文明新风采。乡村文化振兴是攀西民族地区决胜乡村振兴的必然要求，实现攀西民族地区农业和农村现代化这一伟大历史任务，就是要把攀西民族地区新时代乡村振兴工作做得更好。

攀西民族地区实施乡村振兴战略，其基石就是要以党建为统领，实现有效治理。在实施乡村振兴战略过程中，基层党的建设与村民自治相结合，实现组织振兴，有利于激发群众内生动力，促进攀西民族地区农村社会和谐稳定。为了顺利推进脱贫攻坚与乡村振兴的有效对接，攀西民族地区农村基层党组织应不断强化与完善乡村治理与民族事务治理。攀西农村基层党组织是攀西民族地区农村各项工作的组织领导者，更是党的各项方针政策的履行者、实践者。攀西民族地区乡村振兴战略实施的政治保障与组织基础，就是农村基层党组织的振兴。

著者

2023 年 10 月

目　录

1 攀西民族地区乡村振兴战略的内涵、原则和重要意义

实施乡村振兴战略，是我国全面建设社会主义现代化国家的重大历史任务，是新时代做好"三农"工作的总抓手。攀西民族地区为中国彝族的主要聚居地，攀西民族地区实施乡村振兴战略，对于巩固脱贫攻坚成果，实现巩固拓展脱贫攻坚成果同乡村振兴有效衔接以及推动农民农村共同富裕具有重要的现实意义和深远的战略意义。2021年4月29日，十三届全国人大常委会第二十八次会议通过了《中华人民共和国乡村振兴促进法》，用法律的形式对乡村振兴给予保证。习近平总书记指出："中华民族是一个大家庭，一家人都要过上好日子。"乡村振兴，就是全中国农村的整体复兴，它必然包括全国范围内的各个区域及各个民族的振兴。

攀西民族地区精准脱贫以来，乘势而上，启动乡村振兴战略，做到精准脱贫和乡村振兴的有效对接。通过实施乡村振兴战略，该地区充分利用本地比较优势资源，发展新业态新产业，促进传统产业与现代产业融合，加强基础设施与交通建设，推进农村电子商务发展，推广新技术新产品，改善农村金融服务，优化农村产业结构，提高农业技术水平和经济效益，加快旅居康养小镇建设，不断提升攀西地区经济实力、文化水平、生态环境质量和社会治理水平。这些举措有利于改善民族地区农民的生活水平，对于促进攀西地区农业整体升级、农村全面进步、农民全面发展等具有重大意义。

1.1 攀西民族地区乡村振兴战略的内涵

推动攀西民族地区实现乡村振兴，就是要在攀西民族地区实现产业、人才、文化、生态、组织的振兴。国家实施精准扶贫战略以来，我国各区域发展不平衡问题得到了很大程度的缓解，但仍有不少贫困地区脱贫成果还很脆弱，需要通过乡村振兴战略巩固这些地方的脱贫攻坚成果。攀西民族地区实施乡村振兴战略旨在改善农村经济和社会环境，缩小城乡差距，提高农村的综合竞争力，推动乡村经济的繁荣发展。

进入新时代以来，我国已进入新的发展阶段，经济社会结构不断优化升级，城乡一体化水平稳步提高。与新农村建设相比，乡村振兴战略在内容上更全面，内涵更丰富，层次更高，目标更大，这也决定了乡村振兴战略的实施将是一个艰难的过程，不可一蹴而就。为此，必须有足够的耐心和信心，才能确保如期实现"十四五"规划提出的各项改革发展目标。尤其是攀西民族地区等刚刚完成精准脱贫的地区，推进乡村振兴的任务就更艰巨了，再加上地域、基础等原因，其难度更大。

对此，在战略导向上应做到"四个坚持"。第一，要坚持党的全面领导，强化党对"三农"问题的领导。这也是当前乃至今后一个时期全川党的农村工作的重要组成部分。攀枝花市委、凉山州委应坚定不移地贯彻新时代党的农村工作精神，在协调发展中统筹攀西民族地区"三农"问题。第二，要坚决将巩固拓展脱贫攻坚成果同乡村振兴有效衔接起来，并将其作为首要工作任务和政治任务。第三，要坚持农业农村优先发展，做好重点规划，突出重点，深入推进农村产权制度改革，激发农民活力，激发村集体的潜能，在保持对自然生态地域特色尊重的前提下，促进城乡融合发展及美丽宜居康养小镇的打造。第四，坚持以民为本，较好地保证和提高农民的生产生活条件和生活品质，增强农民获得感。

1.1.1 产业兴旺是攀西民族地区乡村振兴的核心

产业振兴是攀西民族地区乡村振兴的物质基础，产业振兴是包括产业结构调整、产业转型升级和现代服务业发展在内的全面系统过程，对促进农村经济发展和社会进步具有重要作用。攀西民族地区政府应充分利用当地的优势，积极发展农村产业。一方面，政府应加强当地农业产业发展，推进农产品产业化，发展现代农业产业园；另一方面，政府应鼓励现代服务业的发展，促进现代产业集群的发展。同时，要重视农村人才的培养，鼓励农村群众积极参与农村产业的发展，推动农村现代服务业的发展。

产业振兴是攀西民族地区巩固脱贫攻坚成果的需要。近年来，攀西民族地区在脱贫攻坚方面做出了巨大努力，取得了显著成效。但是，目前的情况是，巩固脱贫攻坚成果仍然是一个艰巨任务。因此，有必要推动攀西民族地区农业产业振兴，巩固脱贫成果。一方面，推动产业振兴可以保证贫困人口收入的稳定增长。政府要主动推动农村产业发展，推进农产品产业化，发展农村现代服务业。另一方面，推动产业振兴可以增加就业，增加居民收入。政府应主动发展农村产业集群，鼓励企业开展跨区域合作和资源共享。攀西民族地区政府在实施乡村振兴战略时，要着力推动农业产业振兴，推进农业产业化和农村现代化，促进传统农业产业转型升级。

攀西民族地区乡村产业振兴是当地乡村可持续发展的内在要求。过去，中国农村产业发展的重点是解决农民温饱，现在则要以全面振兴乡村为引领，将巩固脱贫攻坚与促进乡村振兴有机结合起来，培育现代农业产业体系和价值链，构建现代农业经营体系，推进农业生产方式变革，以农业和农村现代化为主要奋斗目标。国家实施各项重大政策措施，深化农村改革，为农村产业发展提供了良好的机遇。

攀西民族地区应加快推进产业转型与升级，实现从产业扶贫到产业振兴的转变。为此，应加强顶层设计，制定并落实扶持政策，建立完整的政策措施，促进攀西民族地区农业产业持续稳定发展。同时，要创新和健全农户利益联结机制，深入推进农村土地制度改革，完善农业专业化、社会化服务体系，破解种地难题，构建新型农业产业组织体系，促进农业供给侧结构性改革，实现全面振兴。另外，还要发挥当地的资源和区位优势，健全产业支撑体系，注重旅游、文化、康养及其他特色产业与产品，主动融入国内大循环等。

产业振兴需要从单纯追求产出向追求质量转变，从粗放型经营向精细化经营转变，从不可持续发展向可持续发展转变，从低端供给向高端供给转变，从农村产业单一发展向城乡产业融合发展转变。产业繁荣不仅是发展农业，还需要不断丰富新型农村发展方式，推进农村三产融合，强调以推进农业供给侧结构性改革为主攻方向，提高供给质量效益，促进农业农村发展提质增效，从而实现美丽农村的目标。在"三农"问题中，最根本的问题是农民问题，解决这个问题就是从根本上解决"三农"问题。农民过上富裕生活的前提是产业振兴。党的十九大将产业兴旺作为乡村振兴战略的首要要求，充分体现了发展农村产业的重要性。在全面建设现代农业的过程中，加快农村产业发展具有重要意义。

目前，攀西民族地区农村产业发展仍面临区域特色和整体优势不足、产业布局缺乏整体规划、产业结构相对单一、市场竞争力弱、效率增长空间小、发展稳定性差等诸多问题。实施乡村振兴战略，必须牢牢抓住产业兴旺这一核心。亚热带干热河谷的特色农业，适宜居住和保健的自然禀赋，是攀西民族地区最具特色的优势，应成为实践的重点和突破口，真正打通攀西民族地区农村产业发展的"最后一公里"，为实现攀西民族地区农业农村现代化提供坚实的物质基础。

1.1.2　生态宜居是攀西民族地区乡村振兴的基础

党的十九大报告提出，加快生态文明体制改革，建设美丽中国。美丽中国的起点和基础在美丽乡村。生态振兴是攀西民族地区乡村振兴的根本前提。生态宜居既是乡村振兴的重要目标，也是乡村振兴应有的责任。攀西民族地区优良的生态环境是广大农村的最大优势，建设生态宜居美丽民族村社，突出了新时代对生态的重视、文明建设与各族人民日益增长的美好生活需求之间的内在联系。生态宜居的内涵包括自然、社会、人三个层面，外延则涉及人与自然和谐共处、人与人的协调统一、文化传承等多个方面。攀西民族地区农村生态宜居性已超越单纯强调单一生产场所的整洁，在农村建设中注重探索生产、居住、生态、保健相结合的内生低碳经济发展模式。

乡村生态宜居遵循传统农业生产方式，融入现代产业体系。生态宜居的核心是以推动绿色发展和低碳为核心，以可持续发展为中心，是生产场地、居住家园、生态环境相结合的复合型"村社化"道路的实践和路径示范。要加强环境问题综合治理，建立健全农村环境保护体制机制，加强水源地和饮用水保护，创新生态补偿机制等。要坚持人与自然和谐相处的理念，推动农业发展方式转变，加快农村基础设施建设，提高农民素质，培育新型职业农民。坚持绿色发展理念，推进城乡一体化进程。通过打造生态宜居家园，实现物质财富创造与生态文明建设的相互融合，开辟出一条具有攀西民族地区特色的绿色可持续发展道路，是真正实现美好富裕生活的基础。一是因地制宜，挖掘当地乡土资源，打造美丽乡风村貌；二是注重传承传统民俗民风。

要充分尊重和利用少数民族自然生态文化，引导少数民族融入现代生态文明。保护生态环境是维护国家安全、社会和谐稳定、人民安居乐业的基本条件。必须处理好环境效应和经济效应的关系。结合当地自然禀赋和产业现状，努力建设绿色生产生活方式，积极发展以绿色旅游为特色的绿色农业和优势产业。在这一过程中，既能保持人与自然的和谐，又能促进人的全面发展，从而形成新时代具有民族特色和地域优势的新农村形态。同时，生态文明也是乡村文化的重要内容，乡村文化的内涵是生态文明，文明建设是根本。此外，搞好农村生态管理也是有效管理农村的重要环节。有效治理必须包含有效的农村生态治理制度机制。生态振兴是攀西民族地区农村可持续发展的内在要求。要把"绿水青山就是金山银山"的理念融入具体实践，通过完善制度保障推动农村生态环境改善，进而形成以环境保护为核心的城乡一体化新格局。要打造生态宜居美丽乡村，必须把农村生态文明建设作为一项基础性工程坚决推进，让攀西民族地区美丽乡村看得见，乡情留得住。

1.1.3　乡风文明是攀西民族地区乡村振兴的关键

文明中国根在文明乡风，文明中国要靠乡风文明。攀西民族地区要实现新发展、彰显新气象，传承和培育乡风文明至关重要。当前，乡风文明的培育与传承，对于提高攀西民族地区农村综合实力，加快农村现代化建设具有重要意义。要继承和弘扬中华优秀传统文化，必须重视乡风文明的培育和传承。培育乡风文明，就是通过加强对广大群众的思想道德教育、道德情操培养和道德行为引导，形成良好的乡村风貌。

乡风文明以家庭建设为基础，以家庭教育和家风教育为培育。乡风文明与家庭文明相辅相成，家庭和谐、乡村安宁、家庭幸福是乡村宜居的前提。家庭文明也是一种地方文明。家庭教育和家庭作风对青少年的道德发展有重要影响。良好的家庭教育能提供知识，陶冶美德，提升精神境界，创造文明作风；良好的家风能弘扬真善美，抑制虚情假意、邪恶丑陋，形成良好的社会风气。积极倡导和实践攀西民族地区的文明乡村风貌，可以有效净化和滋养攀西民族地区的社会风气，培育攀西民族地区乡村治理的土壤，促进对乡村的有效管理；可以促进攀西民族地区农村生态文明建设，打造宜居生态家园；可以凝聚人心，凝聚力量，形成社会创业氛围，促进攀西民族地区农村工业发展；可以丰富攀西民族地区农民的文化生活，巩固精神财富，达到丰富精神生活的目的。

要推进攀西民族地区乡风文明，就要大力保护和传承攀西民族地区农村优秀传统民族文化，深入研究和解读农村优秀传统文化的历史渊源和发展历程。在实施攀西民族地区乡村振兴战略中，文化振兴发挥着重要作用。加强对地方文化遗产资源的开发、保护和利用，挖掘和培育地方特色鲜明、大众化的民俗文化，可以成为新时代美丽宜居农村建设的亮点之一。文化是乡村振兴的灵魂。只有加强民族文化的传承和创新，广大农民群众才能真正感受到党在新形势下对"三农"工作的重视和关心。在中国文化中，民族文化占有重要地位。不同民族有不同的文化，不同民族的文化交流交融相互辉映，向世界展示了中国文化的迷人魅力和灿烂光芒。挖掘攀西民族地区传统文化资源，促进优秀传统文化的创造性转化和创新发展，是激活攀西民族地区乡村振兴内在动力的关键。

当前，随着社会主义进入新时代，现代农村的建设也有了更高的要求。必须维护各民族团结，坚持社会主义核心价值观，繁荣多元民族文化。要在尊重少数民族历史、风俗习惯、传统文化的基础上，挖掘少数民族文化内涵，加强文化生态保护，实现有序发展，合理利用。积极探索和合理开发利用地方民俗节日和旅游项目，打造"非物质遗产"品牌。要全面保护和发展农村公共文化空间，做好民族传统村落规划保护及非物质文化遗产保护传承，促进民族文化传承发展和创造性融合。

加强和完善家教家风工作机制，从丰富的民间家教家风资源中剔除过时陋习，将良好的家教家风内化到农民行动中，创新发展农村家庭文化新模式，通过创建"三村"示范工程，为培育良好的家教家风提供智力支持。建立传承弘扬优秀家教民风长效机制，积极在学校、课堂开展家教民风活动，积极创作反映良好家教民风的优秀艺术作品，在实践和细节上落实文明乡风建设。

1.1.4　治理有效是攀西民族地区乡村振兴的保障

要有效治理攀西民族地区乡村社会，为促进乡村稳定和乡村振兴提供根本保障，必须改革和完善乡村社会治理。改革开放以来，中国经济社会不断发展，农村发生了翻天覆地的变化，但与之相对应的是，农村社会治理并没有同步得到改善和完善。只有在攀西民族地区实现有效的乡村治理，才能为产业繁荣、生态宜居、乡风文明、美好生活提供有序支撑，才能真正推动攀西民族地区现代化建设。新时代民族地区乡村治理的突出特点是注重区域与社会的有效整合，激活乡村治理的现有资源，将效率作为乡村治理的基本价值取向，平衡乡村自治实施以来乡村社会面临的矛盾与冲突。

组织振兴为攀西民族地区有效治理和乡村振兴提供了基础。当前攀西民族地区农村社会治理还存在一些问题和挑战，如基层党建工作滞后于经济发展需要、基层组织设置不合理等，这些问题和挑战严重影响了攀西民族地区农村经济社会的健康与可持续发展。在此过程中，需要加强攀西民族地区基层党组织建设。每个村级党组织既要发挥对党员和村民的教育作用，又要充分体现对普通村民的传递、组织和服务。要坚持党的领导和人民当家作主的有机统一，不断增强党对农村工作的领导，提高基层干部的整体素质。同时，要继续在农村培育良好风气，规范行为，巩固民意；还要不断加强和创新农村社会有效管理，加强基层民主法治建设，为攀西民族地区乡村振兴提供有力保障。

要实现有效治理的最大目标，乡村治理技术手段可以更加多元、开放和包容。凡是有助于推动攀西民族地区农村有效管理的手段都可以运用，即可以充分整合和利用资源，不再单纯强调乡村治理的技术手段，而忽视对治理绩效和农村社会秩序平衡的追求。当前，攀西民族地区需要重视乡村治理手段的优化和创新，特别是"人"因素的作用。党的十九大报告提出，健全自治、法治、德治相结合的乡村治理体系。新形势下，如何进一步提高乡村治理水平？这既是进行有效乡村治理的内在需要，也是实施乡村振兴战略的重要内容。这充分体现了国家与社会在乡村治理过程中的有效整合，既激活了村民实行自治以来积累的现代治理资源，又始终坚持依法治村的底线思维。利用乡村社会的持久优势和传承下来的治理要点，推动形成互补、多元、融合的局面，构建攀西民族地区乡村治理的新模式。因此，推进农村善治具有重要意义。乡村治理能否取得成效，取决于自治、法治、道德是否健全完善，取决于自治、法治、道德是否深度融合、有效契合。

在此基础上，我们要加强对乡村自治、法治、道德等相关理论的研究，探索构建具有鲜明特色的攀西民族地区"三位一体"乡村社会治理新模式。例如，探索农村社会制度创新的嵌入机制，将村民自治制度和村规民约嵌入国家法律法规和村社民俗中，通过村社自治、法治与道德的高效耦合，促进乡村社会的高效治理。

1.2　攀西民族地区推进乡村振兴战略的原则

党的十九大报告指出，我国经济已由高速增长阶段转向高质量发展阶段。必须坚持质量第一、效益优先，以供给侧结构性改革为主线，推动经济发展质量变革、效率变革、动力变革。这是我们党在新时代对我国经济发展规律认识的进一步深化，也为做好未来五年乃至更长一段时期经济工作指明了方向。2017 年，中央经济工作会议提出"推动高质量发展是当前和今后一个时期确定发展思路、制定经济政策、实施宏观调控的根本要求"。实施乡村振兴战略是中国现代经济体系建设的重大任务。虽然实施乡村振兴战略涉及乡村社会的方方面面，但推动乡村振兴高质量发展应是乡村振兴战略的根本要求和主要政策。因此，必须从哲学角度把握乡村振兴与推进国家治理现代化的辩证关系，为全面贯彻党的方针政策提供重要理论指导。我们必须深刻认识到，乡村振兴是实现农业农村现代化的重要组成部分。在实施乡村振兴战略中，必须以乡村社会高质量发展为导向，明确什么是乡村振兴高质量发展以及如何推动乡村振兴高质量发展。

1.2.1　突出优先发展与统筹协调原则

1.2.1.1　突出抓重点、补短板、强弱项的原则

中国特色社会主义进入新时代，我国社会主要矛盾已经转化为人民日益增长的美好生活需要和不平衡不充分的发展之间的矛盾。乡村振兴战略的提出，确定了少数民族地区经济社会发展的方向。当前，中国经济正处于转型升级阶段，市场需求结构不断变化。例如，随着攀西民族地区城乡居民收入和消费水平的不断提高，社会需求加速并呈现出个性化、多样化、高质量的特点。这种变化必然导致传统生产方式的根本变化，从而引发新的生产要素的出现。因此，攀西民族地区农业和农村工业的发展必须适应需求结构升级的趋势，加强其供给以满足需求，甚至创造和引导需求。

当前，中国经济进入新常态阶段，以工业化为主导的现代化建设取得了很大成效，但也存在一些问题。同时，农村工业的发展也涉及"生产功能"，更需要重视其生活功能和生态功能。考虑产业发展对资源环境和社会的影响，需要激发并整合科教、文化、休闲娱乐、环境景观甚至体验功能。从这个意义上讲，新时代农业农村发展也必须注重满足消费者需求。特别是随着"90后""00后""10后"逐渐成为社会主流消费群体，农村产业的发展更需要注重"卖风景""卖温暖""卖文化""卖体验"，提升人才和人口吸引力。近年来，电子商务的发展日益受到重视，其中重要的原因之一就是其良好的连接和匹配功能，可以改善居民的消费体验，提高消费的便捷性和供需之间的互联性，体验性、便捷性和互联性已成为推动社会消费需求结构升级和扩大消费的主力军。特别是边缘化、长尾、利基市场，为加强供需联系、实现规模经济开辟了新的途径。

1.2.1.2　突出推动旅居康养供给侧结构性改革的原则

立足新发展阶段，完整、准确、全面贯彻新发展理念①，推进供给侧结构性改革，提高供给体系的质量、效率和竞争力，即提高高效供给，减少无效供给，加强供给体系与需求体系的耦合，提高对供给和需求结构变化的适应性，实现动态适应。当然，这里的有效供给包括公共产品和公共服务的有效供给。公共产品和服务的有效供给是指能够满足人们生产生活需要、产生社会效益的优质公共产品和服务，主要提供者是政府、市场和社会。供给体系的质量、效率和竞争力，首先体现在提高农业和农村产业发展的质量、效率和竞争力；其次体现在优化城乡布局和空间结构，实现资源节约利用和环境保护，促进经济社会可持续发展。它体现了政治建设与文化建设、社会建设与生态文明建设各方面的协调性、关联性和整体性。因此，从一定意义上讲，推进供给侧结构性改革，需要构建以经济增长为基础、以要素流动和优化配置为手段、以制度安排为保障、以政策支持为支撑的体制机制框架。

为实现攀西民族地区乡村振兴，应充分发挥民族地区资源优势，因势利导，发展健康产业，推进健康小镇建设。同时要注意，由于区域经济差异较大，各地的资源禀赋不同，所以在发展过程中要充分考虑各地区的实

---

① 2015年10月29日，习近平总书记在党的十八届五中全会第二次全体会议上的讲话鲜明提出了创新、协调、绿色、开放、共享的发展理念。新发理念符合我国国情，顺应时代要求，对破解发展难题、增强发展动力、厚植发展优势具有重大指导意义。

际情况，因地制宜地制定政策。这实际上是一个充分发挥自身比较优势的问题，是充分发挥市场在资源配置中的决定性作用的问题，是缩小与其他地区差距的有效途径。同时，我们也要注意到，由于市场机制的缺陷，市场扭曲了资源配置，造成了一些地方经济的落后，因此应通过更好地发挥政府作用来纠正市场失灵。

目前，攀西民族地区的旅居康养产业仍处于起步阶段，存在诸多制约和瓶颈。因此，我们应科学分析新时代攀西民族地区"三农"发展过程中的问题，努力推进攀西民族地区旅居康养产业供给侧结构性改革，完善制度，改善政策环境。鉴于此，要充分发挥民族地区农民主体的作用，提高农村人力资本素质，调动一切积极因素，有效激发工商资本、科技人才和社会力量参与乡村振兴的积极性，通过农村发展要素结构、组织结构和布局结构的升级机制，更好提高乡村振兴的质量、效率和竞争力。

1.2.1.3　协调处理攀西民族地区乡村振兴与推进康养小镇建设的关系

在党的十九大报告中，"乡村振兴战略"与"科教兴国战略""可持续发展战略"等被列入其中。而"新型城镇化战略"未被列入要坚定实施的"七大战略"原因有两个：一是城镇化是一个自然的历史过程，新型城镇化需要"提升城镇化发展质量"，也需要"因势利导"。二是它仍然是解决"三农"问题的重要路径选择，也是"中国经济社会发展的必然过程"和"现代化的必然之路"。因此，从理论上讲，"乡村振兴战略+科技创新"应该说是确保实现建设现代乡村社会目标的重要举措之一，也是促进城乡协调发展的必然选择。

由于历史、交通等因素，攀西民族地区城市化水平较低，旅居康养小镇的建设可以利用城市化的集聚扩散效应，整合当地旅居康养资源，充分发挥当地资源优势，推动攀西民族地区城市化进程，为攀西民族地区的农村振兴做出贡献。

虽然推进新型城镇化是我国经济社会发展的重要战略问题，但在2035年城镇化率达到75%~80%后，中国城镇化将逐步进入稳定发展阶段，城镇化率提升速度将明显放缓。在这一特殊时期，加快城镇体系优化升级，对解决"三农"问题、促进区域协调发展至关重要。与内陆地区相比，攀西民族地区的城市化和集聚扩散效应没有得到体现，当地资源优势没有得到充分发挥。为了保证该地区经济的持续健康发展，必须加快攀西民族地区的乡村振兴，而乡村振兴离不开休闲健康产业。

1.2.1.4　科学处理实施乡村振兴战略与推进农业农村政策转型的关系

实施乡村振兴战略，提升农民获得感、幸福感和安全感。必须始终让农民成为改革发展的受益者，落实好、维护好、发展好最广大人民的根本利益。2018年，《中共中央　国务院关于实施乡村振兴战略的意见》（以下简称"2018年中央一号文件"）把"坚持农民主体地位"作为实施乡村振兴战略的基本原则之一，要求"调动亿万农民的积极性、主动性、创造性，把维护农民群众根本利益、促进农民共同富裕作为出发点和落脚点，促进农民持续增收"。可见，要实现乡村振兴、农业农村现代化，必须始终将尊重农民意愿放在第一位。党的十八届三中全会提出要"完善保障农村公共产品供给制度"。党的十九大报告突出了"以人为本"，高度重视"让改革发展成果更多更公平惠及全体人民"。

切实保障和改善农村民生，必须着力解决好农村群众的权益问题，增强农村群众获得感、幸福感、安全感。近年来，随着农村基础设施建设投入的不断加大，特别是党的十八届三中全会提出"赋予农民更多财产权利"，农民作为新时代实现共同富裕的主力军之一，受到了更多的关注。但是，我们也要认识到农民在发挥主体作用的过程中所受到的思想问题、能力制约、社会资本制约等局限性，制约了其更好的发挥，阻碍了农村经济社会的发展。因此，调动各种积极因素，鼓励社会力量、工商资本引导农村群众参与乡村振兴，提高攀西民族地区农村群众的参与能力十分重要。同时，地方政府也要为推进乡村振兴提供必要保障。提高农村人口参与乡村振兴的能力，其他国家和地区有很多经验。通过政府的引导和支持，这些国家和地区建立了培育新型职业农民的有效做法和制度，改善了农业和农村经营环境，增加了农民就业和创业机会。中国也出台了一系列扶持政策，引导农民积极投身现代农业领域。

美国于2014年颁布的《新农业法》强调了新农民、小农的发展，甚至出台了支持初农创业的政策，为他们提供直接贷款、贷款担保和保险折扣，培养新一代职业农民。同时，鼓励改善农村经济环境，提高农村创业效率，促进创新发展，通过相关法律保障家庭农场的经营权利。推进农村教育改革，实现农业现代化。

2000年以来，欧盟农村发展政策的重点是培养年轻农民、加强专业培训、促进老年农民提前退休、加强对农场的服务支持等。为应对农村人口外流，特别是年轻劳动力外流问题，欧盟注重增加农民获得服务和发展的机会，注重培养农村企业家，注重确保农村和社区对居民的居住和就业吸引力。同时，注重利用社会资源，推进农业现代化。2014年，欧盟农业政策改革采用了新的直接支付框架，将青年农民和小农联系起来支持农民，改革和更新农场方式，帮助青年农民创业，建立了农场咨询服务体系和培训创新项目等。

1.2.2 坚持农业农村优先发展原则

坚持农业农村优先发展是党的十九大报告首次提出的。这根本上是由城乡发展不平衡、"三农"问题发展不充分造成的，不仅是目前全国发展不平衡不充分的问题，也是攀西民族地区表现较为突出的问题。然而，在攀西民族地区，这种不平衡更加明显。因此，在攀西民族地区实施乡村振兴战略具有特别重要的意义。此外，乡村振兴可以在促进社会稳定和谐、调节收入分配、改善城乡关系、增强经济社会活力、提高就业和风险吸收能力、使农业更加具有公共性等方面发挥重要作用。在市场经济条件下，农业竞争能力弱，容易导致市场失灵。因此，要充分发挥市场在资源配置中的决定性作用，通过更好发挥政府的主导作用，优先发展农业农村，解决不平衡和不足的问题。攀西民族地区高质量发展要始终把破解"三农"问题作为重中之重，按照加强系统性、整体性、需要协调、突出重点、补短板、坚持农业农村优先发展的原则，这是实施攀西民族地区乡村振兴战略的必然要求。

2018年中央一号文件把农业农村优先发展确定为乡村振兴战略实施的基本原则，要求"把实现乡村振兴作为全党的共同意志、共同行动，做到认识统一、步调一致，在干部配备上优先考虑，在要素配置上优先满足，在资金投入上优先保障，在公共服务上优先安排，加快补齐农业农村短板"[①]。中央一号文件的第十二部分也建议，"实施乡村振兴战略是党和国家的重大决策部署，各级党委和政府要提高对实施乡村振兴战略重大意义的认识，真正把实施乡村振兴战略摆在优先位置，把党管农村工作的要求落到实处"[②]。那么在实际工作中怎样把农业农村放在优先发展的战略地位？怎样才能更好地为推进乡村振兴战略服务？我们认为，可以借鉴国外特别是发达国家对农业企业扶持的理念，同样重视强化农业农村发展扶

---

① 新华社. 中共中央 国务院关于实施乡村振兴战略的意见（中发〔2018〕1号），2020-07-21.
② 新华社. 中共中央 国务院关于实施乡村振兴战略的意见［N］. 2018-02-04.

持。具体到我国来说，就是在加大财政支农力度的同时，还要充分发挥金融的作用，为农业农村发展创造良好的外部环境。具体来讲，应抓好以下几个方面的工作。

1.2.2.1 推进攀西民族地区农业农村市场化改革

《国务院关于在市场体系建设中建立公平竞争审查制度的意见》提出，"公平竞争是市场经济的基本原则，是市场机制高效运行的重要基础""统一开放、竞争有序的市场体系，是市场在资源配置中起决定性作用的基础"，要"确立竞争政策基础性地位"。这一建议不仅显示了党的决心，也显示了中央解决"三农"问题的信心和决心。要实现这一目标，就要加强公平竞争观念，营造公平竞争氛围，采取有效的反垄断措施，完善公平竞争的市场秩序，促进市场机制高效运行；坚持市场化改革方向，加快竞争性产业改革步伐，推动形成以企业为主体、产学研一体化的技术创新体系机制，激发创新活力。另外，还要注意科学处理竞争政策与产业政策的关系，积极推动产业政策从选择性向功能性的转变，充分发挥产业政策在市场失灵领域的主要功能。

攀西民族地区要强化竞争政策基础，为实施乡村振兴战略营造良好环境，提升市场环境活力和竞争力，引导各经营者和服务提供者参与攀西民族地区乡村振兴进程的公平竞争，成为攀西民族地区充满活力和竞争力的市场主体，参与攀西民族地区的乡村振兴，甚至成为攀西民族地区乡村振兴的领跑者。同时，着力解决农村土地制度创新优化中的突出矛盾和问题，进一步深化农村土地经营体制改革，促进城乡资源自由流动。要着力完善农村产权制度改革，实现要素市场化，加快推进农业农村市场化改革，结合典型示范作用，从根本上改变攀西民族地区农业农村发展严重滞后的局面，加强农村土地经营制度创新和制度建设。例如，在建设养生小镇的过程中，基于集体土地所有权和农民承包权的保障，如何平等地保护土地经营权利？如何实现农村土地使用权与收入权的平衡？

目前，对攀西民族地区土地经营权平等保护的重视不够，不仅阻碍了新型农业经营者的发展和风险，也影响了攀西民族地区乡村振兴的动力。因此，攀西民族地区政府应出台相关配套政策，通过多种方式支持地方政府培育壮大市场主体。近年来，攀西部分地区推进了"资源变资产、资金变股份、农民变股东"的改革创新，初步效果良好。其中，"三变"模式为地方农村土地制度改革提供了新的路径，是探索和建立城乡一体化产权制度改革的有效经验。然而，在深化"三变"改革中，如何加强相关产权和要素流动平台建设，完善其运行机制，促进其转型升级，迫切需要在后续改革中跟踪。

1.2.2.2 完善法律法规和监管规则，为攀西民族地区农业农村发展创造条件

为了加快攀西民族地区农业农村发展，首先，要健全法律法规、完善监管规则，以此为关键条件，解决农村土地制度创新与优化配置方面存在的突出矛盾和问题，深化农村土地管理制度改革，促进城乡资源要素自由流动，消除发展过程中存在的与不断变化的新情况不相适应的问题。其次，加快推动攀西民族地区农村宅基地制度改革，以创新体制机制破解土地问题，减少农业发展中的代价与风险，实现城乡统筹协调发展，带动攀西地区的农业强、农民富、农村美。2018年的中央一号文件已明确了农村宅基地制度改革的方向与实施措施，明确"完善农民闲置宅基地和闲置农房政策，探索宅基地所有权、资格权、使用权'三权分置'……适度放活宅基地和农民房屋使用权"。为此，政府要加大政策力度，实施攀西民族地区农村宅基地改革，完善宅基地流转机制，加快宅基地流转进程，改善宅基地管理机制，把农村宅基地流转市场化，规范宅基地交易秩序，有效保护农民的房屋财产权，促进宅基地资源合理优化配置，为攀西民族地区康养产业及特色康养小镇发展提供有力支撑。

2018年中央一号文件提出"汇聚全社会力量，强化乡村振兴人才支撑""鼓励社会各界投身乡村建设"，并要求"研究制定鼓励城市专业人才参与乡村振兴的政策"。2018年3月7日在两会期间参加广东代表团审议时，习近平总书记强调"要让精英人才到乡村的舞台上大施拳脚""城镇化、逆城镇化两个方面都要致力推动"。近年来，随着农村产权制度改革的实施，攀西民族地区闲置的宅基地和农房增加了攀西民族地区人民生活的困难，影响了攀西民族地区农民收入的增长。因此，有必要从全面深化农村土地经营体制改革入手，积极稳妥地推进宅基地制度改革。在一般靠近城市外围、山水环绕、交通便利、文化旅游资源丰富的农村地区，适度加大农村宅基地制度改革力度，在试点地区加快探索创新宅基地"三权分置"模式。适当扩大农村宅基地和宅基地使用权出让范围，进一步放宽农村宅基地和宅基地使用权出让租赁市场。在政策指导下，允许符合条件的农村农民自愿合法退出土地承包经营权或其他权利，盘活农村土地资产，

促进城乡发展一体化，提高广大农民的生活质量。这一政策将对促进攀西民族地区城乡协调发展、促进区域协调发展、全面促进农民农村共同富裕发挥重要作用。从城市或其他地方吸引人才，带动城市或其他资源的开发，为乡村振兴引入要素，变得越来越重要和迫切。其意义远远超出了增加农民财产性收入的问题，不再是"清不清""深入研究"的问题，而是积极稳妥地"鼓励大胆探索"。攀西民族地区要保障农民的基本居住权和"不违反规定非法买卖宅基地，严格执行土地使用管制，严禁利用农村宅基地在农村修建别墅、私人会所等"的权利，引导农民将剩余宅基地和农民房屋进行有偿转让。大力发展旅游和医疗保健产业，允许城乡居民，包括"下乡"居民和参与攀西民族地区乡村振兴工作的城市居民，有偿获得农民剩余或闲置房屋基地。

近年来，沿海地区和大城市周边农村新产业、新业态、新模式快速发展，迅速凸显出农村生产方式和生活方式转变的积极作用，为攀西民族地区乡村振兴提供了良好示范。同时，大力推进新型职业农民的培养，有效提升了广大农民的科学文化素质。然而，相关政策法规的创新还存在一些不足，这成为进一步发展的重要障碍。一些地区对新产业发展支持力度过大，导致农业农村产业出现新的不公平竞争，发展不可持续。此外，"先发者"和"赢者通吃"所带来的新的垄断问题进一步加剧了收入分配和发展机会的不平衡。因此，攀西民族地区在发展过程中要注意引导完善这些新兴产业的监管规定，创新优化新型经济垄断企业的治理方式，防止农民在参与新兴产业发展过程中成为"利益共享的边缘人群和成本风险的核心层"。

此外，要把农业农村发展放在优先位置，加强融资、培训、营销平台、技术、信息服务等环境建设，把优化"三农"发展的公共服务和政策放在突出位置，以鼓励包容性发展、创新能力增长和组织结构优化为重点。相对而言，攀西民族地区农村人口和经济密度较小，基础设施条件较差，大多数农村企业整合资源、整合要素、垄断市场的能力较弱，在"三农"发展服务建设中难以绕开交易成本高的问题。因此，为坚持攀西民族地区农业农村优先发展，应把加强和优化"三农"发展服务体系放在突出位置，包括优化和完善政府主导的公共服务体系，加强对市场化或非营利性服务组织的支持，完善相关体制机制。

坚持攀西民族地区农业农村优先发展，把加强和优化"三农"发展服务体系放在突出位置。在战略层面，政府应高度重视"三农"问题，以政府的"底线"作用为抓手，加强社会保障体系建设。近年来，各级地方政府大力推进农村基础设施建设、改善农村居住环境、加强农村社会保障体系、加快建设多层次农业保险体系等，都具有加强这方面的作用。同时，要看到，全面深入实施乡村振兴还存在一些制约因素，政策和制度保障有待进一步完善。按照市场导向原则，培育壮大新型经营主体，创新体制机制，激发市场活力，提高农民参与度，形成有利于新业态健康快速发展的良好生态环境。比如，积极发展优质农业、绿色农业，建立特色农产品生产保护区、特色农业优势区、现代农业产业园、农村产业融合发展示范园、农业科技园区、电子商务产业园、海归创业园等，以保健小镇或城乡综合体为载体，创造农业农村发展新模式，更好发挥集聚辐射作用，从而带动攀西民族地区的发展。

1.2.3 坚持走城乡融合发展道路原则

从党的十六大第一次明确提出"协调城乡经济社会发展"开始，到党的十七届三中全会提出"把加快形成城乡经济社会发展一体化新格局作为根本要求"，再到党的二十大报告提出"坚持城乡融合发展，畅通城乡要素流动"。由这些转变，我们会发现，经济迅速发展，城市与农村的关系，也正在迅速地发展和改变，城市与乡村间横亘的制度篱笆正在逐步突破。由此可见，城乡融合发展的体制机制与政策体系的建立与完善，与坚持农业和农村优先发展相同，更是加速农业和农村现代化发展的重要途径。同时，城乡融合发展也是解决"三农"问题的必然要求，是推动区域协调发展、促进社会和谐稳定的重要途径。攀西民族地区实施乡村振兴战略，必须坚持城乡融合发展之路，打破妨碍城乡融合发展的种种制度羁绊，加快形成城乡融合发展体制机制，对攀西民族地区城乡要素自由流动提供制度保障。

随着工农业、城乡关系的日益密切，城乡之间人口、资源、要素流动增多，产业之间的整合渗透，产业之间资源、要素、产权等的交叉重叠等，难以区分。随着工业与农业、城乡之间固有的关系被打破，"你在我里面，我在你里面"的新的发展格局已经出现。要适应新的变化，就必须创新城乡治理体制机制。因此，建立和完善攀西民族地区城乡一体化发展的制度和政策体系，通过城乡一体化发展实施攀西民族地区乡村振兴战略，是解决各种矛盾的关键。因此，攀西民族地区要适应新形势，利用后发优势，实现新型工业化、信息化、城镇化、农业现代化同步发展，优先发展农业和农村，加快形成以工业促进农业、城乡互利共赢的攀西民族地区新型工农业城乡关系。

1.2.3.1 构建城乡之间协调发展的新格局

推进以县城为重要载体的新型城镇化建设，促进大中小城市和小城镇协调发展。目前，农民工进城流动主要是向大中城市、特大城市流动，向县城和小城镇流动极为有限。对于攀西民族地区的人民来说，除攀钢外，第二产业配套加工产业并不多，第三产业与其他地区差距巨大。即使在县城，外来人口的吸收也非常有限，农民也倾向于去沿海城市或成都等省会城市打工。在产业转移过程中，城镇建设也会对当地农村劳动力产生很大的吸引力。目前川西地区人口转移主要集中在成都，原因是其具有较强的集聚经济、规模经济和范围经济效应，就业、收入增加等发展机会较多；对于川西地区的小城镇来说，总体上是相反的。因此，在未来相当长的一段时间内，由于市场机制的自发作用，优质资源、优质要素和发展机遇向成都、西昌、攀枝花等大城市集中，仍难以从根本上扭转这一趋势。大量农村劳动力的外流，造成了农村地区严重的"空心化"现象。这不仅不利于缩小攀西民族地区城乡差距，也不利于巩固攀西民族地区脱贫攻坚成果和产业结构升级。

综上所述，这一现象与过去以城市为导向的政策取向、资源过度向大城市特别是特大城市倾斜有关。这使得城乡体系的重心上移，主要表现为：一是四川正在实施重大产业项目、信息、交通网络等重大平台、产权和要素交易市场等，从公共服务体系建设、投资配置等方面获得重大展会、体育赛事的布局等机会，成都往往具有其他大中小城市和小城镇无法比拟的优势；二是四川省着力打造省会经济圈，在政策和金融等方面倾斜资源配置。

推进城乡协调发展是促进区域经济可持续发展的战略。随着农村人口向城市迁移的不断增加，劳动力迁移和家庭搬迁的格局正在加快形成。由于中国工业化进程中城镇化水平较低，大量剩余劳动力向非农产业转移是必然趋势。在这种情况下，过度强调以大城市为中心，以特大城市作为吸引农村人口迁移的主要场所，也会由于大城市和特大城市的高房价和高生活成本，增加农民工或农村人口迁移的城市融入和入籍难度，容易增加进入城市后等待入籍的人口与原有市民之间的矛盾，影响城市乃至城乡社会的稳定与和谐。

为此，要按照乡村振兴和新型城镇化高质量发展的总体要求，调整国民收入分配格局，深化相关改革，推进制度创新，引导大城市和特大城市加快集约化、紧密化发展步伐，提高城市质量和创新能力，引导这些大城市和特大城市在区域发展和乡村振兴中发挥良好的辐射带动作用。引导攀西民族地区中小城市、卫生保健小镇强化功能特色，形成错位发展局面、分工合作新格局，培育一批特色鲜明、功能互补、人才融合协调的城市。此外，应进一步完善配套政策，建立以政府为主导的多元化资金投入机制，促进各类资金向城镇集中，充分发挥市场机制在资源配置中的决定性作用，遵循"多投入、少产出、多灵活"的原则。攀西民族地区可以充分利用成渝地区双城经济圈的产业转移，承接符合区域的相关产业，发展旅游和医疗保健产业，建设医疗保健小镇，这不仅有利于优化城市之间的分工和合作关系，也有利于增强成都的系统功能，发挥网络效应，还有利于促进跨区域基础设施建设、公共服务能力建设，助力乡村振兴，促进城乡融合，加强城镇化建设，将区域发展向乡村振兴倾斜，带动攀西民族地区广大农民发展机遇共商共建共享。事实上，在高速铁路网、航空网络、信息网络快速发展的推动下，网络经济呈现去中心化、去层级化的特点，这也将推动区域发展格局从单极化向多极化、网络化发展，凸显攀西旅居康养小镇发展的重要性和紧迫性。

为了更好地提高城市居民的幸福感和获得感，强调城市在乡村振兴中的辐射和带动作用，需要配置公共资源，引导社会资源配置倾斜，加强城乡交通连接，加强信息、基础设施建设等相关基础设施，引导城乡建立竞争合作、共同发展机制，强化分工合作，增强发展特色，实现共治，共同推动公共服务水平提升。攀西民族地区应充分利用这一点发展卫生保健产业，注重完善产权制度，实现要素市场化配置，发挥主体、要素、市场的目标导向，推动有利于卫生保健产业的体制机制和政策制度创新，注重增强其吸收能力。同时，政府要发挥健康医疗产业的引领作用，建立多元化投资格局，加快形成多元化投入机制。加大公共资源配置对攀西民族地区农业农村的倾斜，加大对农村基础设施建设的支持力度。在协调好各部门关系的基础上，加快农村土地流转进程，积极妥善解决宅基地问题，促进农村土地集约节约利用。同时，通过制度创新，引导城市基础设施和公共服务能力下乡，加强中心乡镇建设，将农村基础设施和城市建设联系起来，构建公共服务网络。在政府指导下，推动资本下乡，加快培育市场主体，促进资源高效利用，形成城镇化格局，不断提高城镇集聚效应和辐射带动效应。通过深化改革和政策创新，以及推动"三农"问题发展的政策转型，鼓励城市企业或农业龙头企业与攀西民族地区农民建立覆盖全过程的战略伙伴关系，完善利益联动机制。

1.2.3.2 强化规划对乡村振兴的战略导向作用

党的十九大报告要求"创新和完善宏观调控，发挥国家发展规划的战略导向作用，健全财政、货币、产业、区域等经济政策协调机制"。审议通过的《乡村振兴战略规划（2018—2022年）》指出，要突出市场机制在资源配置中的基础性作用，激发各类市场主体活力，促进城乡发展一体化。各级政府要加强规划制定和实施的协调配合，加强各级规划的协调管理、制度联动，通过部署重大项目、重大规划、重大行动，加强对农业农村发展的优先支持，鼓励构建城乡发展一体化的体制机制和政策体系。加大支持力度，优先发展农业农村，鼓励构建城乡发展融合的体制机制和政策体系。在制定实施乡村振兴规划过程中，要结合实施主体功能区战略，贯彻落实中央关于"加强乡村振兴规划指导"的决策部署，促进城乡土地空间协调发展，重视发挥规划在生产空间、生活空间、生态整体协调中的作用和空间主导作用。

攀西民族地区在开展乡村振兴规划工作中，应注重突出重点，发挥优势，把中心村与中心镇结合起来，同时引导农村人口与产业布局适当集中、康养小镇及特色种养生产功能区建设、重要农产品生产保护区、特色农产品优势区、现代农业产业园、农村产业融合发展示范园建设、农业科技园区、电商产业园、返乡创业园、特色小镇或者田园综合体等，为推动乡村振兴提供产业支撑。

此外，在攀西民族地区建设统一的产权市场、要素市场和公共服务平台的过程中，应借鉴政府支持小微企业的做法，通过创新的"同等优先"机制，在规则统一、环境友好的基础上，加强人才和优质资源向农村流动的制度支持力度，缓解市场力量对农村人才和优质资源的"虹吸效应"。

1.2.3.3 建立完善提升农民素质体制机制

推动攀西民族地区城乡发展一体化，关键是要创新体制机制。一方面，创新体制机制有助于降低农村转移人口城镇化的成本和门槛，使农民获得更多、更公平、更稳定的收入以及更具有可持续性的发展机会和权利；另一方面，创新体制机制提高了城镇化进程中农民的就业创业水平和生活质量，改善了农民在城市的生产生活条件。提高农民在保健小镇运营和乡村振兴中的参与度，能使农民更好地融入保健小镇或乡村发展。在当前条件下，要加强政策引导，加大资金支持力度，完善人才支持机制，进一步激发农民的内在动力。攀西民族地区政府应正视农民参与乡村振兴的问题，完善农民现代技能培训人才支撑体系，向乡村输送更多新型职业农民、高素质人口，向卫生保健小镇建设输送更多新型服务人员和产业工人。在培育新型职业农民过程中，要坚持因地制宜的原则，根据当地资源禀赋特征和社会经济条件选择培养模式，注重培养特色人才。要结合完善利益联动机制，注重发挥攀西民族地区新型经营主体作用，发挥新型农业服务主体示范效应，推动新型职业农民发展，带动普通农民参与攀西民族地区乡村振兴和现代农业发展。要加强政策支持，建立多元投入体系，加大财政投入，提高资金使用效率，推动新型职业农民培养事业的深入发展。要坚持需求导向、产业主导、能力导向、实践优先导向，加强攀西民族地区职业教育培训体系协调，以政府购买公共服务为手段，加大对培养新型职业农民的支持力度。改革各级政府支持方式，支持政府主导的普及培训和市场主导的优惠培训分工。加大财政投入，引导社会资金加大对新型职业农民培训的投入。鼓励平台企业、市场培训机构等在加强新型职业农民培训中发挥关键作用。加大政策支持力度，加快完善配套设施，为新型职业农民发展提供更加便利的条件。与支持创新创业相结合，以城领乡的方式，加强人才实践基地建设，完善攀西民族地区农村人力资源保障体系。

1.2.3.4 强化产业融合发展的政策供给

推动攀西民族地区城乡一体化发展，要把培育城乡有机结合、互动的产业体系放在突出位置。推动攀西民族地区产业融合发展，有利于充分发挥县级企业的作用，使县级产业向农村企业倾斜，带动农村产业发展。构建以特色农业和产业集群为基础的新型城镇化，提升城市群水平，促进三大产业深度融合。结合加强医保小镇建设的发展规划，在财税、金融、产业等方面实施创新、区域化等配套政策，引导农村产业融合的空间优化布局，加强区域分工合作，充分发挥中心城市在农村产业融合中的引领带动作用。要依托特色资源优势，加快现代农业产业体系建设，推进农业产业化经营，不断创新农村产业融合配套政策，引导农村产业融合发展，增强农村发展活力，促进农民增收，促进健康小镇建设与美丽乡村对接，鼓励科技人才转型为充满创新精神的科技经纪人和农村产业企业家。完善促进农村产业融合发展的政策措施，加大扶持力度。注重培育企业和发挥城乡协调发展引领作用，促进城乡产业融合，努力构建产业融合引领城乡融合发展新格局。积极推动农业产业化龙头企业、合作社等新型经营主体在转变经济发展方式中发挥重要作用。鼓励商会、行业协会、行业联盟等组织加强对攀西民族地区产业融合的指导和推动作用。

1.3 攀西民族地区实施乡村振兴战略的重要意义

攀西民族地区是中国最大的彝族聚居区，也是国家战略资源创新开发实验区和国家重点生态功能区"四区"一体的特殊区域。攀西民族地区实施乡村振兴战略具有诸多探索性因素。如何在新时代实施乡村振兴战略，是攀西民族地区必须认真面对的重大问题。为此，需要全面分析攀西民族地区乡村振兴的基础，充分挖掘潜力，正确把握重点挑战和重大机遇，从而找到规划和着重点。

1.3.1 巩固提升脱贫攻坚成果的坚实支撑

攀西民族地区是全国脱贫攻坚的主战场。2020 年 12 月，攀西民族地区脱贫攻坚取得最终胜利。为了保持胜利成果，必须采取更多的措施和行动。在这一过程中，国家出台了一系列政策，加大了对攀西民族地区的支持力度，加强了农村社会保障体系建设。这些举措为攀西民族地区全面实施乡村振兴战略奠定了坚实基础。但也要看到，攀西民族地区还有一些地方公共服务差距突出，发展基础比较薄弱。当发生自然风险、市场风险等风险时，很难保证不产生新的贫困，也很难保证一些脱贫人口不再陷入贫困。巩固脱贫攻坚成果的任务依然艰巨。要以产业扶贫为主攻方向，在准确识别攀西民族地区实际情况的基础上，加快落实"五位一体"工作措施。同时，加大对弱势村、弱势户的帮扶力度，解决农村基本管理制度不健全等深层次问题。这样做有利于巩固脱贫攻坚成果，把巩固脱贫攻坚与乡村振兴紧密联系起来，形成正反馈循环。

1.3.2　加强民族团结融合的有效路径

攀西民族地区是全国最大的彝族聚居区，也是四川少数民族最多、少数民族人口最多的地区。推进攀西民族地区乡村振兴战略，有利于促进各民族更好地融合交流，有利于民族团结、社会和谐、经济社会发展，塑造攀西民族地区的美好形象，为攀西民族地区的社会稳定和长治久安奠定基础；有助于各方进一步认识到在攀西民族地区实施乡村振兴战略的重要性和紧迫性，充分发挥旅游卫生在促进攀西民族地区社会稳定、长治久安的总体目标中的作用。推进旅游卫生供给侧结构性改革，实现攀西民族地区经济社会整体高质量发展，将不断释放民族团结的红色红利和改革开放的动力。坚持准确把握总目标，分阶段实施治川兴川战略，有利于攀西民族地区聚焦总体目标，确保社会持续和谐稳定发展，确保经济高质量发展，实现攀西民族地区乡村振兴。

1.3.3　推动攀西"三农"全面升级进步、全面发展的必然要求

由于历史、地理、区位等因素，攀西民族地区社会发展水平较低，农业农村现代化相对落后，农牧民整体素质较低，需要进一步发挥内生动力的积极作用。积极发展优势产业、培育产业品牌、提升服务质量，加快形成城乡一体化新格局，对提高攀西民族地区人民生活水平、增强民族认同感具有重大而深远的意义。为此，要改变传统的生产方式，发展现代特色农业产业，促进农业生产效率的提高，加强农村居住环境的综合管理，提高农牧民的综合素质。同时，要加强对"三农"工作的组织领导，为实施乡村振兴战略提供有力支撑。完善乡村治理体系是攀西民族地区乡村振兴的关键，也是推动农村高质量发展的重要保障。然而，由于区域治理问题的制约，攀西民族地区乡村治理体系尚不完善，村民自治和参与的积极性相对有限，其内生发展动力需要不断激发。在此背景下，要通过培育新型职业农民、培育新型经营主体来增强农民自我发展能力，促进村社转型升级。实施乡村振兴战略，无疑有利于促进农业全面升级、农村全面进步、农民全面发展。

1.3.4　建设美丽幸福文明和谐新攀西的战略选择

攀西民族地区经济发展和社会事业总体水平不高，但资源相对较好。

推动实施乡村振兴战略，依托自身优势和资源大力发展旅居康养产业，建设健康小镇，推动高质量发展，是攀西民族地区实现乡村振兴，全面建设美丽、幸福、文明、和谐的攀西民族新地区的迫切需要。这是一项具有重大战略意义的举措。

攀西民族地区实现乡村振兴，是各族同胞的共同期盼。应以人为本，着力打造康养小镇，发展旅居康养产业，搞好攀西农村的保护和建设，为农民的发展和进步提供良好的服务，增加攀西居民的社会流动性，扎实推动攀西民族地区乡村振兴。

1.3.5 解决攀西民族地区发展不平衡不充分矛盾的迫切要求

党的十九大报告明确指出，中国特色社会主义进入新时代，我国社会主要矛盾已经转化为人民日益增长的美好生活需要和不平衡不充分的发展之间的矛盾。

攀西民族地区社会主要矛盾的转变和农村社会的发展，对经济社会发展提出了更高的要求。在这一背景下，加快乡村振兴进程对于实现乡村振兴战略具有重要意义。攀西民族地区与四川其他地区的差距明显，即区域发展不平衡。从理论角度看，影响该地区经济增长的因素很多，但最根本的是资源禀赋条件。一方面，攀西民族地区自身承载能力有限，要素配置效率低下。具体表现为：一些信息技术扶贫领域建设薄弱，一些贫困县城乡一体化程度较低，资金和劳动力在城乡之间缺乏自由流动，产业发展滞后于人口转移需求，农民增收渠道狭窄。另一方面，攀西民族地区小农户与大市场联系不紧密，表现为耕地分散，规模种植和发展受阻，市场主体进入农业的积极性不高。因此，要通过优化资源配置、促进产业升级、提高生产经营效率、提高农民组织化程度、培养新型职业农民等途径改善这一状况。实施乡村振兴战略，有利于重塑攀西民族地区的地理版图，将人才、科技、资本等资源要素聚集在农村，弥补农业和农村发展短板，突破发展瓶颈。

1.3.6 解决市场发育不充分的重要抓手

改革开放以来，攀西民族地区实施市场化改革，市场配置资源的功能日益突出，资源配置效率得到提高，当地生产力水平明显提高，社会分工日趋深入和精细。但受市场整体发展水平的制约，要素流动不是很顺畅，特别是随着国家大力推进新攀西开发和农民农村共同富裕进程的加快，区域发展差距不断拉大，制约经济社会协调可持续发展的一些问题逐渐凸显。因此，进一步深化市场化改革已成为当前乃至较长时期内推动攀西民族地区农村振兴的主要任务之一。解决市场开发不足的途径是打破要素流动不足的体制机制障碍，积极融入四川省"一行多支、五区协同"的发展战略，充分利用自身资源优势，挖掘自身潜力，走出特色乡村振兴之路，加强创新能力培养，积极拓展与兄弟省市合作，培育新业态、发展新模式，推进旅居康养强村强镇建设，实施高水平建设和投资自由化便利化政策，不断创新对外投资方式，促进产业合作，加快培育与周边经济合作竞争的新优势。此外，卫生保健小镇建设也应作为实施乡村振兴战略、实现城乡要素自由流动、培育市场主体、弥补市场发展不足的重要着力点。

2 乡村振兴战略的理论基础

乡村振兴战略有着丰富的理论作支撑。本章分别从中国古代的农业农村发展思想，马克思、恩格斯、列宁关于乡村发展的理论以及中华人民共和国成立以来关于"三农"问题的重要论述、西方经济学派关于乡村发展的理论，对相关理论和论述进行全面梳理、归纳和总结，以便对乡村振兴战略有整体且深刻的认识，进而更好地应用于实践。

2.1 中国古代的农业农村发展思想

远在原始社会时期，中国就已出现了农业管理思想，尧、舜、禹等部落设有负责治水、农耕、渔猎等官职[①]。春秋战国是列国并立、群雄争霸的时期，富国强兵，就成了诸侯国们不约而同的奋斗目标。汉代以后，封建统治者把国家权力集中于中央，加强对全国各地的统治。为了实现富国强兵目标，统治者纷纷提出自己的经济主张，并形成各种不同类型的农本主义或重农主义思潮。这些农业和农村发展思想，对古代中国产生了举足轻重的影响，具体包括"国富论"、"民富论"、"上下俱富论"、"轻重论"（政府控制论）、"善因论"（市场调节论）以及"三才论"等。

2.1.1 "国富论"与"民富论"思想

最早提出"国富论"的代表人物是战国时期著名政治家商鞅。以商鞅为首，秦国两次实行变法，为后来统一大业奠定了坚实的政治经济基础。他提出要实现富国强兵，必须先治理好天下，然后才能进行政治统治。商鞅将"治者，富者，强者，王者也"作为国家最高政治目标。"治"在此

---

① 崔艳芳. 新农村建设的哲学思考 [D]. 太原：山西大学，2008.

指社会秩序良好；所谓"富"，就是国库充盈；所谓"强"，就是军事兵力强大，"王"指的是统一天下。为了实现这一目标，发展农业生产势在必行。《商君书·农战》中有"善为国者，仓廪虽满，不偷于农"的表述，意思是说只有发展农业才能使国家强大起来。粮食再多对农业生产也不能松懈。商鞅第一次在理论上将农业定位为"本业"，并把除农业之外的经济行业概称"末业"，提倡"事本"而"抑末"。这是我们国家在历史上实行"重农抑商"政策之说的由来。"国富"在《商君书》中是一个经常出现的词汇，它不仅表达了国家对人民生活状况的关心，而且体现着封建统治者对农民生活质量的重视，是一种广义的"国富观"。但商鞅所讲的"国富"特指中央财政国库充盈，即狭义上的"国富论"。他主张国家应以财政为基础来支持农业生产，并通过征税来达到这一目的。一方面，农业生产必须得到强化与发展；另一方面，应提高税收，实现"民不逃粟（实物农业税）、野无荒草"。从本质上看，这种观点既不是主张以国家财政来支持农业生产的恢复与发展，又不是提倡轻徭薄赋、鼓励农民生产致富。在当时的具体条件下，这种做法具有暂时的可行性和有效性，但是，它又带有很大的历史局限性，在利益分配上失之偏颇，尤其从思想理论上看，给以后实行的"重农抑商"政策造成了长远的消极影响。

与"国富论"相对立的是"民富论"，代表人物是孟子。孟子也像商鞅一样渴望国家统一，进而提出了所谓"王道"。商鞅主张以武力征服达到统一，孟子则主张用仁政感化达到统一。他认为"不以仁政，不能平天下"。施行仁政，首先要使人民生活富足、安居乐业。孟子提出要让农民拥有赖以生活的"恒产"，即耕地。他指出"有恒产者有恒心，无恒产者无恒心。苟无恒心，放辟邪侈，无不为已"。孟子认为，圣明的君王治理天下，要做到"易其田畴，薄其税敛，民可使富也"。他反对法家的"禁末"（抑制工商业）思想，认为社会分工是必不可少的，主张"通功易事，以羡补不足"。孟子所竭力提倡的"仁政富民"思想，体现在农业经济政策上就是"重农不抑商"，这种思想即便是今天也有其重要价值。

2.1.2 关于"上下俱富论"思想

作为中国古代农业宏观管理理论发展较早的两个流派，"国富论"和"民富论"均提倡男耕女织，实行小农经济，均注重农业生产的开发。它们之间的主要差异是，前者主张富国，以强用兵，达到国家统一；后者主张弱国以弱兵、维护世界和平，并主张仁政以富百姓，维护社会和谐和长治久安。在这一问题上，二者有着很大差异。前者侧重于"立国"，后者则侧重于"治国"。二者的对立源于当时生产力发展水平的不同，也与各自所处的历史阶段有关。通过长期百家争鸣，结合社会实践，至战国后期又产生了一种新的农业发展理论，它综合了上述两派观点，也就是"上下俱富论"。它强调统治者应该实行"以民为本、厚葬轻刑"的统治方略，并提出要通过发展生产来提高人民生活水平，从而使整个社会达到富裕繁荣状态。这一经济学派，其理论内核就是倡导国家要实现"上下俱富"的政策取向，不然，国富民贫或者民富国虚，就会有风险。《管子》和《荀子》比较集中地阐述了这种新的理论。

《管子》是对商鞅"农本"思想的吸收，称农业是"本事"，认为农业为社会经济之根本，只有大力发展农业生产，才能使国库充盈，人民富裕①。其提出"仓廪实而知礼节，衣食足而知荣辱"②。民以食为天，粮食问题是关系到国家存亡的大事。"国富则兵强，兵强则胜。"但建设富强安宁的国家，要做到国与民共富。"富国"与"治民"是相辅相成的关系。他说："善为国者，必先富民，然后治之。"显然，《管子》的经济观比商鞅的狭隘"国富论"更具治国的实用性。

荀子以"以政裕民"为其经济思想的内核，接近于今天的"政策兴农"。所谓"以政裕民"就是以国家政权为后盾，发展生产、繁荣市场、促进经济繁荣，这是我国历代封建统治者所追求的目标和采取的重要措施。怎样做到"以政裕民"？荀子说："轻田野之税，平关市之征，省商贾之数，罕兴力役，无夺农时，如是则国富矣。夫是之谓以政裕民。"荀子的理论贡献主要表现在：首次明确"国富"应是国家财富总量增长，并且把它界定在"上下俱富"的范畴，而前之"国富论"，则常常仅指中央政府财政收入之增长。因此，只有当社会财富总量达到一定程度时才能称为"国富"。荀子提倡采取"节用裕民"等一系列政策措施，治理和推动农业生产，他认为"裕民则民富，民富则田肥以易，田肥以易则出实百倍"。这就是他提出"上无财而下有粮"的重要思想基础。荀子尤其反对搜刮民脂、聚敛无度。在他看来，"聚敛"是一种奢侈性消费行为。

---

① 胡泽学. 试论中国犁耕技术进步的推动力 [J]. 古今农业, 2006 (4)：42-51.
② 胡泽学. 试论中国犁耕技术进步的推动力 [J]. 古今农业, 2006 (4)：42-51.

2.1.3 政府控制的"轻重论"和市场调节的"善因论"思想

西汉初年统治者吸取秦亡教训，采取"轻徭薄赋""与民休息"等系列政策，农业生产获得长足发展。随着人口的增加、土地资源的日益匮乏以及封建统治者对赋税制度改革的深入进行，大量工商业资本开始出现。由于封建生产关系本身存在严重的缺陷，以及政治统治需要等因素影响，当时的统治阶级内部矛盾重重，并由此引发了很多全国性的农民起义。国家应怎样对国民经济进行治理，是否持续无为而治，或强化控制干预，就成了一个迫切需要解决的现实问题。在此背景下产生了提倡干预乃至垄断国民经济的"轻重论"与提倡减少干预经济活动的"善因论"两大理论学派。

"轻重论"的代表人物是西汉时期的政治家桑弘羊。在武帝执政时期，他积极倡导农桑并重，并提出了一系列主张。同时他还是西汉著名的理财专家，曾参与武帝时期的盐铁官营活动，如均输平摊、统一铸币的重大经济政策制定及执行，对当时经济发展起到了非常大的作用。桑弘羊极力倡导国家在农产品交易时运用价格变化规律来调控生产和分配。他认为，在农业经济活动中，只要掌握了农产品价格变化的规律，就可以根据市场供求情况进行调节，从而获得较高的利润。

在一定时期内，国家必须控制好各种商品的价格才能保证社会稳定。另外，国家可以利用"物多而贱寡"的价格变动规律增加财政收入，还可以通过"以谷为本""重农轻商""抑末扶农"等措施来提高财政收入，从而使国家财政能够维持长期稳定和发展。

与"轻重论"相反的经济管理理论是司马迁提出的"善因论"。语出《史记·货殖列传》："故善者因之，其次利道之，其次教诲之，其次整齐之，最下者与之争。"① 这段话的核心是"因之"。司马迁在它之前加上"善者"，观点十分明确，即主张国家应当顺应经济的自然运行，减少对经济活动的干预。在"因之"的前提下，可以通过让利于民的办法引导人民从事某些有利于国家经济全局的活动，这叫"利道之"；还可以采用教育感化的办法来规范人们的经济行为，这叫"教诲之"；还必须采取行政法律手段来强化经济秩序，整顿经济活动中的不法行为，这叫"整齐之"。

---

① 晏红，周晋. 试论西汉转运贸易的发展 [J]. 江西科技师范学院学报，2003（5）：43-45.

可见，司马迁并非主张对经济活动采取听之任之的无政府主义做法。在司马迁看来，政府只是经济活动的管理者，如果直接参与经济经营就是"与民争利"，就会扰乱经济活动的正常运行。因此，他认为轻重论学派的干预主义是"最下者"。

2.1.4　中国古代农业"三才"思想

"三才"思想是中国古代"三农"思想的最高成果，蕴含着重要的哲理。

"三才"始见于《周易·说卦》，特指哲学概念中的天、地、人，又称天道、地道和人道。在先秦时期，"三才"思想就已经萌芽，但其作为一个哲学范畴却产生于战国中期以后。战国时期很多思想家都曾以不同视角探讨过"三才"的内在联系。管子将"三才"称为"三度"（上度之天祥，下度之地宜，中度之人顺）。孟子指出"天时不如地利，地利不如人和"。《礼记·礼运》中也有类似说法。荀子从治国理政的角度，强调"上不失天时，下不失地利，中得人和，而百事不废"，才有可能达到国家富强的目的。《吕氏春秋》首次用"三才"的概念来阐释农业生产："夫稼，为之者人也，生之者地也，养之者天也。""稼"在此指作物，又可以泛指农业生产活动，"天""地"是指农业生产中的环境因素，"人"是从事农业生产活动的主体。这段论述，从哲学上概括了农业生产中各要素之间的辩证关系。这是古人在探讨人类社会发展规律时，对"天人合一"这一哲学命题做出的一个重要结论。其突出点是对农业生产整体观、联系观和环境观的阐发，对中国传统农学起到了重要指导性作用。

北魏农学家贾思勰，对"三才"思想有所继承与发展。他指出，人类对农业生产的主导作用，是以尊重和把握客观规律为前提条件的，倘若违背客观规律，则会适得其反。因此，他主张因地制宜，因时制宜，充分利用各种自然条件，使农作物得到最大限度的生长，以达到高产高效的目的。受"三才"农业哲学思想的影响，中国传统农学应运而生，特别强调因时、因地安排生产及因物制宜和"三宜"方针。

2.2 马克思、恩格斯、列宁关于农业发展的理论

马克思及马克思主义者有关农业农村方面的论述很多，有关农民、农业、农村发展的文献十分丰富，虽然"乡村振兴"一词未能出现在他们的论述或经典著作中，但他们都强调农业的基础地位、重要性以及对农业进行扶持，从他们的论述中不难发现包含对农业实施扶持的思想。他们通过对资本主义时代工农关系和城乡关系及其发展规律的研究，特别注重从无产阶级革命需要出发，分析资本主义社会工农联盟问题，并且从社会主义建设角度出发，分析在剥削阶级作为一个阶层被消灭以后，如何解决农民、农村、农业问题。马克思、恩格斯以及列宁还运用历史唯物主义和辩证唯物主义原理，对农业、农村和农民的发展前景进行了科学的预测。

2.2.1 马克思、恩格斯关于农业发展的理论

马克思、恩格斯十分强调农业在国民经济中所具有的基础性地位，认为农业是一切社会活动的基础。

2.2.1.1 扶持农业，巩固农业的基础地位

国家自主、经济发展、社会稳定的基础是农业。对此，马克思、恩格斯认为，国民经济中农业的基础地位，不是反映农业的一般的自然规律，也不是某个国家在某个特定时期的经济政策，而是一个普遍的客观经济规律。

马克思、恩格斯认为："最文明的民族也同最不发达的未开化的民族一样必须先保证自己有食物，然后才能去顾及其他事情；财富的增长和文明的进步，通常都与生产食品所需要的劳动和费用的减少成相等的比例。"① 粮食是人类生存的最先决条件，只有解决了人类食物问题，才有可能谈及政治、经济、文化等问题，而解决食物的唯一途径是农业，故农业尤其粮食是人类生存和发展的基础。因此，马克思说："农业劳动是其他

---

① 马克思. 资本论：第 3 卷 [M]. 中共中央马克思恩格斯列宁斯大林著作编译局，译. 北京：人民出版社，1975：824.

一切劳动得以独立存在的自然基础和前提。"① 发展社会经济如果以牺牲农业为代价，必然得不偿失。与其他产业不同，受自然和社会双重影响，农业是经济的再生产与自然再生产交织在一起的弱质产业。为此，国家对农业予以保护和支持，即使在社会主义农业联合生产时代也不例外。

农业劳动作为社会再生产的起点，特别是农业剩余劳动或农业剩余产品，是人类社会分工和进一步发展的先决条件或前提。关于这一点，马克思主要从三个方面进行了分析。一是认为农业劳动生产率的提高，是农业剩余劳动或农业剩余产品产生的前提。马克思说："劳动起初只作为农业劳动出现。"② 在此基础上，提出"经济学上最广义的农业劳动，必须有足够的生产率，使可供支配的劳动时间，不致全被直接生产者的食物生产占去；也就是使农业剩余劳动，从而农业剩余产品成为可能"③。也就是说，"农业劳动只有在基本满足了农业劳动者本身的必需生活资料后，才可能开始为社会提供剩余劳动或剩余产品。农业劳动生产率提高到什么程度，决定了农业能为整个国民经济提供所必需的剩余劳动或剩余产品达到什么程度，即农业劳动的这种自然生产率，是一切剩余劳动的基础"④。"超过劳动者个人需要的农业劳动生产率，是一切社会的基础。"⑤ 二是认为农业剩余劳动的产生，是其他一切生产部门能够独立化的物质基础。马克思说："农业劳动是其他一切劳动独立存在的自然基础和前提"⑥，这些论述都充分说明了农业剩余劳动或农业剩余产品是社会分工产生及其发展的基础。三是农业剩余劳动是其他一切部门的剩余劳动产生的基础，并决定着它们的发展规模和界限。马克思在分析资本主义地租时，谈到重农学派"正确地认为，一切剩余价值的生产，从而一切资本的发展，按自然基础

---

① 马克思，恩格斯. 马克思恩格斯文集：第7卷 [M]. 中共中央马克思恩格斯列宁斯大林著作编译局，译. 北京：人民出版社，2009：715.

② 马克思，恩格斯. 马克思恩格斯文集：第1卷 [M]. 中共中央马克思恩格斯列宁斯大林著作编译局，译. 北京：人民出版社，2009：182.

③ 马克思，恩格斯. 马克思恩格斯文集：第7卷 [M]. 中共中央马克思恩格斯列宁斯大林著作编译局，译. 北京：人民出版社，2009：738.

④ 马克思. 资本论：第3卷 [M]. 中共中央马克思恩格斯列宁斯大林著作编译局，译. 北京：人民出版社，1975：713.

⑤ 马克思，恩格斯. 马克思恩格斯文集：第7卷 [M]. 中共中央马克思恩格斯列宁斯大林著作编译局，译. 北京：人民出版社，2009：888.

⑥ 马克思. 马克思恩格斯全集：第26卷（I）[M]. 中共中央马克思恩格斯列宁斯大林著作编译局，译. 北京：人民出版社，1995：28-29.

来说，实际上都是建立在农业劳动生产率的基础上的"①。马克思还认为，如果农业在一个工作日内，只能进行完必要劳动，不能生产出更多的农产品，"那就根本谈不上剩余产品，也谈不上剩余价值"②。

马克思认为，社会再生产过程，是由制造生产资料的第一部类和制造生活资料的第二部类所组成的，生产资料的生产则是由工业特别是重工业来完成的，社会再生产的最基本生活资料由农业来完成。在社会再生产过程中，两大部类之间的相互联系和平衡比例，主要是工业和农业之间的相互联系和平衡关系。

2.2.1.2 扶持农业，实现城乡协同发展

马克思认为，城乡分离与对立是社会分工和商品经济发展的必然结果。"一切发达的、以商品交换为媒介的分工的基础，都是城乡的分离。可以说，社会的全部经济史，都概括为这种对立的运动。"③ 关于工业化引起城乡对立的原因，恩格斯在《英国工人阶级状况》中进行了深入研究，认为英国通过工业革命引起资本的集中，而资本的集中推动了农村劳动力等要素集聚于城市，农村生产要素的流失是工业中心繁荣的基础，城市成为先进生产力的聚集地并使乡村破产，故正是资本的扩张造成了城乡对立。工业化既是资本集中的过程，又是生产工具、资本、享乐和需求集中起来的过程。城乡对立的表现不仅是在地域空间上而且在社会关系上也充分体现出来了，工业化使财富在少数人手里聚集，与要素集中、集聚相反的乡村却是另一番景象：凋敝与破败。不得不承认，资本主义大工业带来了社会生产力的发展，但它是以农村的凋敝与破败以及生产力破坏为代价的，城乡的分离必然会造成城乡发展差距的扩大。

马克思认为"有所发展但又发展不足"是社会发展过程中的必然现象，社会生产力的发展必然导致城乡对立，城乡对立是一个历史范畴。在马克思恩格斯看来，"解决城乡对立的出路在于形成农业和工业在它们对立发展的形态的基础上的联合；城市的发展、社会进步不能建立在城乡对立基础上，通过城市和农村联合实现共同发展，即城市要支援农村，工业

---

① 马克思，恩格斯. 马克思恩格斯文集：第7卷 [M]. 中共中央马克思恩格斯列宁斯大林著作编译局，译. 北京：人民出版社，2009：888.

② 马克思，恩格斯. 马克思恩格斯文集：第7卷 [M]. 中共中央马克思恩格斯列宁斯大林著作编译局，译. 北京：人民出版社，2009：888.

③ 马克思，恩格斯. 马克思恩格斯全集：第26卷 [M]. 中共中央马克思恩格斯列宁斯大林著作编译局，译. 北京：人民出版社，1995：261.

反哺农业，城乡协调发展，是社会生产力发展的必然结果"①。

2.2.1.3 扶持农业，推动农业发展

（1）加强农业基础设施建设的需要

马克思、恩格斯通过对资本主义农业发展的观察认为，资本主义农业发展方式是一种对土地掠夺式的经营，人与自然之间的物质交换规律遭到损害，致使土壤肥力减退②。资本的逐利性质致使土地贫瘠的农村游离于社会文明之外，土壤长期得不到修复，农业灌溉设施损毁，交通闭塞，农业基础设施建设遭到严重损害，农业发展所需的基本条件长期得不到供给。马克思、恩格斯非常注重政府在农业公共基础设施建设中作用的发挥。1853年，马克思在《不列颠在印度统治的未来结果》一文中写道："铁路的铺设可以很容易地用来为农业服务，例如在建筑路堤需要取土的地方修水库，给铁路沿线地区供水。这样一来，作为东方农业的必要条件的水利事业就会大大发展，常常因为缺水而造成的地区性饥荒就可以避免。"③ "农业的第一个条件是人工灌溉，而这是村社、省或中央政府的事。"④ 卡尔·考茨基在《我们的最新纲领》中提出："用于农业改良的长期固定资本投资应当由国家来进行，包括参与各方的合作社或个别自治区由国家提供贷款，以便他们开垦农田，进行各种类型的土地改良，排水以及灌溉。公共交通手段（铁路、公路、道路和河道）以及沟渠、水坝的维护经费和建设经费由国家或者说由德意志帝国负担。"⑤

（2）提高农业生产率的需要

马克思、恩格斯特别重视农业生产效率的提高，特别强调利用机器和科学技术来武装农业，"超过劳动者个人需要的农业劳动生产率，是一切

---

① 马克思，恩格斯. 马克思恩格斯文集：第7卷 ［M］. 中共中央马克思恩格斯列宁斯大林著作编译局，译. 北京：人民出版社，2009：573.

② 马克思，恩格斯. 马克思恩格斯全集：第2卷 ［M］. 中共中央马克思恩格斯列宁斯大林著作编译局，译. 北京：人民出版社，1995：104.

③ 马克思，恩格斯. 马克思恩格斯文集：第2卷 ［M］. 中共中央马克思恩格斯列宁斯大林著作编译局，译. 北京：人民出版社，2009：687.

④ 马克思，恩格斯. 马克思恩格斯文集：第10卷 ［M］. 中共中央马克思恩格斯列宁斯大林著作编译局，译. 北京：人民出版社，2009：113.

⑤ 马克思，恩格斯. 马克思恩格斯全集：第26卷 ［M］. 中共中央马克思恩格斯列宁斯大林著作编译局，译. 北京：人民出版社，1995：465.

社会的基础"①。劳动生产率，超过劳动者个人需要的劳动生产率，是一切社会的基础。它是人类社会发展进步的先决条件，只有劳动生产率得到提高，社会产出水平才能得到提高，社会生产力才会进步。马克思提出："机器是提高劳动生产率，即缩短生产商品的必要劳动时间的最有力的手段。"②"大工业把巨大的自然力和自然科学并入生产过程，必然大大提高劳动生产率。"③农业生产也是如此。"资本主义生产方式的重要结果之一，它一方面使农业由社会最不发达部分的单纯经验和机械地沿袭下来的经营方法，在私有制条件下一般能做到的范围内，转化为农艺学的自觉的科学的应用。"④"科学终于也将大规模地、像在工业中一样彻底地应用于农业。"⑤

（3）提高农业生产要素报酬的需要

马克思、恩格斯通过研究资本主义工业化和城市化进程，提出了缩小城乡差别最重要的是生产要素资本、劳动力、土地等的自由流动。随着城市的发展，城市的资本、技术等生产要素利润率将会降低，这些生产要素流向农村是不可避免的。

马克思、恩格斯分析了资本主义社会农业内部生产要素的流动情况，指出：资本主义社会土地的集中是自由流通和自由交易促进的结果，同时也为国有化后采取合作社方式实现大规模生产创造了条件，而小农经济只能是农业生产的羁绊。农业实施合作化经营，不仅可以实现城乡要素的自由流动，也促进了农业工业化和劳动力非农化，从而实现城乡协调发展。农业实现规模化经营，必然会造成大量的农村剩余劳动力，对此，马克思、恩格斯提出，要给这些劳动力找到工作，可以用两种方法：或是从邻近的大田庄中另拨出一些田地给农民合作社支配，或是给这些农民以资金

---

① 马克思，恩格斯. 马克思恩格斯全集：第25卷 [M]. 中共中央马克思恩格斯列宁斯大林著作编译局，译. 北京：人民出版社，1995：886.

② 马克思. 资本论：第1卷 [M]. 中共中央马克思恩格斯列宁斯大林著作编译局，译. 北京：人民出版社，1975：463.

③ 马克思，恩格斯. 马克思恩格斯文集：第5卷 [M]. 中共中央马克思恩格斯列宁斯大林著作编译局，译. 北京：人民出版社，2009：444.

④ 马克思. 资本论：第3卷 [M]. 中共中央马克思恩格斯列宁斯大林著作编译局，译. 北京：人民出版社，1975：696.

⑤ 马克思，恩格斯. 马克思恩格斯全集：第31卷 [M]. 中共中央马克思恩格斯列宁斯大林著作编译局，译. 北京：人民出版社，1995：470.

和可能性去从事副业，在这两种情况下，他们的经济地位都会有所改善①。

农业劳动生产率的提高取决于城市化和工业发展水平，城市化和工业发展水平可以为农村提供机器设备、新技术、化学和其他新的发明，从而有助于农业劳动生产率的提高，而农业内部自身生产技术的提高则是缓慢的。

（4）促进农民的全面发展的需要

城乡差别是城市化和工业化发展的必然，消除城乡之间的差距将是一个缓慢的过程，其中，农民素质的提高极为关键。马克思、恩格斯对农民未来的前途和命运非常重视，他们认为，农民阶级是一个历史范畴，其将随着社会主义现代化农业取代资本主义大农业而衰退，最终将不复存在，而成为自由的、联合的现代产业工人。劳动者的劳动生产率除了受到多种因素的制约。马克思通过对农业劳动生产率因素的研究指出，资本主义对农民素质提升的机制的缺失，是导致农业劳动者劳动效率低下的重要原因。劳动者个人生产率除了受到先天的体力、智力、天赋的影响外，还与后天的教育和职业培训息息相关，而资本主义资本逐利的本性是不可能对农民进行培训的。劳动者的科学文化素质是影响农业劳动生产率最为关键的因素，是劳动效率中最核心的部分。马克思指出："资本主义农业的任何进步，都不仅是掠夺劳动者的技巧的进步，而且是掠夺土地的技巧的进步，在一定时期内提高土地肥力的任何进步，同时也是破坏土地肥力持久源泉的进步。"② 社会主义建立以后，政府应采取各种方式来提高农民素质，不仅有利于提高农业生产的效率，而且对整个社会的全面发展意义重大。

2.2.2 列宁关于农业发展的理论

列宁的著作中，有不少是专门论及农业发展的，如《土地问题和"马克思的批评家"》《关于农业中资本主义发展规律的新材料》《俄国资本主义的发展》《论粮食税》《论合作社》等。他在这些著作中，提出了以下一些农业支持的思想。

---

① 马克思，恩格斯. 马克思恩格斯文集：第4卷［M］. 中共中央马克思恩格斯列宁斯大林著作编译局，译. 北京：人民出版社，2009：525.

② 马克思，恩格斯. 马克思恩格斯文集：第9卷［M］. 中共中央马克思恩格斯列宁斯大林著作编译局，译. 北京：人民出版社，2009：340.

2.2.2.1 扶持农业发展科技，提高农业生产率

列宁通过观察第一次世界大战，看到了科技的巨大力量，并要求要把现代化的生产技术广泛应用于农业生产的各个环节。他指出，"农业生产率提高的最根本的是靠先进的农业科技，农业生产效率的提高要充分利用先进的农业科技；技术奇迹首先应该用来改造最接近于全民性的，占用人数最多的又最落后的生产——农业生产"①。他认为，科学技术是改变苏俄农业的唯一力量，这是农业生产中最关键的因素，农业劳动生产率的提高可以实现原始的、分散的"小农经济"向"公共经济"的蜕变。他对提高农业科技水平还做出了具体路径安排。

（1）加大对先进农业机械的投入

农业要实现根本性的转变，关键在于农业机械化的普及。1918 年 4 月，向农民提供农业生产工具和机械的法令在俄罗斯人民委员会获得通过，这是工业支持帮助农业的重要举措。列宁对生产工具和机械的分配做出了具体部署："分配农业机械等的基本原则应当是，既要首先保证有利于农业生产、有利于全部土地的耕作和农业生产率的提高，又要对贫苦的劳动农民优先供应农业机械等；而总的目的应当是保证全国居民正常地得到足够的粮食。"② 在列宁看来，政策的落实是农民受惠的关键，故其成立了专门监督机构来保证这一惠农政策的贯彻落实。

（2）注重发挥农业技术人才的作用

1921 年 11 月，列宁在莫斯科省第一次农业代表大会上指出，壮大农艺师的队伍，充分发挥农艺师的作用是提高农业生产、提高劳动生产率的根本途径，国家应该多培养农业科技人员。他指出："农艺师的数量同全体农民群众相比毕竟很少，他们的工作如果不同农业的实际任务结合起来，就不会富有成效。"③ 在当时，莫斯科在农业方面取得巨大成功就是因为发挥了农业技术人员的作用，为此，列宁要求应把莫斯科的做法在全国范围推广。

---

① 列宁. 列宁全集：第 35 卷 [M]. 中共中央马克思恩格斯列宁斯大林著作编译局，译. 北京：人民出版社，1985：353-354.

② 列宁. 列宁全集：第 34 卷 [M]. 中共中央马克思恩格斯列宁斯大林著作编译局，译. 北京：人民出版社，1985：222.

③ 列宁. 列宁全集：第 42 卷 [M]. 中共中央马克思恩格斯列宁斯大林著作编译局，译. 北京：人民出版社，1985：284.

2.2.2.2 政府应在提高农业综合生产力有所作为的思想

在列宁看来，提高农业综合生产能力，最为关键的是要提升农业发展的内部要素质量，而不仅仅依靠外部力量，即要全面提升农业劳动者素质，加快农业生产资料的改良和优化。

（1）改良农业生产资料

改良农业生产资料是对农业生产要素的提升。十月革命前夕，俄国农业在当时十分落后，农业产出水平低。农业基础设施缺乏，农业生产工具落后、陈旧且十分有限，土地肥力低下且零散、地块狭长，不利于农业机械作业。全国的农业生产几乎没有现代化工具，如拖拉机、汽车等。特别是在 1918 年前后，俄国尤其是其欧洲部分的一些省份粮食奇缺，有的甚至将种子作为解决饥荒的唯一办法，饥荒问题已经非常严重。

列宁看来，改良农业生产要素是解决当前农业发展难题的关键，只有生产要素改良，农业产出水平才能提高。

对农业生产要素如土地、工具、种子等的改良，仅靠农业自身是不能实现的，政府给予支持帮助就尤为重要。他要求："调整农民使用的土地；供给农民改良的种子和人造肥料；改进农民的牲畜品种；推广农艺知识；修理农民的农具；建立农具租赁站、试验站等；改良农田的土壤等工作。国家也应该给农民提供一定的帮助，包括改良土地以适于耕种；改进农业生产工具以提高生产效率；提供一定数额的贷款用于购买种子，以保证播种任务的顺利完成，等等。"① 列宁认为，帮助农民发展农业，是政府的义务。

（2）用科学文化武装农民，提高他们的素质

农民是农业生产者最重要的生产要素，对农业生产具有决定作用。因此，农民自身科学文化素质的强弱和农民生产积极性的高低，直接关系到农业生产甚至整个国家经济。列宁指出，发展农业生产，提高农民生产积极性，政府应做好以下两点。

第一，要提高农民的科学文化素质。农民是农业生产中最为活跃的生产要素，对农业生产起到决定性作用。而利用农业生产技术和农业机械需要具备一定的科学文化知识，因此，农业劳动者素质的提高十分重要。苏俄在列宁时期，农民的文化水平普遍不高，"俄国成年居民中 75% 以上既

---

① 列宁. 列宁全集：第 36 卷 [M]. 中共中央马克思恩格斯列宁斯大林著作编译局，译. 北京：人民出版社，1985：198.

不会读，也不会写，农村识字的农民不满 20%，识字的农村妇女只有 7%。到 1920 年，俄国居民中仍有 2/3 以上的人是文盲，而这些文盲大多数都是农民。"① 列宁认为："应当用读和写的本领来提高文化水平，应当使农民有可能用读写本领来改进自己的经营和改善自己国家的状况。"②

如何解决农民文化水平不高的问题，列宁提出：一是政府应加大投入，普及农村初级教育。教育是提高农民素质的唯一途径，资金和人才是教育的两个要素，因此，政府应从资金上多投入。列宁非常重视对国民的教育问题，他提出政府应加大对教育资金的投入："使我们的整个国家预算首先去满足初级国民教育的需要，这个工作我们还做得太少，做得还远远不够。"③ 提高教师地位和待遇，发挥教师在进行国民教育上的作用。他指出："我们没有关心或者远没有充分关心把国民教师的地位提到应有的高度，而不做到这一点，就谈不上任何文化，既谈不上无产阶级文化，甚至也谈不上资产阶级文化。"④ 二是城市要帮助农村，实现城乡间互动。通过城乡互动，把城市的先进文化和知识传递到农村，让农民学习城市的先进的生产管理经验。他提出："能不能做到把所有的城市支部都'分配'给各农村支部，使每一个'分配'给相应的农村支部的工人支部经常注意利用一切机会、一切场合，来满足自己的兄弟支部的各种文化需求呢?"⑤ 三是政府要向农村提供农村急需的各方面书籍。列宁在 1919 年有关会议中讲道："国家现在还很困难，文化教育的条件太差，急需纸张和书籍太少不能满足人们对知识的需求，因此，现有书籍和书刊能够实现共享，他认为报纸和书籍为苏维埃职员这一人数不多的阶层所占有，而工人和农民所得到的却非常少，必须彻底整顿这项工作。"⑥

第二，向农民提供实物奖励，仅仅有精神上的鼓励是不够的。对于对

---

① 孙迪亮. 列宁的农村建设总体布局思想 [J]. 理论探索，2011 (5)：24-27.
② 列宁. 列宁全集：第 42 卷 [M]. 中共中央马克思恩格斯列宁斯大林著作编译局，译. 北京：人民出版社，1985：196.
③ 列宁. 列宁全集：第 43 卷 [M]. 中共中央马克思恩格斯列宁斯大林著作编译局，译. 北京：人民出版社，1985：357.
④ 列宁. 列宁全集：第 43 卷 [M]. 中共中央马克思恩格斯列宁斯大林著作编译局，译. 北京：人民出版社，1985：357.
⑤ 列宁. 列宁全集：第 43 卷 [M]. 中共中央马克思恩格斯列宁斯大林著作编译局，译. 北京：人民出版社，1985：359.
⑥ 列宁. 列宁全集：第 4 卷 [M]. 中共中央马克思恩格斯列宁斯大林著作编译局，译. 北京：人民出版社，1985：32.

农民实施奖励的问题，当时苏联存在较大的分歧，有的人认为，农民个体代表的是落后的生产力，是被改造或取缔的对象，不能给予他们奖励，要奖励也只能奖励给集体经济，这才是代表社会发展的方向。为此，列宁认为，无论是农村带有集体化因素的社团还是个体农民都应给予奖励。列宁主张只奖励那些通过合法手段取得经营成绩的农民；对于通过放贷、投机倒把等手段取得的，不但不给予任何奖励，还应予以处罚。列宁对于物质奖励的方式也做了说明，不仅包括生产用生产资料，也包括农民日常生活资料。通过这些奖励措施，苏联农民生产积极性大大提高。

2.2.2.3 对农业发展的国家资助支持思想

"农业作为农村的主业，较之于工商业而言，属于经营水平落后的弱质产业"①，农业生产面临来自自然和市场双重的风险，很难获得平均利润，从事农业生产的劳动者往往处于社会底层。所以，农业发展没有外力支持，仅靠农民自身的力量无法从根本上消除贫困。因此，列宁认为，国家的帮助和工业的支援是实现农业发展的唯一途径。

（1）国家的资助和扶持

农业作为基础产业，对国民经济和社会发展发挥着巨大作用。列宁在领导苏俄革命和农业、农村发展的过程中，认识到国家应给农民提供经济和技术上的帮助，实现经济社会协调发展。在苏维埃成立之初，列宁就提出拨出10亿卢布，作为发展农业的专用基金②。长期的战乱，致使农业、农村遭到严重破坏，为医治战争给农民带来的创伤，帮助农民恢复生产，列宁提出向农民提供生产资料，这一提议获得人民委员会通过。同时保证对贫苦农民优先提供农业机械，这项政策的实施，使农业生产得到恢复，农业劳动生产力得到提升，产出水平也有了提高。

（2）工业支援农业思想

苏共取得政权以前的俄国，是一个传统落后的农业国，农业在国民经济中起主导作用，工业产品只占国家全部产品的1/3左右，其余都要靠国外进口。长期的战乱，使本已落后的俄国经济濒临崩溃。列宁提出，要挽救俄国，恢复经济，医治战争创伤，恢复农业是第一位的，然后使国家走上工业化道路。然而，对当时的苏俄来说，工业化的基础设施、设备严重

---

① 孙迪亮. 列宁农村建设理论的逻辑蕴涵探论 [J]. 当代世界与社会主义，2012 (2)：56-60.
② 列宁. 列宁全集：第35卷 [M]. 中共中央马克思恩格斯列宁斯大林著作编译局，译. 北京：人民出版社，1985：176.

缺乏，不仅工业用的原材料短缺，而且也缺乏工业品销售的市场，扩大国内市场成为唯一选择，因此，恢复国民经济只能从农业开始。选择恢复农业是一条非常正确的道路。在农业的推动和扶持下，苏俄经济快速得到恢复，国民经济在短时间内达到世界前列，仅次于美、德、英、法，而工业已居世界前列。但是，不可否认，这一时期，苏俄工业和城市的发展在很大程度上是以牺牲农业、农村的利益为代价的，农业为工业化提供了大量的积累。因此，经济社会发展到一定程度以后，工业和城市就应该反哺农业。列宁提出"给落后而分散的农村以技术的和社会的根本的帮助，并且在这种帮助下为大大提高耕作和一般农业劳动的生产率打下物质基础，将现代工业发展的高科技应用于农业生产中，强化国家对农业的扶持与帮助，定能提高农业生产效率和农业发展速度。"[1] 列宁的工业的支援与工农融合思想，对于处理农业反哺农业，城市支援农村，工农互助双赢提供了很好的理论支撑。

2.3　新中国成立以来关于"三农"问题的重要论述

中华人民共和国成立以来把马克思主义普遍原理特别是关于"三农"的理论，创造性地用于中国"三农"实践中，与时俱进，开拓创新，确立了以农民利益为价值取向、以社会主义市场经济为导向、以乡村振兴为载体、以实现农业可持续发展为目标的中国特色社会主义的"三农"理论，极大地丰富了马克思主义理论宝库。

2.3.1　社会主义革命和建设阶段

新中国成立以后，百废待兴、一穷二白，工业化起步迟、底子薄，又面临国外的封锁，只能走自力更生的道路。毛泽东指出："革命靠了农民的援助才取得了胜利，国家工业化又要靠农民的援助才能成功。"党在这一时期是怎样领导农民开展建设、支援国家的呢？

一是完成农业社会主义改造，把农民组织起来，开辟了社会主义新中国的建设道路。1950年6月30日，中央人民政府公布施行《中华人民共

---

① 列宁. 列宁全集：第39卷 [M]. 中共中央马克思恩格斯列宁斯大林著作编译局，译. 北京：人民出版社，1985：175.

和国土地改革法》，在新解放区全面开展土地改革，到 1952 年年底基本完成，约 3 亿无地少地农民无偿获得约 7 亿亩土地。在向社会主义过渡过程中，党认识到，土地改革只解决了反封建问题，没有也不能解决小农经济的落后、分散、生产率低下问题。毛泽东提出，对于个体经济实行社会主义改造，搞互助合作，办合作社，这不仅是个方向，而且是当前的任务。党领导广大农民开展互助合作，从以换工帮忙为主的互助组，到以土地入股分红、重要生产资料私有为主的初级社，再到生产资料集体所有、统一经营的高级社。到 1956 年年底，加入合作社的农户达全国农户总数的 96.3%，其中参加高级社的农户占总农户的 87.8%，基本完成了农业社会主义改造，实现了生产资料的集体所有，在农村建立了社会主义公有制度。到 1958 年，开始由高级农业合作社向人民公社迈进。虽然这一时期向高级农业合作社过渡过快，特别是实行人民公社制度，超越了生产力发展实际，明显走了弯路，但对当时农业基础设施建设、农村社会事业发展还是起到了一定促进作用，人均预期寿命从 1952 年的 35 岁提高到 1982 年的 68 岁，文盲率下降到 34.7%。与此同时，党领导农民彻底消灭了长期把持乡村政权的地主豪绅，改变了千百年来"皇权不下县"的局面，使得政权完全深入到乡村一级。从 1953 年下半年开始，第一次基层人民代表大会代表选举在全国范围内开展。

二是改善农业生产条件，恢复和发展农业生产，为改变一穷二白的面貌提供了物质条件。党把农业恢复作为一切部门恢复的基础，带领广大农民重整山河、改天换地，在艰苦条件下开展了大规模、大范围的农业基础设施建设。比如，针对当时水旱灾害频发的情况，毛泽东提出"要把黄河的事情办好""一定要把淮河修好""一定要根治海河"。国家开展大规模水利建设，建成了红旗渠、十三陵水库等一大批防洪灌溉工程设施，这些设施很多现在都还在发挥作用。又如，针对农业科技落后的问题，1955 年党的七届六中全会提出，农业部门应该有计划地将农业技术推广站建立起来，到 1956 年就基本做到了一区一站。1958 年，毛泽东亲自总结提出了著名的"土肥水种密保管工"的"农业八字宪法"，作为促进农业增产的技术措施。1960 年中央提出，从中央一直到公社的各级农业科学研究机构，凡是没有建立的地方都应该及早建立起来。经过几年努力，初步建立起农业科研、教育、推广三大体系。再如，针对农业机械化的空白，1959 年毛泽东指出"农业的根本出路在于机械化"。我国农机工业从零起步，先后研制推广了机耕船、水稻插秧机、水轮泵等，形成了大、中、小型拖拉机配套系列，到1979年农机总动力保有量达1.36亿千瓦。

三是探索建立以农补工，主要依靠农村积累，为建立完整的国民经济和工业体系强化了基础支撑。1953年，国家实行第一个五年计划，大规模经济建设迅速展开，城市人口迅猛增加，农产品需求大幅增长。1952年7月至1953年6月，国家粮食出现40亿斤（1斤=0.5千克）缺口，粮食市场价格高于牌价30%~50%。为了应对这个局面，国家开始实行农产品统购统销制度，在农村按照土地面积和质量等级征收公粮，在城里按照工作性质和年龄供应粮食，粮食开始凭票供应，后来列入统购统销的农产品越来越多，最多时达到200多种。统购统销缓解了粮食供需矛盾，维护了社会稳定，为工业化提供了大量物质资金积累。有专家测算，从1953年到1985年，通过统购统销，农业累计为国家贡献了约8 000亿元，相当于同期财政收入的30%。此外，农民还是工业品的重要消费群体，农村成为特殊时期吸纳城市劳动力就业的重要空间，1968年至1978年共有上千万城镇知识青年上山下乡。

2.3.2　改革开放和社会主义现代化建设阶段

中国的改革从农村率先取得突破，并由此形成了全面改革的大潮；经济发展也是率先解决吃饭问题后，通过农业人口向非农产业转移，获得了空前的产业结构升级红利和人口红利。这一时期，我国农业生产力水平持续提升，农村经济快速发展，城乡关系发生历史性转折，为开辟、坚持和发展中国特色社会主义道路再次做出了贡献。

一是小岗村"大包干"拉开了农村改革序幕，家庭承包经营制度解放和发展了农村生产力，长期困扰中国人的温饱问题得到稳定解决。"交够国家的，留足集体的，剩下的都是自己的"，这个简单朴实的道理，在当时却是惊天动地的创举。1982年至1986年，中央连续出台五个一号文件，对家庭联产承包责任制予以认可、推广，并在政策上进行细化和完善。到1986年年初，全国99.6%的农户实行家庭承包经营。生产关系的变革空前激发了农民生产积极性，许多地方一年见成效，几年就大变样。以家庭承包经营为基础、统分结合的双层经营体制得以确立，农村基本经营制度得以形成，构成了党的农村政策的基石。通过改革，农业综合生产能力大幅提升，历史性地解决了吃饭问题，把中国人的饭碗牢牢端在自己手上。

1978年至1984年，我国粮食产量连续登上6 000亿斤、7 000亿斤、8 000亿斤三个千亿斤台阶。林毅夫曾经测算，1978年到1984年，作物产出增长的43.6%归于生产率的提高，而生产率增长的94%归于家庭责任制改革。从2008年起，我国人均粮食占有量稳定达到800斤以上，到2012年，粮食产量达到1.22万亿斤，比1978年翻了一番。

二是取消统购统销、乡镇企业异军突起，推动了社会主义市场经济体系的建立和完善。随着改革后生产力的提高，农产品购销体制和流通体制也逐步由计划向市场转变。1983年中央逐步缩小农产品统派购范围，1993年全面放开粮食等主要农产品购销，粮票等退出历史舞台。1984年把"两水"（水果、水产）价格放开，到2005年全面放开粮食购销、价格和市场，农产品市场体系基本建立。广大农民在取得生产经营自主权之后，又取得了产品交换的自主权，邓小平称这是迈出了相当勇敢的一步。

包干到户把农民从土地中解放出来，国家放开政策允许农民搞工业、允许个人搞商品流通，乡镇企业乘势而起，从僵硬的计划经济体制中挤出一条缝隙，成为推动我国市场化发展的一支劲旅。乡镇企业异军突起，改变了农村长期以来单一搞种养的格局，倒逼国有企业开始市场化改革，推动计划经济体制向市场经济体制全面转变。

三是农村劳动力等资源要素为大规模快速工业化、城镇化提供了物质保障。改革初期直至20世纪90年代，大量农村劳动力"离土不离乡"，形成了就地转移浪潮。20世纪90年代后，对农民进城务工经商等活动的不合理限制和歧视性规定被逐步取消，在市场规律作用、利益机制驱动和城市文明感召下，亿万农民开始"离土又离乡"，形成了农民工大规模跨区域流动的新浪潮，这不仅极大拓展了农民就业发展空间，而且为工业化、城镇化发展特别是"中国制造"的快速崛起，提供了亟须且宝贵的劳动力资源。此外，农用地转为建设用地，低价征用、高价出售，还为工业化、城镇化提供了大量的土地和资金。以2004年为例，农民工月均收入539元，而同期城镇工人是1 335元，雇用农民工每人每月可以省796元，以当时全国1.2亿农民工计算，全年因雇用农民工而节省的开支就高达1万多亿元，相当于当年GDP的增量，这还不包括福利、保险等方面的隐性节省。以2012年为例，国家转为建设用地的农用地为42.91万公顷，若按全年出让国有建设用地招标、拍卖、挂牌均价计算，共计3.73万亿元，相当于当年财政收入的三成多。

2.3.3 中国特色社会主义新时代阶段

2013年，习近平总书记在中央农村工作会议上讲过一句很经典的话："小康不小康，关键看老乡。"此后习近平总书记又强调"没有农业农村现代化，就没有整个国家现代化"。中央坚持把解决好"三农"问题作为全党工作重中之重，带领广大农民群众，向农业强、农村美、农民富聚焦发力，打赢脱贫攻坚战、实施乡村振兴战略，亿万农民同全国人民一道迈入全面小康。

一是全力抓好粮食和重要农产品稳产保供，确保国家粮食安全，为经济社会平稳发展提供坚实保障。粮食安全是"国之大者"。党中央始终把解决好吃饭问题作为治国理政的头等大事，经过多年探索，基本确立了"以我为主、立足国内、确保产能、适度进口、科技支撑"的国家粮食安全战略，明确提出了"谷物基本自给、口粮绝对安全"的新粮食安全观，工作中扎实推进"藏粮于地、藏粮于技"战略，完善粮食支持保护制度，粮食综合生产能力不断提升。2020年全国粮食产量实现历史性的"十七连丰"，连续6年产量保持在1.3万亿斤以上。2020年由于新冠病毒感染疫情影响，全球粮食供应链受冲击，一度引发很大恐慌，国际农产品市场剧烈波动，但是我国粮食等重要农产品供应充足、价格稳定，风景这边独好。对此，习近平总书记给予充分肯定，认为其对保持社会稳定"功不可没"。

二是把消除绝对贫困作为底线任务，全面打赢脱贫攻坚战，完成全面小康的标志性工程。2012年年底，习近平总书记到河北阜平考察扶贫开发工作，党中央作出"决不能落下一个贫困地区、一个贫困群众"的庄严承诺，新时代脱贫攻坚的序幕由此拉开。8年来，习近平总书记始终关心扶贫工作，他强调："40多年来，我先后在中国县、市、省、中央工作，扶贫始终是我工作的一个重要内容，我花的精力最多。"中西部22个省份党政主要负责同志向中央签署责任书、立下"军令状"，300多万名第一书记和驻村干部同近200万名乡镇干部和数百万村干部一起奋斗在扶贫一线，各级财政专项扶贫资金8年累计投入近1.6万亿元，形成了五级书记抓扶贫、全党动员促攻坚的局面。广大贫困群众跟着共产党，艰苦奋斗、苦干实干。在全党全国人民共同努力下，最终完成了消除绝对贫困的历史性任务，补上了全面建成小康社会面临的最大短板。美国库恩基金会主席罗伯特·库恩都不得不承认："未来的历史学家在撰写我们这个时代的编年史时，其中一个特写章节很可能就是中国的精准扶贫。"

三是全面深化农村改革，健全城乡发展一体化体制机制，加快形成新型工农城乡关系。习近平总书记亲自部署、亲自推动，2016年在小岗村召开农村改革座谈会，先后主持召开了中央深改组和深改委会议58次，其中有26次审议农村改革重大议题，以处理好农民和土地关系为主线，全面深化农村改革。党中央、国务院先后出台《深化农村改革综合性实施方案》等20多个文件，新一轮农村改革"四梁八柱"的政策和制度框架基本建立。在巩固完善农村基本经营制度的基础上，稳步推进农村"三块地"改革试点，重点培育家庭农场和农民专业合作社，健全农业社会化服务体系，稳步推进农村集体产权制度改革，健全农业支持保护体系，为新时代农业农村发展增添了新动能、新活力。

这一时期，党指导农村改革有多方面理论和实践创新。比如，推进农村土地"三权分置"。2013年7月，习近平总书记在考察武汉农村产权交易所时指出："深化农村改革，完善农村基本经营制度，要好好研究农村土地所有权、承包权、经营权三者之间的关系。"同年中央农村工作会议正式提出推进"三权分置"。这是对党的十五届三中全会提出的农村土地"两权分离"的重大发展，是党的"三农"理论和实践的重大创新，在世界土地制度史上也具有全新的非凡意义。以"三权分置"理论为指导，我们探索宅基地所有权、资格权和使用权的有效实现形式。再比如，城乡发展"两个规律"理论。2018年9月，在十九届中央政治局第八次集体学习时，习近平总书记指出："在现代化进程中，城的比重上升，乡的比重下降，是客观规律，但在我国拥有十三亿多人口的国情下，不管工业化、城镇化进展到哪一步，农业都要发展，乡村都不会消亡，城乡将长期共生并存，这也是客观规律。"这是继党的十六大提出统筹城乡、十六届四中全会提出"两个趋向"后的又一重大判断，为从根本上破解城乡二元结构难题、实施乡村振兴战略，提供了有力的理论指导和实践依据。

四是实施乡村振兴战略，加快缩小城乡差距，让乡村尽快跟上国家发展步伐。2017年党的十九大提出实施乡村振兴战略，习近平总书记对此多次作出重要指示批示，明确了农业农村现代化总目标、农业农村优先发展总方针、实施乡村振兴战略的总要求、建立健全城乡融合发展体制机制和政策体系的制度保障，系统阐释了坚持走"七个之路"的中国特色社会主义乡村振兴道路，提出推进"五大振兴"。2020 年以来，又对全面推进乡村振兴作出一系列新的部署要求。党和国家制定出台的多个中央一号文件、《乡村振兴战略规划（2018—2022 年）》《中国共产党农村工作条例》和《中华人民共和国乡村振兴促进法》，共同构成实施乡村振兴战略的"四梁八柱"。

现在，农业农村发展已经站在了新的历史起点。习近平总书记强调，从中华民族伟大复兴战略全局看，民族要复兴，乡村必振兴。这是继"小康不小康，关键看老乡"之后，把乡村振兴与中华民族伟大复兴中国梦联系到一起的重要论断。"三农"问题始终是关系国计民生的根本性问题。进入新发展阶段、贯彻新发展理念、构建新发展格局，"三农"要发挥"保供固安全、振兴畅循环"的基础支撑作用。保供固安全，就是要在统筹发展与安全的大局中，压实农业稳产保供这块压舱石，稳固国家安全。振兴畅循环，就是要在构建国内大循环为主体、国内国际双循环相互促进的战略格局中，挖掘农村消费、投资巨大潜力，打通城乡经济循环的堵点卡点，为畅通国内大循环扩容提速。展望未来，全面推进乡村振兴、加快农业农村现代化的蓝图已经绘就、前景十分广阔，农业高质高效、乡村宜居宜业、农民富裕富足的美好愿景必将成为现实，"三农"一定会在全面建设社会主义现代化国家的伟大征程中再次谱写浓墨重彩的光辉篇章。

习近平总书记在 2020 年中央农村工作会议上强调："我们要坚持用大历史观来看待农业、农村、农民问题，只有深刻理解了'三农'问题，才能更好理解我们这个党、这个国家、这个民族。"这是对我们党、国家、民族与"三农"关系的深刻论述。早在 2016 年，习近平总书记在农村改革座谈会上就指出，很多问题要放在历史大进程中审视。这充分体现了习近平总书记一以贯之的历史唯物主义认识论和方法论，深刻揭示了"三农"与我们党、国家、民族内蕴的血脉关系和内在的本质联系。

历史证明，在不同历史时期，正确认识"三农"问题并制定正确的政策，是中国革命、建设、改革事业顺利发展的决定性因素。在领导"三农"改革发展的伟大实践中，党形成了既富有时代特点、解决当下问题，又一脉相承、不断发展创新的"三农"理论。特别是党的十八大以来，习近平总书记提出一系列重要思想重要论断，进一步丰富发展了党的"三农"理论，为"三农"事业发展指明了前进方向、提供了根本遵循。我们学习党史，就要深入学习贯彻习近平总书记关于"三农"工作重要论述，从百年来党解决"三农"问题的发展历程中，总结经验、汲取智慧、获得指引，更好地指导全面推进乡村振兴、加快农业农村现代化。习近平总书记在浙江工作期间就对"三农"工作提出了"五个务必"的明确要求，收录在《之江新语》中，这是立足实践对党解决好"三农"问题经验启示的深刻总结，对当前工作仍然具有重要的指导意义。

第一，务必执政为民重"三农"，切实加强党对"三农"工作的全面领导。

党管农村工作，既是党的优良传统，也是我们最大的政治优势。从党的百年历程看，什么时候"三农"问题得到重视、解决得好，经济社会发展形势就好，各方面工作就主动；反过来"三农"问题被忽视、解决得不好，经济社会大局就会受影响，全局工作就被动。新阶段新征程，"三农"工作仍然极端重要，须臾不可放松。我们要继承和发扬党管农村工作的传统，坚持不懈加强党对农村工作的领导，加快健全党领导农村工作的组织体系、制度体系、工作体系，压实各级党委抓乡村振兴的政治责任，推动形成五级书记抓乡村振兴的工作格局。要发挥各级农村工作领导小组牵头抓总、统筹协调作用，健全议事协调、督查考核等机制，完善党委农办、农业农村部门、乡村振兴部门工作运转机制，建设政治过硬、本领过硬、作风过硬的乡村振兴干部队伍，全面提高党领导农村工作的能力和水平。要研究乡村振兴工作推进机制问题，落实《中国共产党农村工作条例》和《乡村振兴促进法》要求，借鉴脱贫攻坚成功经验，建立健全相关制度。

第二，务必以人为本谋"三农"，把实现好、维护好、发展好广大农民根本利益作为农村一切工作的出发点和落脚点。

纵观党的百年奋斗历程，一切为了群众、一切依靠群众是贯穿始终的工作路线。土地革命战争时期，《中华苏维埃共和国土地法令》指出，土地革命"无论如何不能以威力实行，不能由上命令，必须向农民各方面来解释这个办法，仅在基本农民群众愿意和直接拥护之下，才能实行"。从那时起党就认识到，只有把农民的利益摆在突出位置，自下而上发动农民群众，才能凝聚最广泛的力量。党从一开始就对这个问题看得很透彻、很清晰，这段话到现在仍然具有指导意义。我们现在很多工作都还没有做到、没有遵循这一点。比如，农村改厕，有些地方自上而下强推，好心办坏事，建好的厕所不能用、不好用，成了"闹心工程"。再比如，近年来有的地方在推行合村并居过程中搞"一刀切"，想办好事但没尊重农民意愿，侵害了农民利益。传统村落保护问题需要重视。农耕文明集大成的物质载体就是古村落、古民居。如果这些现实载体没有了，今后就只能到文献、书画、数字化影像里去寻找。所以要把古村落、古民居保护提上重要议事日程，设置必要的前置审查、专家评估、法律约束等。在事关人民群众切身利益的问题上，不能搞"一刀切"，更不能"大跃进"，必须以民为本、尊重意愿，要实事求是、因地制宜，依法依规、稳妥慎重，把握好各项工作的时度效。乡村建设是为农民而建，乡村振兴也是为农民而兴，必须充分调动广大农民积极性、主动性和创造性。要坚持在经济上充分关心他们的物质利益，在政治上切实保障他们的民主权利，始终把实现好、维护好、发展好广大农民根本利益作为农村一切工作的出发点和落脚点，让广大农民成为乡村振兴的参与者、建设者和受益者。针对一些地方出现的急于求成、"一刀切"、剑走偏锋等问题，要进一步理清思路、细化举措，提出防范和改进措施。认真落实"为农民而建"的要求，改变过去自上而下定指标、压任务的方式，采取自下而上、几上几下的机制，尊重农民意愿，照顾农民感受，顾及农民需求，宁可稳一点，也要准一点，把好事办好、实事办实，确保经得起历史和群众的检验。

第三，务必统筹城乡兴"三农"，牢固树立跳出"三农"抓"三农"的大局意识和全局观念。

从实践来看，城市、乡村是密切联系、协调联动的，解决乡村的问题有时候要到城市想办法，解决城市的问题有时候要到乡村找出路。早在党的七届二中全会上，毛泽东就强调"城乡必须兼顾，必须使城市工作和乡村工作，使工人和农民，使工业和农业，紧密地联系起来。决不可以丢掉乡村，仅顾城市"。新阶段推进乡村全面振兴，要着眼全面现代化全局，立足城乡发展不平衡、农村发展不充分这一社会主要矛盾的主要方面，把农业的发展放到整个国民经济发展中统筹考虑，把农村的繁荣进步放到整个社会进步中统筹规划，把农民的增收放到国民收入分配的总格局中统筹安排，充分发挥城市对农村的带动作用和农村对城市的支撑作用，形成工农互促、城乡互补、协调发展、共同繁荣的新型工农城乡关系。在规划上要做到城乡一体谋划，把县域作为城乡融合发展的重要切入点，统筹规划产业发展、人口布局、土地利用、生态保护、城镇开发、村落分布等，形成城乡融合、区域一体、多规合一的规划体系，实现县、乡、村功能衔接互补。这是落实城乡融合发展战略的一个重要举措，联城带乡在县域最具现实可行性。在产业上要坚持城乡统筹布局，抓住"粮头食尾""农头工尾"，发展产后加工储运等，推动农村一二三产业融合发展，促进农民就近就地就业增收，持续缩小城乡居民收入差距。在设施上要重点补齐农村水、电、路、气、通信、物流等设施短板，改善农村人居环境，逐步缩小城乡差别。在服务上要优化农村基础教育布局，提升农村医疗卫生水平，增强农村社会保障能力，不断增进民生福祉。还有很重要的一点，就是提出城乡融合目标时一定要注意精准、恰如其分，既要有大的改善，明显缩小城乡差距，又不能喊吊高胃口、不切实际的口号。

第四，务必改革开放促"三农"，不断为乡村全面振兴添活力、强动力、增后劲。

以家庭承包经营为基础、统分结合的双层经营体制，奠定了牢牢端稳中国人饭碗的制度基石；以全面取消农业税、对农民实行直接补贴为标志的城乡统筹发展，扭转了城乡差距加速扩大的势头。党的十八大以来，以习近平同志为核心的党中央，全面部署、系统推进农业农村改革，一些长期制约农业农村发展的体制机制障碍得到破解，为农业连年丰收、农民连续增收、农村持续稳定提供了坚强制度保障。当前，"三农"工作重心已经历史性地转向全面推进乡村振兴。习近平总书记指出，全面实施乡村振兴战略的深度、广度、难度都不亚于脱贫攻坚。现在面临的形势更复杂、矛盾更集中、任务更艰巨，必须继续用好改革创新这一法宝。要加快构建小农户和现代农业有机衔接、县域内城乡融合发展的体制机制，健全乡村振兴要素投入保障和工作推进机制，推动乡村振兴体制机制更加成熟更加定型。处理好农民和土地的关系，要在坚持土地集体所有、家庭经营基础性地位、现有土地承包关系不变的基础上，通过两个"三权分置"改革和社会化服务体系等建设，探索土地经营权流转、农业经营方式等方面的多变和多样，促进农村土地资源合理优化配置，使农村基本经营制度始终充满活力。要坚持市场化方向，健全农产品市场体系，完善农村产权制度和要素市场化配置，畅通农村土地、资金、人才、技术等要素流通渠道。加快推进农业对外开放，统筹利用国际国内两个市场两种资源，以"一带一路"为重点，深化农业双边、多边区域合作，拓展重要农产品多元进口渠道，构建长期稳定、互利共赢的国际农业产业链供应链。

第五，务必求真务实抓"三农"，把握规律因地制宜扎实稳妥推进乡村全面振兴。

求真务实是党一以贯之的科学精神和工作作风，党领导"三农"工作的很多重大历史事件都鲜明体现出这一点。比如，农村改革起步时争论很多，一些人从"姓资姓社"的角度评价包产到户，要求一禁了之，正因为党顺应农民意愿和生产力发展实际，才使得家庭承包成为现在农村的一项基本经济制度。脱贫攻坚战中，党始终坚持精准脱贫的基本方略，在扶持对象、项目安排、资金使用、措施到户、因村派人、脱贫成效等方面都精准，保证了脱贫攻坚成果真实可信，经得起人民和历史检验。现在，全面推进乡村振兴，依然没有现成的、可照搬的经验，道路怎么走，工作怎么抓，还得靠我们自己去探索。要做到不走偏不走样，很重要的就是两条：一是依法依规，严格依法办事；二是求真务实，听基层呼声、看基层创造。只要把这两条把握好，就不会有大的问题。

2.4 西方经济学派关于乡村振兴的理论

西方经济学家大多从农业和工业关系出发，从供求关系角度把农业和工业看成一种交换关系，把农业看成促进工业化的一种手段，并不十分重视农业自身发展规律，在他们看来，农业的作用仅仅是向工业提供过剩劳动力、资本和粮食。农业扶持政策作为保护支持农业的一项重要政策工具，在西方已实施多年，取得了积极效果，促进了农业的发展。同时，也形成了一大批理论研究成果，用以指导或改进保护支持农业的政策工具。

2.4.1 公共产品提供论

农业生产在为社会提供赖以生存的农产品的同时，其自然属性方面也为社会提供了良好、适宜的生态环境，具有较强的正外部性。就生态环境效益来说，它由农业生态系统直接提供给社会成员消费，具有纯公共产品属性，城市居民免费享用生态环境效应，存在明显的"搭便车"行为，农业生产私人收益低于其社会收益。农业生产难以通过竞争机制在市场上得到补偿。农业部门的正外部效应会降低其他非农部门的发展成本，使得非农部门的经济效益和比较利益水平远远大于农业部门。为了使农业的生态基础地位更加稳固，继续鼓励农业部门向社会提供更多的正外部效应，这就要求政府充当制度供给者和主要投资者的角色，采取一定措施使这种正外部效应内部化，即由政府对非农经济部门征收一定的税额来补贴农业部门的生产。

2.4.2　农业多功能性理论

农业多功能性理论既是经济社会发展和农业产业不断变化的产物，又为自由贸易背景下农业补贴政策提供了重要的理论依据与支撑。由于比较优势的作用，农产品进口国农业萎缩影响的不仅是农业的发展，还包括了国内农业所产生的社会效应、生态效应以及文化效应等一系列非商品产出功能，最终减少或恶化了农产品进口国的国内净福利。对农产品出口国而言，扩大农产品出口，则导致了国内农业生产规模的扩大以及因此而带来的生态环境效应和社会文化效应等非商品供给的增加，农产品出口国的整体福利得到改进。正是由于上述原理，农业资源稀缺性比较突出，农业生产处于比较劣势的日本、韩国和欧盟的部分国家才提出了农业多功能性理论以维持其国内农业保护政策。农业多功能中的生态功能外部性较强，农业充当净化器、洗涤槽、培养基、平衡体的功能，发挥着保护环境的积极作用。

总之，农业生产作为生物生产活动，利用了生命活动的规律，在一定程度上能够恢复或平衡工业生产和人类生活造成的环境破坏。农业的环境保护价值对于人类环境至关重要。但是农业产生的环境保护这一正外部性（外部收益）并未获得相应的价值补偿，只有政府安排包括农业财政补贴在内的农业支出时，才能使其得到一定额度的价值补偿。

2.4.3　弱质产业扶持论

相对于其他产业，农业的生产对象是有生命的动植物，不仅生产周期长，依赖于自然条件，面临着难以预测的自然风险，而且对市场反应慢，还要面临较大的市场风险；由于受要素的投入数量限制等影响，农业的劳动生产率、比较效益一般要远低于第二、第三产业，从事农业生产难以获得平均利润，高风险与低收益决定了农业的弱质性。

自然条件如气候、土壤、生态环境等对农业生产起着至关重要的作用。首先，农业生产受到自然风险的影响较大，各种旱、涝、风、雹、霜冻、病虫害、环境污染等自然灾害都会对农业生产产生严重影响，在很大程度上决定了农业的产出水平，农业生产者收益也受到来自自然条件的制约。其次，农业的生产周期长，承受着较大的市场风险，难以应对瞬息万变的市场变化。农业生产受季节影响，农产品具有集中上市、易腐、不易储存等特征，加上农产品需求缺乏弹性，农业生产者不能像其他产业的生产者那样能够根据市场需求信息及时调整生产，在市场交换中往往处于极为不利的地位。当农产品供给大于需求，市场价格往往会急剧下跌，但又不能储备，即使再便宜也要出售，故农业生产者的利益难以得到保障，在下一个生产周期就会缩减生产，容易造成农业生产的反复波动，难以形成一个稳定的供给。

自然风险和市场风险叠加使农业成为高风险的弱质产业，不像其他产业仅受市场的挑战，科技进步步伐相对缓慢，其不能像工业那样可以实现时间上的继进性。但农业又是基础性产业，是人类赖以生存和发展的基础，是一国经济社会发展的前提。高风险、低回报往往会造成对农业的投资不足，影响农业持续稳定发展，对其他产业以及整个国民经济的稳定发展带来不利影响。因此，政府对农业进行适当的干预和支持是非常必要的，也是世界各国的通用做法。政府通过对农业公共设施（灌溉、防洪设施）等投入改善农业生产环境；提供气象等服务，提高农业抵抗自然灾害风险的能力；采取农产品价格支持和补贴政策增加农业生产者收入，降低农户面临的市场风险，从而促进农业稳定、持续发展。

2.4.4 可持续发展支持理论

"可持续发展"概念的提出是在 20 世纪 80 年代。1980 年，联合国环境规划署（UNEP）委托国际资源和自然保护联合会编纂了《世界自然资源保护大纲》，第一次把"可持续发展"作为科学术语。1981 年，美国世界观察研究所创始人莱斯特·R. 布朗出版了《建设一个持续发展的社会》，形成了可持续发展的理论框架。1987 年，世界环境与发展委员会发表了具有轰动效应的报告——《我们共同的未来》。该报告系统地阐述了人类面临的一系列重大经济、社会和环境问题，提出了"可持续发展"概念。其鲜明、创新的科学观点，把人们从单纯考虑环境保护引导到把环境保护与人类发展切实结合起来，实现了人类有关环境与发展思想的重要飞跃。从此，"可持续发展"概念被广泛运用，并被明确定义为"既满足当代人的需求，又不损害子孙后代满足其需求能力的发展"。1992 年联合国环境与发展大会以可持续发展为指导方针制定并通过了《21 世纪议程》，第一次在全球范围内把可持续发展的理论和概念推向了行动。

"可持续农业"的概念是由著名生物学家罗德尔于 1983 年在其发表的

《持续农业》一文中提出的。

1991年4月，联合国粮食及农业组织（FAO）在荷兰召开农业与环境国际会议，通过了《登博斯宣言》，提出了"持续农业及农村发展"战略。《登博斯宣言》对可持续农业的定义为：管理和保护自然资源基础，并调整技术和较高改革方向，以便确保获得和持续满足目前几代人和今后世世代代人的需要。这种农业、林业、和渔业部门的持续发展能保护土地、水资源、植物和动物遗传资源，而且不会造成环境恶化，同时技术上适当、经济上可行，能够被社会接受。

2.4.5 舒尔茨农业补贴政策对改造传统农业改造效应

1979年，诺贝尔经济学奖获得者西奥多·W. 舒尔茨在《改造传统农业》中论述补贴政策对农业改造有显著作用，尤其是对发展中国家经济发展有重要作用。他认为，把弱小的传统农业改造为高效率的现代化农业取决于政府对农业的投入及农业补贴政策效应的发挥。

20世纪50年代初，经济学家们主张通过工业化来实现经济发展，提出了以工业为中心的发展战略，认为工业化是发展经济的中心，只有通过工业化才能实现经济起飞；认为农业是停滞的，农业不能对经济发展做出贡献，农业充其量是为工业化提供市场、资金和劳动力，甚至提出了牺牲农业发展工业的政策。在这种理论的指导下，许多发展中国家致力于发展工业，而忽视了农业，有些国家甚至以损害农业来发展工业。到了20世纪50年代后期，这种工业化的发展战略就暴露出了问题，许多发展中国家按这一思路发展工业化，虽然实现了较高的工业增长率，但经济并没有真正得到发展，人民生活没得到多少改善。这样，一些经济学家便对工业化的发展战略产生怀疑，转而强调农业发展问题。

舒尔茨在《改造传统农业》中首先纠正这种轻视农业的观点和做法。他认为，农业本身的发展正是整个社会现代化的一个组成部分，它不单能为现代化提供条件，本身就是现代化的动力之一。没有农业的现代化绝对没有整个社会的现代化。舒尔茨用日本、墨西哥、丹麦和葡萄牙等国的历史经验来说明农业发展在现代化过程中的重要作用。

舒尔茨认为，传统农业不能促进经济增长的根源在于传统农业对原有生产要素增加投入的收益率低，对储蓄和投资缺乏足够的经济刺激。舒尔茨用收入流价格理论来说明投资与经济增长之间的关系。舒尔茨把收入作为一种流量，收入流的来源就是生产要素，生产要素是有价值的，也就是由供求决定的价格。在传统农业中，生产要素和技术状况不变，即收入流的供给曲线是一条垂直线。同时，传统农业中农民持有和获得收入流的偏好与动机不变，收入流的来源需求也不变，即持久收入流来源的需求是一条水平线。这样，收入流的均衡价格就长期在高水平上不变，说明"来自农业生产的收入流来源的价格是比较高的"，即"传统农业中资本的收益率低下"。这正是传统农业无法对经济增长做出贡献的原因。因此，改造传统农业的出路在于寻找新的现代化生产要素作为廉价的经济增长源泉，这些要素使农业收入流价格下降，资本的收益增加，必须对农业进行补贴，发挥补贴政策效应。

引进新生产要素改造传统农业要解决三个问题。一是建立一套适于改造传统农业的制度。舒尔茨认为重要的制度保证是：运用以经济补贴为基础的市场方式，通过农产品和生产要素的价格变动来刺激农民；不要建立大规模的农场，要通过所有权与经营权合一的、能适应市场变化的家庭农场来改造传统农业；改变农业中低效率的所有制形式（土地的所有者并不住在自己的土地上，也不亲自进行经营），实行居住所有制形式（土地所有者住在自己的土地上独立进行经营）。二是从需求和供给两方面为引进现代化生产要素创造条件，尤其是供给更为重要。从需求上看，要使农民乐于接受新生产要素，就必须让使用这些新生产要素的农民真正有利可图。此外，还要向农民提供有关新生产要素的信息，并使农民学会使用这些新生产要素。从供给方面看，为了供给新生产要素，就需要政府或其他非营利机构研究出适合本国需要的生产要素，并通过农业推广站等机构将这些生产要素分发给农民。引进新生产要素，不仅要引进杂交种子、机械、肥料这些要素物，而且要引进具有现代科技知识且能运用新生产要素的人。各种历史资料表明，农民的技能和知识水平与其耕作的生产率之间存在着有力的正相关关系。三是强调政府对农民进行人力资本投资的重要性。舒尔茨认为资本不仅包括作为生产资料的物，而且包括作为劳动力的人。人力资本投资的形式包括教育、在职培训以及提高健康水平，其中教育更加重要。他主张政府应加大财政向农民的投资力度，这种主张包括两个论点，即农民所得到的能力在实现农业现代化中是头等重要的；这些能力与资本品一样是被生产出来的生产资料。还有一件基本经济事实，即所获得的能力并不是免费的；这些能力需要有实在的、可以确定的成本。这些成本在本质上是一种人力资本的投资。"迅速的持续增长便主要依靠向农民进行特殊投资，以使他们获得必要的新技能和新知识，从而成功地实现农业的经济增长"。研究农民的质量因素，提高农民素质是一个缓慢而持久的过程，需要政府长期不间断地大量投入，因为农民掌握新知识、新技能的过程"是缓慢和困难的"。但政府对农民的投资，则是农业发展的基础，是提高农业劳动生产率和增强农业竞争力的必要条件，是农业由传统走向现代的关键。

3 国外乡村振兴透视及借鉴

在世界农业农村发展历程中，几乎所有国家尤其是发达国家都将乡村振兴政策作为支持、保护农业农村的最直接、最有效的农业政策工具。研究这些国家的乡村振兴，它们成功的经验值得我国借鉴，失败的教训要引以为戒。我国在制定和改进乡村振兴战略的过程中，应汲取和借鉴国外乡村振兴的经验，结合国外在乡村振兴方面的教训来完善我国的乡村振兴政策。一个国家的自然条件尤其是耕地资源禀赋如何与国家农业农村的发展息息相关，故自身的耕地资源以及国家的经济实力和财政能力是其乡村振兴战略制定的重要依据，因此，总结和借鉴西方发达国家和地区乡村振兴的成功做法，对提高我国乡村振兴质量，促进农业农村现代化有十分重要的意义。本章将对日本、韩国、美国、欧盟的乡村振兴进行透视，从乡村振兴背景、政策供给、政策实施情况以及效果进行分析，以期借鉴这些国家和地区在乡村振兴方面的成功做法，完善中国乡村振兴政策，提高中国乡村振兴质量。

3.1 日本乡村振兴透视及借鉴

二战时期，日本国内将所有重心集中于军事生产和工业制造，农村和农业发展几乎停滞不前。二战后，日本工业化、城市化发展加速，农业人口快速向非农产业转移，城乡居民的收入差距日益扩大，加之农村生态环境日益破坏及进口农产品对本土农业冲击加剧等问题日趋严重，日本开始关注乡村振兴问题①。通过50多年的快速发展，到20世纪90年代，日本农民收入已高于城镇人口，电视、洗衣机等家用电器普及率与城市持平，

---

① 曹斌. 乡村振兴的日本实践：背景、措施与启示 [J]. 中国农村经济，2018 (8)：117-129.

其中，汽车普及率还超出城市 20 个百分点。同时，农村的生态环境也得到明显改善，乡村旅游成为周末节假日城市居民度假的重要选择。

3.1.1 日本乡村振兴的政策供给

日本乡村振兴的政策供给，按政策提出及实施时间的先后顺序可分为四个阶段（见表 3-1）：第一阶段（1947—1960 年），主要目的是恢复农业生产和农村发展；第二阶段（1961—1970 年），主要目的是缩小城乡收入差距和解决可能出现的粮食危机；第三阶段（1971—1998 年），主要目的是解决农村工业化带来的一系列问题；第四阶段（1999 年至今），主要目的是实现农村、农业的可持续发展和强调乡村振兴的重要性。

表 3-1　日本乡村振兴主要政策法案一览表

政策法案阶段	时间	主要政策法案
第一阶段 （1947—1960 年）	1947 年	《农村协同组合法》
	1949 年	《土地改良法》
	1950 年	《日本农业标准发展》
	1952 年	《农地法》
第二阶段 （1961—1970 年）	1961 年	《农业基本法》
	1962 年	《农地法（第 1 次修订）》
	1965 年	《山村振兴法》
	1970 年	《农地法（第 2 次修订）》《农民养老基金法》
第三阶段 （1971—1998 年）	1980 年	《过疏地域振兴特别措置法》
	1985 年	《半岛振兴法》
	1987 年	《乡村地区发展法》
	1990 年	《过疏地域活性化特别措置法》
	1994 年	《农村渔村休闲基础设施改善法》

表3-1(续)

政策法案阶段	时间	主要政策法案
第四阶段 (1999 年至今)	1999 年	《粮食、农业、农村基本法》《家禽排泄物法》
	2002 年	《独立行政法农民养老基金法》
	2006 年	《有机农业促进法》
	2007 年	《农山渔村振兴法》
	2010 年	《六次产业化法》
	2015 年	《城市农业振兴法》
	2017 年	《农业竞争力强化支援法》

第一阶段（1947—1960 年），二战后日本为扶持农村和农业发展，先后出台了《农村协同组合法》《土地改良法》《日本农业标准发展》及《农地法》等一系列政策法案。这些法案构建了日本农业和农村发展的政策框架体系基础。这一阶段政策的出台虽在一定程度上推动了日本农村和农业的发展，但并未能有效解决城乡收入差距，农村大量劳动力向经济发达的城市转移，农村地区出现老龄化、土地荒芜和村落数量下降等现象，粮食安全和粮食供给已开始对整个国家经济社会发展形成制约。

第二阶段（1961—1970 年），为缩小城乡收入差距和解决可能出现的粮食危机等，先后出台《农业基本法》《山村振兴法》《农民养老基金法》等一系列政策法案，并对《农地法》做出两次修订。这一阶段的政策供给很大程度上解决了城乡收入差距问题，其最直接的政策效果是实现了乡村工业化，农村出现了非常活跃的"兼业"现象。"兼业"是指农民在从事农业劳动的基础上，还有机会抽出一定时间从事非农劳动，实现收入多元化。由于乡村工业化和"兼业"现象普遍存在，城乡收入差距缩小，对城乡发展形成了新的平衡。然而，乡村工业化的繁荣和"兼业"现象的活跃，却未必能实现乡村振兴，这是由于"兼业"的机会具有不可逆性。也就是说，当农民发现非农活动会带来更多的收益，他就会把农业当作一种副业，倾向于半农半工的生产活动，甚至彻底放弃农业生产，直接到工厂从事工作，这也将必然导致农业和农村社会的衰落。正如有的日本学者所言，"农业和农村的出路不在于把农业彻底转变为业余的工业。"[①] 同时，

---

① 福武直. 当今日本社会 [M]. 董天民，译. 北京：国际文化出版公司，1986：63.

乡村工业化也带来了一系列的生态环境问题，严重影响了农业和农村的可持续发展。

第三阶段（1971—1992年），为解决农村工业化和生态环境恶化导致的农业农村发展不可持续问题，先后出台了《过疏地域振兴特别措置法》《半岛振兴法》《乡村地区发展法》《农村渔村休闲基础设施改善法》等一系列政策法案。这一阶段，日本的乡村振兴政策开始发生变化，着力点由外部转向内部，集中体现为乡土特色产业发展和对乡村过疏化问题的治理。这一时期的政策法案，体现出了强烈的社会政策色彩，农村产业的发展强调社会性、地方性和乡土性，农业生产和农产品与工业生产和服务业紧密结合起来，农产品的附加值有效提升。产业间的融合发展，为农村中老年妇女就地就业提供了机会，在一定程度上缓解了农村人口的流失，也有效推动了城乡间的交流合作。同时，产业间的融合发展和软硬件基础设施的不断改善，过疏化问题也得到一定程度控制。然而，农业产业快速发展在提高粮食供给的同时，也出现了供给过剩问题。相关数据显示，1967年大米自给率达到100%，1970年大米的政府库存已达720万吨，政府面临严重的财政负担，进而拉开了水田休耕和土地流转的序幕，粮食自给率快速下降。粮食自给率快速下降导致了三个方面的问题：一是农村过疏化问题进一步严重，农业劳动力老龄化与后备劳动力不足并存；二是耕地持续减少，尤其在自然和生产条件较差的山区撂荒现象更为严重，有限的耕地资源未能得到有效利用；三是粮食供给和粮食安全保障能力下降。1996年，日本大米自给率仅为29%，粮食供给大多数依赖进口，粮食自给率排在世界第135位，位于发达国家中最低。

第四阶段（1999年至今），为进一步强化日本国内农业综合生产能力，实现农业可持续发展，确保粮食稳定供给，以及振兴农村地区，改善农村生态环境，先后出台了《粮食、农业、农村基本法》《家禽排泄物法》《独立行政法农民养老基金法》《城市农业振兴法》等一系列政策法案。在这一时期的政策供给中，1999年颁布的《粮食、农业、农村基本法》具有划时代的意义，此法替代了1961年出台的《农业基本法》，被称为"新农业基本法"。"新农业基本法"及后续相关法案出台的重要特殊意义表现在四个方面：一是乡村振兴的内涵进一步拓展，将粮食、农业、农村视为一个不可分割的有机体，摒弃了传统单一强调产业和城乡收入差距的观点；二是进一步强调了现代社会粮食安全和粮食有效供给的重要性；三是阐释了农村和农业的特殊地位和社会功能，认为农业的功能是全方位的，具有国家战略意义，其能在生态保护、景观维护、国土保护和文化传承等方面发挥重要作用；四是要持续改善和加强制约乡村振兴的关键性问题，如对"过疏对策"的持续修订和完善，以及持续推进产业融合发展等方面。

3.1.2　日本乡村振兴的方法路径

3.1.2.1　明确目标，立法先行

从整体上看，日本乡村振兴政策供给可以划分为四个阶段，每一个阶段都有一个清晰的政策目标，这里面就包含了两个很重要的节点，分别为1961—1970年的第二阶段和1999年至今的第四阶段。1961年，日本颁布《农业基本法》，主要目的是锚定城乡收入差距的缩小。该立法在促进农村经济发展的同时也引发了一系列社会问题，如土地细碎化导致的农户经营成本高、耕地利用率低等。《农业基本法》是为生产而制定的。该法律对不同类型农业政策进行划分并建立相应机制。随后又相继颁布实施《山村振兴法》（1965年）和《半岛振兴法》（1985年）等，对于过疏的区域、交通不方便的区域以及离岛等地区劣势比较突出的地区落实重点支持，具备了实现缩小城乡收入差距政策目标的制度保障。这些政策措施都对农村经济发展起到了积极促进作用。《农业基本法》及配套政策体系施行以来，以"兼业"为主的农民增收途径，有效地弥合了城乡收入差距；在农业机械得到广泛应用，并不断推进农业生产经营现代化的今天，农业与其他行业之间的生产收入差距明显缩小。此外，还针对过密化问题提出相应对策。可以这样认为：通过切实执行政策，日本的城乡差距基本上已经消除，既定目标和政策目标基本达成。

1999年，为应对可能出现的粮食危机和实现农业农村的可持续发展，日本出台《粮食、农业、农村基本法》，该法案被称为"新农业基本法"。按照新法案规定，每五年制定《粮食、农业、农村基本规划》。随后相继出台《有机农业促进法》（2006年）、《六次产业化法》（2010年）、《城市农业振兴法》（2015年），以及《农业竞争力强化支援法》（2017年），以政策供给进一步解决农村"过疏化"问题和农业生态环境问题；对大米进口实施高关税和配额进口；对国内大米生产采取优先补贴，农户大米销售

收入 74% 来自政府补贴，以此确保大米自给率 100%①。通过法律法规体系的建立和不断完善，体系间的侧重和协调性不断增强，确保了对农村过疏化和生态环境等方面治理政策的连续性，日本乡村振兴获得了法律和政策保障。

3.1.2.2　统筹推进，构建组织化运行体系

在日本乡村振兴策略的实施过程中，组织化运行体系发挥了重要作用。从民间组织看，成立了日本农业协同组合协会（日本农协）、日本森林协同组合协会（日本林协）、日本渔业协同组合协会（日本渔协），其中日本农协是规模最大、覆盖面最广、影响力最大的农村合作经济组织。日本农协通过《农业协同组合法》获得合法地位，其禁止任何外部主体进入和侵害农村、农业的收益②，在农村经济发展中处于垄断地位③。在日本农协的统一组织下，日本农业实现了从传统农业向现代农业的跨越式转变，也把分散的小农紧密连接起来，避免了小农原子化现象。日本农协有三大功能：一是综合服务功能，对农业和农产品从生产到流通提供全过程的技术指导和支持服务；二是服务保障功能，对农协中的农民提供养老、医疗及信托贷款服务；三是集中讨价还价功能，由于农协中的会员较多，形成了具有代表性的压力集团，在提高农产品议价能力和保障农民权益的基础上，也对日本历届政府选举形成了压力。

从政府组织看，为做好乡村振兴政策的研究和制定，配合相关政策的实施，一是在政府内部增设"乡村振兴"机构。日本政府于 2000 年增设"乡村振兴局"，乡村振兴局隶属于农林水产省，并将结构调整局和地方振兴局的相关职能并入该局。农村振兴局下设 11 个处室，负责研究制定乡村振兴的政策和规划，并组织开展相关项目。同时，在省级地方农业局内增设"农业振兴科"，协调农协、林协、渔协等农村民间合作组织参与乡村振兴政策的制定和实施，并保证地方政策与中央政策的衔接与配套。二是建立协同工作机制。成立由农林水产省牵头，经济产业省、国土交通省等相关中央部委为成员单位的乡村振兴联席会议机制，制定跨部门、跨机构的中层干部互派、驻点制度，进而理顺工作机制，实现政策共享，统筹推

---

① 朱文博，陈永福. 乡村振兴背景下日本确保重要农产品供给优先序的制度安排及启示 [J]. 农村经济，2019（4）：138-144.

② 温铁军. 中国小农经济拥有西方无法替代的优越性 [J]. 中国乡村发现，2016（2）：72-77.

③ 周维宏. 社会政策视域下的日本农村振兴路径 [J]. 日本学刊，2018（5）：123-141.

进乡村振兴政策的实施。

3.1.2.3 一村一品，以农为本

"一村一品"是以乡土特色产业发展为核心的乡村振兴运动，起源于1979年日本大分县倡议发起的地域性运动，随后快速发展覆盖整个日本农村区域。"一村一品"是纠正和扭转日本乡村工业化、产业化，以及农民过度"兼业"的发展模式，旨在恢复乡土性和增强农村发展活力。

"一村一品"的发展模式主要包括两个方面：一方面，强调经济发展质量和产业发展效益。在产业的发展过程中，以农业发展为本，但强调农业、工业和服务业的融合发展。三次产业融合发展增加了农产品的附加值，也为农民实现在地性就业提供了机会，同时推动了城乡间的交流合作。日本将这种产业融合发展的模式称为"第六次产业"，并于2010年出台《六次产业化法》，对这种新兴产业发展模式给予推动和扶持。另一方面，强调农村发展应植根于乡土性和地方性，要以村落的历史文化传统为基础，加强与服务业和文化产业的融合发展；要加强现代技术与农村发展的亲和性，发展不以生态环境为代价，不以传统文化和传统村落消失为代价。随着服务业、文化产业、现代科技与农村发展的紧密结合，乡村旅游发展壮大为一种新的休闲、旅游、教育模式，日本市民将其称为"绿色旅游"，即在农村进行农场观光、农业文化体验及共享农场等长时间的休闲度假活动①。也就是说，"一村一品"不是一个单一的产业发展过程，它包含科技、教育、文化及生态文明等在内的多个内容，在保护乡土传统文化、恢复农村活力以及绿色发展的同时，促进了城乡进一步的交流融合。

3.1.2.4 完善保障措施，提升农民福祉

20世纪60年代以前，日本农村的软硬件基础设施建设及公共服务能力均明显滞后于城市地区。1961年，《农业基本法》颁布实施后，日本逐步建立健全农村福利保障制度，并采取政府与民间组织相结合的方式，逐步完善农村医疗、养老、教育及硬件基础设施建设，公共服务能力不断增强，农民福祉水平明显提升。

从完善农村医疗保障体系看，1965年，日本修订《劳动者伤害补偿保险法》，通过减免税费的方式，如减免固定资产税、法人税等，鼓励引导日本红十字会、济生会及农户共同出资成立"厚生农业协同组合联合会"

---

① 徐克帅，朱海森. 日本绿色旅游发展及其对我国乡村旅游的启示 [J]. 世界地理研究，2008（2）：102-109.

（以下简称"厚生联"）。"厚生联"是建立在农村的公益医疗机构，其中有近一半医疗机构部署在农村过疏地区，对提高农村医疗保障能力，特别是提升交通不便的山区和离岛地区医疗保障能力做出了重大贡献。在此基础上，为进一步提升医疗服务能力和水平，1972 年，日本多个省级政府出资建立"自治医科大学"，以学费减免、无息贷款等方式，为农村过疏地区培养医疗工作者。"自治医科大学"培养的毕业生已在农村医疗机构中发挥了重要作用，有效推动了农村医疗服务能力和水平的提升。

从完善养老保障体系看，1971 年日本出台《农民年金基金法》，鼓励农民自愿投保，并对每年从事农业生产超过 60 天的农民补贴 20%~50%的保费。如果农民在 65 岁以前转让了农地经营权，还可以额外得到一定补助。对于不能加入农民年金的农民，日本于 1991 年开始实行国民养老金基金制，规定年满 20 周岁小于 60 周岁的农民均可参加，每月缴纳保费，年满 65 岁后可获得基础养老金和附加养老金。2022 年，日本出台《独立行政法农民养老基金法》，农民可以对养老保险的基金运营机构和运营方式做出选择，降低了个人和运营机构的纳税标准，并对机构收费标准做出了限制。

3.1.3　经验借鉴

日本的乡村振兴战略是一个不断迭代、不断总结完善的过程，既要解决不同时期面临的矛盾和问题，又要具有一定的前瞻性。与日本乡村振兴战略相比，目前中国农村地区的发展水平仍相对落后，乡村振兴战略还有进一步调整和完善的必要。

3.1.3.1　加强乡村振兴战略的顶层设计

乡村振兴是一个漫长的过程，一般需要十几年甚至是几十年。日本乡村振兴战略取得的成效，与战略的顶层设计密不可分，主要是从宏观上统筹农村可持续发展和现代农业的关系，以及做好制度供给。从宏观统筹看，农村可持续发展和工业化、城市化之间存在一定矛盾。正如有的日本学者提出，"工农业互利的联合是极端困难的"①。日本在乡村振兴的过程中，通过农村工业化和农民"兼业"在很大程度上缩小了城乡收入差距，但大量农村人口，特别是青壮年农民的流失导致的"过疏化"问题不容忽

---

① 福武直. 当今日本社会 [M]. 董天民，译. 北京：国际文化出版公司，1986：62.

视。农业人口流失和农村"过疏"，粮食自给率下降可能导致的粮食危机迫使日本政府进一步调整乡村振兴策略，把农业重要性提高至国家战略的高度，进一步强调农村、农业和粮食之间的协调性，粮食自给率，特别是大米自给率被视为国家国防安全的重要内涵，农业和农村发展被赋予强烈的社会政策色彩。然而，以农业生产机械化和规模化经营为主要特征的现代农业可能会推动农村劳动力转移，带来生态环境问题，并且在交通不便的山区及离岛并不适合现代农业发展。因此，日本实施了差异化的乡村振兴战略，现代农业发展主要集中于北海道等具备比较优势的地区，而在偏远山区和离岛地区，在重点扶持的基础上，推动文化产业和旅游产业的发展。同时，将农业视为一种环境产业，对农药使用和农田灌溉废水排放等提出明确的限制措施，让农业和农村成为社会绿色生态环境的重要供给者①。中国农业农村发展不均衡，乡村振兴政策的制定要从各地实际情况出发，"因地而异"，在缩小城乡收入差距的基础上，明确相关政策的适用区域和范围。同时，在相关政策制定过程中，要考虑将粮食安全、农业文明传承和保护，以及农村生态文明建设等方面。

从制度供给看，日本的乡村振兴很大程度上得益于法治，通过法律保障了相关政策的有效实施。日本乡村振兴的法治体系采取了"基本法"和"普通法"相结合的方式，其中基本法包括 1961 年颁布实施的《农业基本法》，以及 1999 年颁布实施的《粮食、农业、农村基本法》，也称为"新农业基本法"；普通法包括《山村振兴法》《农山渔村振兴法》《六次产业化法》及《农业竞争力强化支援法》等几十部法律法规。所有的普通法都以《农业基本法》和"新农业基本法"为基础，保证了相关政策执行与目标的一致性，这使得日本乡村振兴始终处于法制的框架下，既做到了有法可依，也保障了政策的稳定性。我国于 2017 年提出了乡村振兴战略规划，为保证既定战略目标的实现，有必要结合中国农村实际，进一步做好乡村振兴战略的制度供给，以法律法规把"粮食安全""农业农村优先发展"，以及"反哺农业"等理念固化、细化、落实，确保乡村振兴的所有手段都在法律的框架之内，防止不同利益集团的掣肘，保持制度的长期稳定性。

3.1.3.2 充分发挥农村合作组织的作用

日本农协被世界公认为最成功的农村合作组织之一，在日本农协的组

---

① 周维宏. 现代日本乡村治理及其借鉴 [J]. 国家治理，2014 (4)：34-48.

织和协调下，日本农业实现了由传统农业向生产机械化、经营规模化的现代化农业转变，并且把农民有效组织起来，避免了小农独立分散的原子化现象。日本农协组织架构非常清晰，在建立全国农协的基础上，组织体系一直延伸到基层农村的每个村落，其具有极大的垄断性和覆盖性，表现为对农村经济的垄断地位，以及对农民几乎实现了全覆盖，这些都对农村和农业的振兴，以及提高农民保障能力起到了重要的推动作用。日本农协的发展对中国乡村振兴也具有重要的借鉴，虽然建立一个具有极强垄断性和覆盖性的全国统一的农村合作组织未必具有普遍的适用性，但通过农村合作社把中国广大分散的农民组织起来，加强小农之间，以及村落之间的联系，使其实现组织化，从而在农业生产、物流供应、生态文明建设，以及卫生教育等方面与市场和社会建立广泛的联系，从而进一步打破城乡二元结构仍然显得很有必要。同时，农村合作组织还需要进一步发挥综合服务功能，推动中国农村由传统农业向现代农业的转化；发挥综合保障功能，对农民医疗、养老、教育以及金融信贷等提供服务；提高农民和农产品议价能力，从而更好地保障农民的合法合规利益。

3.1.3.3 推动产业的融合发展

日本乡村振兴的产业路径是从农业向第二产业融合，再向第三产业融合发展的实践，即六次产业发展。六次产业的发展既是包含农业、工业和服务业的深度融合，增加农产品附加值的过程，也是推进城乡一体化的过程，还是保护农耕文化、地域特色，加强产业发展与农业、农村和农民关联性的过程。中国幅员辽阔，不同的农村地区气候条件、资源状况存在较大差异，这造就了农产品的多样化和农业生产条件的巨大差异。因此，中国在推进乡村振兴的过程中，应引导不同地区根据地区的实际情况和产品特征，科学合理地推广产业融合发展，如东北地区、长江中下游地区，以及华北平原地区等区位优势较为突出，便于机械化开展作业的地区，应全面推广农业机械化，提高农业机械化的质量效益，并促进产业融合向销售端的延伸。而对于距离城市地区较远的山区和荒漠地区，应适度促进当地农业文化、地域文化与旅游业的融合，开发乡村生活体验、体育冒险、学习研究等乡村文旅项目，开发文创产品，突出地域特色和乡村文化特色。

3.1.3.4 完善确保农民为主体地位的政策实施机制

日本乡村振兴的政策实施是经济政策与社会政策紧密结合的过程，其演进逻辑顺序可表述为缩小城乡收入差距为目的的"乡村工业化"—为传承乡村特有历史文化传统，恢复农村活力和特色的"一村一品"—增强农产品附加值，促进城乡交流，以及推动特定农村群体就业的"六次产业"。这些政策在制定、实施的各个环节都坚持和确保农民的主体地位，让农民成为政策实施的自觉参与者和实际受益人，政策的实施不仅增加了农民收入，还传承和激发了农村的传统文化和固有活力，这也是日本在实施了几十年的乡村振兴过程中没有发生典型留守现象的重要原因。因此，中国在乡村振兴政策制定和实施的过程中，应综合协调考虑国家粮食安全、农村稳定、农业发展，让农民不仅是粮食安全、绿色生态环境的供给者，还是政策实施和改革发展的受益者。实现这一目标，一方面，要加强农村合作组织规范化建设水平，增强其功能性，切实保护农民利益；另一方面，在相关政策制定和实施的过程中，应广泛征求农民和基层的意见，培养和激发农民的首创性，让农民真正成为乡村振兴政策的自觉参与者和真正受益者，提高政策施行效率。

3.2　韩国乡村振兴透视及借鉴

韩国的乡村振兴战略以调整产业政策和扩大粮食生产为起点，随后以增加农民收入和推动农村工业化为目标，并不断赋予政策的社会性，最终农业农村政策成为韩国乡村振兴的基石，对韩国乡村振兴发挥了至关重要的推动作用。

3.2.1　韩国乡村振兴的政策供给

韩国乡村振兴的政策供给主要可分为三个阶段（见表 3-2）：第一阶段（20 世纪 50—70 年代），主要目的是恢复粮食生产和实现农民组织化；第二阶段（20 世纪 80—90 年代），主要目的在于缩小城乡收入差距和实现乡村工业化；第三阶段（2000 年至今），主要目的是提高农民福祉，重新定位农村和农业的价值。

表 3-2　韩国乡村振兴主要政策法案一览表

政策法案阶段	时间	主要政策法案
第一阶段 （20 世纪 50—70 年代）	1952 年	《农地改良计划特别会计法》
	1957 年	《农业协同组合法》
	1961 年	《农地改良计划》
	1967 年	《农业基本法》
第二阶段 （20 世纪 80—90 年代）	1983 年	《农渔村收入源开发促进法》
	1990 年	《农渔村发展特别法》
	1999 年	《农渔村结构优化方案》
	1999 年	《农业·农村基本法》
第三阶段 （2000 年至今）	2004 年	《农业·农村综合对策》
	2005 年	《关于提高农渔业人生活质量及农山渔村地域开发的特别法》
	2009 年	《归农·归村综合方案》
	2013 年	《农业·农村及食品产业基本法》
	2018 年	《2018—2022 年农业·农村及食品产业发展规划》

第一阶段，韩国农业生产严重缺少农药化肥，农业生产技术落后，整个国家面临严峻的粮食危机。因此，20 世纪 50—60 年代，韩国陆续出台了《农地改良计划特别会计法》（1952 年）、《农业协同组合法》（1957 年）、《农地改良计划》（1961 年）一系列政策法案等，主要目标是提高粮食产量和粮食自给率，政策供给以产业政策为主。同时，20 世纪 70 年代，为推动农村、农业发展，增强农村活力，开始实施"新村运动"。到 20 世纪 70 年代末，韩国农业生产率大幅上升，粮食实现自给自足，而"新村运动"也为后续乡村振兴政策的出台和实施奠定了坚实的基础。

第二阶段，为缩小城乡收入差距和全球经济一体化对农业的冲击，20 世纪80—90 年代，韩国先后出台《农渔村收入源开发促进法》（1983年）、《农渔村发展特别法》（1990 年），以及《农业·农村基本法》（1999年）等一系列政策法案。然而，这一时期的政策供给未能取得实质性效果，城乡收入差距并未有效缩小，农村和农业的竞争力也并未显著增强。

第三阶段，为有效缩小城乡收入差距，解决农村"过疏化"问题，提升农民福祉，实现农业农村可持续发展，2000年至今，韩国先后出台《农业·农村综合对策》（2004年）、《归农·归村综合方案》（2009年），以及《农业·农村及食品产业基本法》（2013年）等一系列政策法案。这一时期，政策供给的显著特征是实现了产业政策优先向社会政策优先的转变①，农民的社会福利得到显著提高，农业农村的价值得以正确、合理定位。

3.2.2 韩国乡村振兴的方法路径

3.2.2.1 农民组织化和"新村运动"

韩国政府第一阶段的乡村振兴政策就是产业政策，旨在提高农业生产力，解决粮食供应不足问题，而与农业生产力低下相对应的是城乡差距逐年拉大，农民在收入、医疗、教育及人居环境等方面的落差感越发强烈。韩国政府为稳定粮食生产和供应，缩小城乡发展差距，稳固乡村建设发展的信心，于20世纪70年代，在全国3.4万个农村地区发起一场"勤勉、自助、协同"的农民组织化运动——"新村运动"。"新村运动"有两大目标：一是增加农民收入；二是思想教育启蒙。

从增加农民收入看，韩国政府将每一个村社视为一个小型合作型经营单位，对其进行资助和扶持，但这种资助和扶持不是均等的，是建立在竞争和发展成效评估的基础上。以对硬件基础设施的帮扶为例，20世纪70年代初，以政府为主导对乡村的基础设施实施改造，主要包括改善农村生活基础设施、拓宽道路、修葺房屋，以及对农田和种子实施改良等。在帮扶过程中，韩国政府会对前期的资助效果进行评级，以村社为单位评定等次，对绩效较好的单位加大帮扶力度，以更大程度激发资助对象的积极性。由于整个资助和考核过程与农民的利益息息相关，与村社的发展紧密联系，并不要求农民的自我牺牲和无偿服务，逐利的理性使此项政策得到农民的广泛支持和认同②。随着"新村运动"的开展，农业生产条件和经营结构不断优化和改善，农民收入稳步提升。

从思想教育启蒙看，"新村运动"可视为以形成"自助精神"为核心

---

① 田毅鹏．东亚乡村振兴的社会政策路向：以战后日本乡村振兴政策为例［J］．学习与探索，2021（2）：23-33.

② 韩道铉，田杨．韩国新村运动带动乡村振兴及经验启示［J］．南京农业大学学报（社会科学版），2019，19（4）：20-27.

的意识教育启蒙运动，是"改善生活"的能动性运动。"勤勉、自助、协同"是"新村运动"的关键词，在长期的农业生产中，农村和农民已形成勤勉与协同的品质，但以自助精神为基础的发展主义却极为缺乏，而发展主义却是增加农民收入和改善农村面貌不可缺少的重要环节①。为培养农民的自助精神，韩国政府采取了两项措施：一是建立新村导师制。在全国每个村社推选男、女导师各一名，这些导师虽在公务员录取和农业贷款方面可享受一定的优惠，但主要是无偿的志愿服务。"新村导师"从农民中产生，精通农业技术，了解乡村实际情况，在联系农民、调解村民内部矛盾等方面具有优势，但作为引领农业农村发展的领路人，仅"懂农业"和了解实际情况是不够的，他们还需具备激励和组织能力、财务管理和营销能力、沟通和协调能力、项目开发和事业规划等综合能力，具备提高村民收入、提升农民福祉和改善农村面貌的实干能力。只有如此，他们才能科学合理选择开发项目，调动村民参与的积极性，实现乡村的经营目标。或者说，他们需要证明，通过农民的共同努力，收入可以增加，付出可以得到回报，从而才会得到信任与支持。二是建立"新村研修院"。对新村导师进行培养教育，提升他们实干能力和综合能力的机构即"新村研修院"。新村研修院培养和教育的目标是掌握改变农村落后面貌、增加农民收入的方法，因此，实用性教育成为教育培养的核心内涵。实用性教育包括新村事业发展培训、实地考察和案例研讨等，其中实地考察和案例研讨相结合的方式被广泛运用，学员会被安排一天甚至一周的时间，现场学习、研讨发达乡村的事业开展情况，彻底掌握解决问题的办法。在此基础上，培训还会融入自助精神、奋斗精神等思想意识教育，使学员对发展主义理念形成认同，进而产生意识变革。通过新村研修院的教育培训，新村导师由普通农民成长为农村建设发展的带头人，他们的综合能力和实干能力明显提高，展现出了积极进取的意识和对发展的渴望，因而新村研修院也被新村导师们誉为"熔炉"。

3.2.2.2 增加非农收入和优化农业结构

20 世纪 80 年代，韩国农业和农村发展面临新的挑战，一是城乡收入差距进一步拉大，农民的人均收入仅为城市居民的 60%；二是农产品受全球经济一体化冲击严重，农业发展面临巨大压力。在此背景下，这一时期

---

① 韩道铉，田杨.韩国新村运动带动乡村振兴及经验启示 [J].南京农业大学学报（社会科学版），2019，19（4）：20-27.

韩国乡村振兴政策主要集中于提高农民收入和优化农业结构。

从提高农民收入看，韩国政府主要致力于提高非农收入，主要措施为乡村工业化。这一时期，韩国政府大规模推出"新村工厂"项目，目标是实现"一镇一厂"，希望农民可以通过空闲时期的"兼业"来增加非农收入。1983年和1990年，韩国政府先后出台《农渔村收入源开发促进法》《农渔村发展特别法》，希望通过农渔村观光和建立"农工园区"来增加非农收入。然而，这一时期的政策供给并未能有效扩大非农收入，乡村工业化发展也未能达到预期。原因在于工业化、城市化进程已使农村出现严重空心化现象，农村劳动力的缺失导致难以满足乡村工业化发展的需要，而农渔村观光也存在严重的同质化重复建设，难以满足城市居民多元化的休闲观光需求[①]。

从优化农业结构看，韩国政府为应对经济全球化对农业的冲击，开始重点培育扶持大农场发展，于1999年先后出台《农业·农村基本法》《农业·农村投融资计划》，注重农业主体的多元化经营，推动农业和其他产业的融合发展，以及推进农业机械化生产，并向农村和农业注入大量财政资金。然而，这一时期的政策虽在一定程度上优化了农业结构，提高了农业劳动生产力，但依然未能有效抵御全球经济一体化对韩国农业的冲击，农村和农业依然缺乏竞争力。

3.2.2.3 农业、农村可持续发展和"归农归村"

进入21世纪后，韩国农村、农业发展依然面临严峻挑战，农民收入依旧低下，农村人口大量流失，很多乡村已逼近"人口红线"，乡村的过疏化和衰败迹象非常明显。在此背景下，韩国的乡村振兴政策开始出现重大调整，改变了政策实施方式，政策供给由产业政策向社会政策逐步过渡，集中体现为以下四个方面：

一是形成独立的乡村振兴社会政策体系。2004年，《农业·农村综合对策》出台，将教育、医疗、保险等与农民生活质量紧密相关的要素纳入乡村振兴政策体系，随后配套出台《关于提高农渔业人生活质量及农山渔村地域开发的特别法》（2005年），并于2005年开始实施三次提高农民生活质量的"五年规划"。通过这些政策的出台并实施，韩国农民福祉明显提升，乡村振兴政策不再单纯依靠产业政策，政策体系完成了由产业政策

---

① 沈权平.韩国乡村振兴社会政策的起源、演进及政策路向 [J].中国农业大学学报（社会科学版），2021，38（5）：49-57.

向社会政策的过渡。

二是改变政策实施方式，政策实施主体从"自上而下"调整为"自下而上"。韩国早期的乡村振兴政策制定与实施主要由农林部负责，有的政策或项目甚至由青瓦台直接负责。1998年，韩国地方政府开始自治，乡村振兴相关事务的决定权更多由地方政府掌握①。政策实施主体的改变注重了不同地区的乡土特色，在很大程度上避免了同质化竞争和重复建设；采取了"先自助实践，后评估帮扶"的新村建设模式，农民和农民组织的主动性得到有效调动，农村社会的固有活力得到激发，乡村的凝聚性进一步加强；充分发挥学者在乡村振兴政策中的作用，其专业能力的决策和主导作用替代了行政人员的力量。

三是实施"归农归村"计划。韩国在工业化、城市化进程中，农村也面临严重的过疏化、老龄化问题，即便是在20世纪70年代广泛开展"新村运动"后，农村人口依然大规模向城市流动。根据韩国统计厅的数据，在乡村振兴政策实施的初期，韩国农村人口占总人口的70%以上，到2020年，占比已下降为20%。而与此同时，2020年65岁以上的农村人口占比为10%。农村过疏化和老龄化导致农业劳动力和后备劳动力严重不足，整个农村缺乏活力。2008年的世界金融危机波及韩国，导致大量人口失业，其中一部分城市人口归农归村。也在这一时期，二战后韩国进城定居的第一代人即将退休或已经退休，其中有一部分人对农村有着深厚的情感，希望可以叶落归根，在农村安度晚年。在此背景下，韩国于2009年出台《归农·归村综合方案》，随后陆续出台系列配套法案，缓解就业压力，确保农业后备劳动力。这些政策法案包括责任主体、扶持范围、促进措施、财政支持等多个方面。如通过对归农者实施差别化教育培训，让其了解归农政策、掌握农作物的选择与种植、农机操作与维修，以及农产品价格信息服务系统等；再如对归农者给予财政支持，如对18~40岁的年轻归农者，在其独立从事农业生产的前3年，每年平均可获得90万韩元的补贴。

四是农业、农村和食品产业发展的协同推进。2010年后，韩国政府乡村振兴政策实施面临新的挑战，主要有三个方面：一是随着农业机械化的普及和农业科技水平的不断提高，粮食供给出现结构性矛盾，农业生产过剩和优质粮食供给不足并存；二是食品产业与农业、农村发展的联系更为

① 孙春日. 韩国地方自治与农村社会的转型镜鉴 [J]. 人民论坛, 2013 (26)：26-29.

紧密；三是乡村休闲旅游对农民收入的影响更为显著。

在此背景下，韩国政府于 2013 年出台《农业·农村及食品产业基本法》，将农业、农村和食品产业一同视为乡村振兴的重要内涵，并将该方案视为韩国新时期乡村振兴政策的总纲。新法案强化了乡村振兴社会性政策的属性，新特点主要表现在四个方面：一是强调产业融合发展的重要性，食品产业作为包括粮食生产、粮食流通、粮食加工等环节在内的复合型产业，在农村农业发展中占据重要地位；二是加强对农村弱势群体的扶持，包括完善对小农的政策扶持和强化对女性务农者的扶持力度；三是对农村价值的重新定位，将乡村生态环境保护和农耕文化保护传承视为社会发展的重要组成部分；四是进一步完善农村医疗、教育、养老等保障制度，提高农民抗风险能力，提升乡村福祉。

3.2.3　经验借鉴

3.2.3.1　增强乡村振兴政策的社会属性

韩国乡村振兴政策供给的演变逻辑存在两条清晰的路径，两条路径最终汇聚在一起，形成乡村振兴的社会政策。一条路径是产业融合发展路径，农业向第二产业、第三产业融合，最终形成食品产业，这显示了复合型产业的发展趋势。同时，乡村休闲旅游业成为农民收入的重要组成部分。韩国农村产业的发展过程也是乡村振兴政策由产业政策向社会政策不断过渡和形成的过程。另一条路径是由农村主要矛盾演变和问题导向而来的，即农业生产力低下和粮食供给不足→城乡二元结构和发展不均衡→粮食供给结构性矛盾和乡村衰败。每一次农村主要矛盾和问题的变化后果就是乡村振兴政策的社会属性不断强化。最终，两条路径于 2013 年汇聚在一起，促使《农业·农村及食品产业基本法》的出台，该法案和后续的相关配套政策都具有浓厚的社会政策色彩。现阶段，中国农村地区在教育、医疗等方面和城市相比仍存在不小差距，农民福祉还有待进一步提升，但乡村振兴政策的出台应尽可能避免应变式、救火式和补缺式，避免头痛医头脚痛医脚。乡村振兴政策的出台应基于对农业、农村价值的重新定位，以提高农民收入和农村福祉为政策的主基调，把农村视为绿色生态环境、优质粮食和粮食安全，以及农耕文明的供给者和传承者，推动农业和其他产业的融合发展。

3.2.3.2　形成农民"自助精神"

韩国"新村运动"是以农民为参与主体的，以增加收入和意识变革为主要目标的社会改革运动，其中意识变革的核心是促使农民形成"自助精神"。韩国农民"自助精神"形成的最大成效是乡村氛围焕然一新，农民拥有了发展的欲望和自信，"我们也可以"成为韩国20世纪70年代农村"新村运动"最响亮的口号。同时，在共同的生产和劳动过程中，农民的大局意识和共存思维得到强化，原子化的小农被有效组织起来，乡村共同体得以巩固。中国在推进新农村和美丽乡村建设过程中，农民也是建设和发展的原动力，一方面，需要建立梯度型激励机制，唤醒农民的改革意识、激活其竞争意识，使其主动适应市场化发展的需要，消除"等靠要"等消极心态；另一方面，要发挥农民的主体作用，形成"自助意识"。这种农民意识变革的发生，不仅需要政府和乡村发展带头人的教育灌输，也需要与当时的历史背景和实际情况相结合，更需要与"增收"这一实际效果紧密相连。

3.2.3.3 充分发挥乡村发展带头人的作用

韩国新村运动从一开始就意识到乡村发展带头人的重要性，这是新村运动取得成效的重要保障。乡村发展带头人被称为"新村导师"，每个村选取两名，并组织他们到新村研修院集中开展新村发展和思想启蒙的培训。新村导师经过培训后，不仅综合能力和实干能力明显增强，还将所学传授于村民，发挥了带头人和老师的双重作用。韩国的新村导师从当地农民中选取产生，他们懂技术、懂生产、爱农村、了解农民，可以长期根植于农村，并最大限度地调动和利用农村各种资源，协调村民之间的各种利益纠纷。相对而言，中国现阶段的大学生村官和驻村干部，对农村和农业的情况了解相对较少，在农村工作的时间也相对有限，这就意味着他们无法充分发挥乡村发展带头人的作用。换句话说，乡村发展带头人作用有效发挥的基础条件即本土化，这样才能更为有效地调动和利用各种资源。

乡村发展带头人作用的发挥还有赖于有效的教育培训，韩国将这种培训机构称为"新村研修院"，由于其培训效果的突出，学员们将其称为"熔炉"。新村研修院教育的核心内容是实用性教育，其尤其重视成功案例教学，学员可以到发达的乡村进行实地观摩学习，这种实习性质的教学对于中国的乡村振兴培训具有很好的借鉴意义，能帮助学员在实际工作中彻底掌握解决农村发展问题的方法，提高学习的实战价值。

3.2.3.4 有序推进"归农归村"

2000年后韩国农村已出现严重的过疏化和老龄化问题，但韩国政府并未在第一时间采取有效的干预方式，因而"归农归村"成为应对过疏化和老龄化的唯一手段。随后，韩国政府于 2009 年起陆续出台一系列政策法规，推动城市人口回流，过疏化和老龄化问题得到一定程度的缓解。通过对韩国"归农归村"政策的研究可知，当农村出现较为严重的过疏化和老龄化问题时，政府应采取适当手段干预这一过程，否则可能导致这一过程加速。而真正吸引城市人口归农归村，在于提升乡村的竞争力，激发乡村活力。近年来，中国政府通过新农村建设、美丽乡村建设和实施乡村振兴战略，农村生态环境和硬件基础设施已明显改善，但农村的内竞争力还不强，归农归村补贴还主要集中在就业补贴上①。因此，中国政府还需进一步加强乡村软硬件基础设施建设，提高农村创收能力，对归农归村人员的医疗、教育、保险等给予较大力度的补贴，吸引城市人口回流，特别是吸引年轻人回归。

3.3　美国乡村振兴透视及借鉴

美国是世界上最发达的国家之一，不仅体现在工业、科技、城市等方面，同时它也是世界最为发达的农业大国，依靠一系列对农业、农村的支持政策，美国农业成为最具竞争力的产业之一。

3.3.1　美国乡村振兴的政策供给

美国乡村振兴的政策供给，始于 19 世纪初，凭借其政策倾斜，美国农业农村得到较快发展，并以此缩小城乡之间的差距。按政策提出及实施时间的先后顺序可分为四个阶段（见表 3-3）：第一阶段（20 世纪 30 年代之前），主要目的是恢复农村生产和农业发展；第二阶段（20 世纪 30 年代到 60 年代），主要目的在于缩小城乡收入差距和解决可能出现的粮食危机；第三阶段（20 世纪 70 年代到 80 年代），主要目的是解决农村工业化带来的一系列问题；第四阶段（20 世纪 90 年代至今），主要目的是实现农村、农业的可持续发展和强调乡村振兴的重要性。

---

① 王爱玲，郑怀国，赵静娟，等. 韩国归农归村与中国返乡入乡政策措施的比较及启示[J]. 世界农业，2021（2）：74-82.

表 3-3　美国乡村振兴主要政策法案一览表

政策法案阶段	时间	主要政策法案
第一阶段 （20 世纪 30 年代之前）	1785 年	《土地法》
	1787 年	《西北土地令》
	1862 年	《宅地法》
	1887 年	《州际贸易法》
第二阶段 （20 世纪 30 年代到 60 年代）	1922 年	《卡帕—奥尔斯坦德法》
	1935 年	《农业调整法》
	1934 年	《农村电气化法》
	1948 年	《农业法》
第三阶段 （20 世纪 70 年代到 80 年代）	1956 年	《土壤银行计划》
	1972 年	《农村发展法》
	1973 年	《农业与消费者保护法》
	1977 年	《食品与农业法》
	1980 年	《农村发展政策法》
第四阶段 （20 世纪 90 年代至今）	1990 年	《农场法》
	1996 年	《农场法》
	2002 年	《农场法》
	2014 年	《农场法》

第一阶段取消了农奴制度，建立了城乡统一的市场。当时，由于受工业革命影响，农业逐渐被卷入社会经济体系中来。农业在美国是主导产业，也是一个重要的经济部门，通过扶持农业和农村发展的系列政策，农业得到了更快的发展。比较有代表意义的是 1785 年颁布的《土地法》和 1787 年出台的《西北土地令》，美国土地开发步伐加快。这两个法令为农业现代化奠定了基础。1862 年，《宅地法》出台，它对美国农业生产及农业科学教育发展起到了决定作用。美国政府于 1887 年通过了《州际贸易法》，管制客运及货运价格，对农产品价格有一定的稳定作用。美国国会于 1922 年通过了《卡帕—奥尔斯坦德法》，将合作社排除在《反托拉斯法》之外，并对组建合作社的原则和条件做出规定，推动了美国农业合作社的良性发展。

美国农业和农村主导了 19 世纪初期的经济发展，东海岸为城市集中的主要地区，剩下的就是广大的农村地区，工业和贸易的比例都非常低。第一阶段是政府主导下的农村建设与发展阶段。在 1860 年的美国人口统计年鉴中就能看到，全国共有 3 144 万人，其中农村人口 2 515 万人，农业劳动力约占劳动力总量的 58%。工业化在 19 世纪中叶得到较快的发展，面对农村人口不断涌入城市，农牧民少了。面对辽阔的农耕土地，这一时期，美国从欧洲引进了先进的技术和设备，伴随着东西海岸线的开辟，在交通运输方面也有了一个质变，工业经济得到了较为迅速的发展，对农业和农村形成带动作用，相应地，美国农村城市化进程也在加快。随着农业和农村的日渐凋敝，美国政府于 1862 年设立了联邦农业部，其主旨在于强化农业科学技术的学习、农业技术推广，并对农业和农村数据进行统计，便于及时掌握农业和农村发展的信息。同时，联邦政府还通过立法保障农民享有平等的政治地位和法律权利，促进农业农村向现代化转型。南北战争以后美国取消了对工业化的冲击、城市化农业和农村发展农奴制度等，使生产力和工业得到解放，交通运输业、贸易都得到了前所未有的发展，加之国内统一市场已初步形成，美国广大农村地区的开发得到了进一步的加速。随着农业和手工业生产技术的进步，大批农民进入城市务工经商。到 1920 年城市人口比例为 51.2%，首次超越农村人口。这一时期的联邦政府也逐步认识到农业农村问题对于经济和社会发展的重要性，开始重视农业农村政策的制定与实施。

　　第二阶段（20 世纪 30 年代至 60 年代）为美国农业和农村的加速发展阶段。在 20 世纪 30 年代的大萧条中，美国农产品的大量过剩造成了农产品价格的下降，农场主们大批破产倒闭。为了维持生计，一些人选择将土地租给他人耕种，以获取更多利润。20 世纪 30 年代，为应对经济危机对美国经济的冲击，罗斯福推行新的农业经济政策，一方面，政府增加农业和农村基础设施建设的投资，借此激发需求增长；另一方面，政府采取增加粮食采购，鼓励农民扩大种植规模，提高土地利用率，发展畜牧业以及加强对农场经营管理等政策，以稳定市场物价。政府则对农产品进行价格管制，休耕了一大批农村土地，推行农产品价格保护最低收购价及其他措施，维护农牧民、农场主的利益。1933 年，美国国会通过了《农业调整法》，并且把它列入罗斯福新政中的一项重要内容。该法案旨在提高农产品收购价格和保障农民利益，以保证农业经济持续稳定发展。1934 年《互惠贸易协定法》出台。该法规定政府对进口粮食进行补贴以保证国内粮食供给。1936 年，美国颁布了《农村电气化法》，1948 年颁布了《农业法》，授权农业部长稳定农产品价格。按该法第一章"1949 年价格稳定"规定，1949 年市场年度继续实行高价格支持。该法第二章对 1933 年《农业调整法》做了修正，并使之成为一个永久性立法。它规定自 1950 年 1 月 1 日起实行灵活的价格支持，即按照产量的高低来决定支持价格的降低或提高。该法还决定采用新的平价计算方法，即以计算期前 10 年的平均价格作为计算基期来代替以往以 1909—1914 年作为计算基期。1956 年美国国会再次通过《土壤银行计划》。这些法律法规保护了美国农业农村的发展，使美国农业平稳渡过大萧条，政府低息贷款推动了农村电气化设施建设并使农业农村向城市看齐电气化，该系列政策法规被视为美国现代农业农村发展政策的起点。《农村电气化法》加速了美国农村现代化进程，节约了大量劳动力，并大幅度降低劳动强度，是美国农业平稳渡过大萧条时期的重要举措之一，它不仅促进了美国农业现代化进程，而且还促进了美国农业现代化进程。

第三阶段（20 世纪 70 年代到 80 年代）为美国农村发展法治化阶段。20 世纪 70 年代后，美国农业和农村的发展发生了显著的变化：首先，农村非农化加速，人口外流速度加快；其次，老龄化问题日益突出，农业在国民经济中的地位急剧下降，占 GDP 的比重降低，城乡结构初显失衡态势。为了维持生计，一些农场主选择将土地租给他人耕种，以获取更多利润。面临城乡关系的新形势，国会频繁立法，出台了多项扶持农业农村全面发展的新政策。这些法案不仅推动了农业农村领域改革，而且对我国也具有重要借鉴意义。如 1972 年的《农村发展法》，这是一部专为农村发展而制定的法案，人们认为它开创了农村政策制度化的一个崭新时代，奠定了美国农业部门的地位，发挥了中心职能，用法律的形式来保证，打破了农业部过去主要是面上管理的局面。1973 年的《农业与消费者保护法》、1977 年的《食品与农业法》等法案接连出台，1980 年的《农村发展政策法》进一步给予农业部更多的职权，以负责管理农村的发展事务，同时给予农业部基础设施建设和农村信贷、农村供水与农村研究的诸多功能。这一阶段美国与农业农村发展有关的法律制度日臻完善，是美国农业和农村法治化不断发展的阶段。

第四阶段（20 世纪 90 年代至今）为美国农村发展完善阶段。这一时期，美国政府不断完善对农业农村发展的支持，并用每年的固定补贴代替差额支付补贴，加大对农业和农村的扶持力度，除了果蔬外，不得限制农牧民、农场主种养，农民能在所有土地上种他们愿意种的农作物，并给予高额的粮食作物补贴。为了应对世界粮食市场的挑战，联邦政府先后制定了多项旨在推动农业转型升级的法案。美国农业农村获得空前发展机遇，不论是粮食产出，还是资源利用、环境保护和应对气候变化领域都取得了傲人的成绩，乡村地区贫困率已由 1993 年的 17.2% 下降到 2000 年的 13.4%。这一时期，美国国会分别于 1990 年、1996 年、2002 年对《农场法》进行了修订和完善，以及以农业和农村发展为议案重点，2008 年美国国会又通过了《粮食、保育和能源法案》，在保留农业法早期内容的前提下，农业农村发展政策覆盖面进一步拓宽。同时，随着全球金融危机爆发，世界经济复苏步伐放缓，农产品价格下跌导致农民增收困难，农业生产面临新的挑战。这一时期是美国农业市场化、专业化和国际化程度加深，农村发展表现出城乡融合，多轮驱动的时期，以可持续发展为特征。

3.3.2 美国乡村振兴的方法路径

美国最初是一个以农业立国国家，经过长期的发展演变，从最初的农业大国演变成世界强国，农业农村发展非常成熟，得益于完备的法律支撑以及美国政府对农业农村政策倾斜，使美国农业农村经济社会发展取得了领先全球的耀眼成绩。

3.3.2.1 政策目标导向明确，立法先行

从美国农业农村发展历程来看，对农业农村实施保护是它的政策、法律、法规的一贯立场，从最初单一立法到综合法律的出台，从关注单一问题到关注多元问题的演变过程，从 1785 年的《土地法》、1787 年的《西北土地令》、1862 年《宅地法》、1935 年的《农业调整法》、1936 年的《农村电气化法》到 2014 年的《农业法案》，完善的法律体系和政策组合，是美国农业农村实力由弱变强的重要保障。宜居宜业的农村居住社区建设是美国农业农村政策的重点关注对象，市场和利益共生的农村合作组织是美国政府的又一关注对象，培育、发展兴旺发达的农村多元经济，创新农村资源环境保护工作等是美国农业农村立法的重要范围。

美国农业农村的发展问题，在立法先行条件下，政府前期偏重农业农村基础设施问题的解决，联邦政府为此投入大量财政资金来解决农村水、

电、路等难题，使制约农业农村发展的基础条件得以改善。中期则偏重贫困和城乡差距问题的解决，一方面，引入新兴产业、提供技术援助等多种手段提高居民收入水平；另一方面，加大对农业的补贴，缩小城乡收入差距。后期美国政府更多偏重农业农村教育培训、就业、生态环境保护等问题的解决，特别注重农村可持续发展能力的提升，政策目标根据不同发展阶段而不断调整，效果明显。

3.3.2.2 财政支持力度不断加大

一直以来，美国政府就意识到农业的弱质性，难以获得平均利润，靠自身积累难以实现现代化，从早期立法就可以发现其对农业农村的保护和支持。纵观美国立法和农业农村政策演变历程，不难看出，美国农业农村之所以取得今天的成就，离不开政府财政的大力支持，且支持种类也越来越多，支持力度随美国国力增强而不断加大，其财政投入资金比重是世界少有的。仅2017年农业法案中，"农村发展"一个项目的支付金额就高达400亿美元。不仅政府支持，美国政府还鼓励社会与市场力量的参与支持农业农村发展，以"信贷支持+政府担保"等形式向农业农村注入资金，从而也促进了农村经济多层次和多元化发展。

3.3.2.3 支持方式趋于多元化

在美国政府不断探索农业农村发展规律的过程中，政策变化经历了从单纯对农业农村实施政策支持阶段，依靠补贴激发农牧民生产积极性，促进农业农村发展，到强化农村基础条件与农业基础阶段，主要提升农业农村生产能力，效果明显，再到农业农村多元化发展和城乡共生的一体化阶段，农业农村发展环境和条件的改变，促进了美国农业农村政策的变化。在对农业农村发展的支持方式上，从政府单一的财政资金支持农业农村的方式，向市场与政府结合的多元化赋能方向发展。进入21世纪以来，美国政府的财政赤字越来越大，美国政府显然有些力不从心，这时，美国政府开始重视社会资本，通过市场力量来为农业农村发展注入资金，用以保障乡村地区能够获得足够的支持资金，如通过政府担保方式引导金融、信贷、保险扶持农业农村发展。

3.3.2.4 非政策因素

（1）美国农业农村经济的重要支撑是规模化和科技化

美国农业规模化发展基于大农场种植模式和地广人稀的国情，这也是美国的农业成为世界农业大国的优势所在，也奠定了美国的农业大国地位以及农产品竞争优势。仅仅依靠耕地面积还不是美国成为农业强国的真正原因，对农业研究的重视和技术推广运用，是美国农业强大的真正原因。美国政府十分重视农业并大力推行科研成果转化，并大量推进农业机械化，重视农业高科技的发展和转化。不仅如此，美国政府还十分重视培育作物优良品种，或从国外引进优良种子，以此来帮助农民提高产量，增加收益。如今规模化和科技化已成为美国农业农村经济发展的重要途径，并推动美国成为世界农业强国。

（2）注重农村宜居、环境可持续发展

美国政府在农业农村发展过程中重视环境保护，各州较早确定农村发展要走可持续的道路，这是美国农业农村环境较好的重要原因。无论是联邦政府还是州政府，都很早就颁布农村垃圾处理、清洁水、废旧家电处理等方面的法规条例，用以控制农业农村面源污染，并设置农村环境治理基金，用于治理和保护农村环境，故美国农业农村环境未出现大规模污染或沙化，农村环境宜居条件较为优越；不仅如此，政府还注重培养农户、农场主环境保护意识，重视他们日常环境保护行为的养成，为此，还推广适用专用垃圾袋，宣传使用带轮子的垃圾箱分装垃圾，厨余垃圾配有小型粉碎机，从而避免农业农村生活污染产生。

3.3.2.5 注重农村区域规划合理

美国政府十分重视农业区域规划，根据不同区域的自然条件，规划为不同功能区。对农业农村区域进行合理规划，为农业规模生产创造了条件。为使各功能区相辅相成，联邦政府负责乡间公路投资和建设；地方政府负责垃圾污水处理以及水资源供给等方面的基础设施建设，强化联邦政府与地方政府分工合作。不仅如此，居住区和农业生产区进行分离，农村主干道、公共走廊和高速公路也划分开来；为创造宜居宜业条件，政府还将商业区和居住区之间用景观区缓冲。在整体农业农村规划中，美国政府将生态环境保护放在首位，强调人与自然的和谐共生。

3.3.3 美国乡村振兴对中国的启示

中国和美国在农业农村地区存在诸多相似之处，尽管在社会文化、发展阶段、资源禀赋等方面存在较大差异性，但两国都是经济大国，一个世界第一大经济体，一个世界第二大经济体，都面临农业农村发展深层次问题。目前，我国农业农村发展仍面临产业振兴、城乡融合、城乡一体建设以及加快农业农村基础公共设施等方面的难题。美国乡村振兴为我们提供了较好的素材，就是要加快农业农村法制化建设，充分发挥农牧民主体地位，培育新型经营主体，做好农业农村发展规划，走生态环境、可持续发展道路。

3.3.3.1 健全和完善乡村振兴的法律法规体系

美国的农业农村发展历程给予了我们很好的参考，法律法规体系建设是乡村振兴的重要保障。尽管我国在农业农村发展过程中，出台了很多文件，每年中央"一号文件"都是针对农业农村问题，这些政策、文件为中国农业农村发展提供了很好的制度保障。应在此基础上，借鉴美国农业法案的立法方式和原则，针对一些短缺部分进行完善，并从全局性的角度做好乡村振兴的顶层设计，完善乡村振兴的法律法规。抓住《中华人民共和国乡村振兴法》颁布实施的有利时机，掀起《中华人民共和国乡村振兴法》普法高潮，让全社会了解乡村振兴法，并抓紧制定配套政策法规、法规或条例，增强法律的引导性和约束力。深入推进行政执法改革，特别是农业执法，做到依法推进我国乡村振兴，增强基层干部和农民群众的法律意识，让人民群众执法、懂法、守法，让《中华人民共和国乡村振兴法》成为中国乡村振兴的保护伞。

3.3.3.2 提高农民主体地位

农民是乡村振兴战略的实施主体，农民决定乡村振兴的成败。为此，要充分发挥农民群众在乡村振兴战略以及农业农村现代化推进过程中的作用。从历史经验来看，农民主体作用的发挥对乡村振兴至关重要，要切实关注农民群众的需求，让农民群众享受改革开放和现代化建设红利，通过各项惠农富农政策让农民得到实惠，要加大财政对农业补贴力度，完善补贴体系，努力增加农民收入；重视和改善农民的社会地位，让农业成为最具竞争力的产业，农民成为最幸福的职业；加强农民职业教育，让农民成为懂技术、善管理、会经营的新型职业农民；增加精神文化产品供给，满足农民精神文化需求，提升农民对创造美好生活的积极性；激发农民的主人公意识，让农民群众知道乡村振兴是农民振兴，需要发挥他们的智慧和潜能，让他们更广泛、更深入地参与到乡村振兴的伟大实践中来。

3.3.3.3 培育新型农业经营主体

中国国情、农情决定了我们不可像美国一样实施大规模农业生产，小农户依然是我国农村经营主体，并将长期存在下去。但是这并不意味着中国不能实施规模化经营，探索适合我们国情的规模化模式，实现适度规模经营，将是我国农业农村发展的一条重要途径。为此，要培育多元化的家庭农场、专业大户、农民专业合作社以及农业产业化龙头企业等新型农业经营主体，使之成为我国乡村振兴的主力军。发展具有中国农业特色的较高水平的机械化、电气化，提高农业生产效率，以适度规模经营的深度化学化、生物化的生态农业，提高农业产出水平。发展新型经营主体，要充分重视科技创新，开展产学研合作，引进先进农业生产技术，让自动化、专业化、机械武装农业，节约农业生产人力成本付出，提高农业竞争力。这是推进农业现代化的重要力量，政府应加强引导，加大对农业农村扶持的力度。

3.3.3.4 科学开展农业农村规划与建设

美国非常重视农村规划，农业产业带、作物带、居住区、生态涵养区等星罗棋布，功能分区严格，特别是二战后在制定乡村规划过程中，地方政府会和社会团体联合负责当地的农村发展总体规划，并充分尊重资源约束条件和村民意愿，村民也会被动员参与乡村建设，支持城乡一体化建设，打造宜居环境。美国农业农村发展历程告诉我们，农业农村规划对乡村振兴十分重要。为此，我们应根据各地资源禀赋情况，从整体上做出全面规划，支持各地根据实际情况确立乡村振兴规划，注重目标导向，并严格按照规划实施，增强其引导性和约束力。在实施乡村振兴战略过程中，重视农村建设与特色小城镇建设相结合，让特色小镇融入绿水青山中，保护好青山绿水的自然生态环境，让生态资源成为乡村振兴的重要支撑，注重保护具有历史意义或乡土特色的人文环境，使它们成为吸纳外来旅居康养的重要资源，为农业农村可持续发展打下坚实基础，加强对农民群众环保意识教育，让环保成为农户自觉行动。同时，加强政府层面的政策引导和公共宣传，使农村成为产业兴旺的承接地和生态环境保护的受益者，实现农业高质高效、农村宜居宜业、农民富裕富足。

3.4 欧盟乡村振兴透视及借鉴

欧盟的农业生产在全世界处于领先地位，这与它们长期实施的农业农村政策是密切相关的。这些农业农村政策不仅对欧盟的农业市场有深厚的影响，巩固了欧盟，促进了欧盟团结和农业的发展，还有力地促进了国际农业经济的发展。主要有：通过共同的农业政策，灵活运用目标价格、门槛价格和干预价格等政策工具，减少了农业从业人员，实现了欧盟规模化经营和规范化农业生产科学的管理。在各种政策的刺激下，欧盟地区的农产品供给得到了保障，农产品市场价格控制在一个稳定范围，欧盟农业取得成就正因为是有效实施了共同农业政策。此后，通过半个多世纪的不断调整，欧盟农业农村政策可概括为：一是完善了农业以及林业的生产体系，通过引入现代化的生产技术，引入更加优质的农产品品种来增强农产品的竞争力，提高生产效率，引导农业生产从业者逐渐向年轻化发展，随着农业生产者生活品质越来越高，农民也可以提前提出退休，另外欧盟地区也高度重视牧业，认为其是促进农村经济增长的一个重要环节；二是提高了农村的竞争水平，农村的资源优势、区位优势和文化特色优势得到体现，提高了农业生产从业者的生活质量，创新了更多样化的生产方式，缓解了农村地区的就业压力；三是在努力保护生态环境的同时，也要不遗余力地保护欧洲富有特色的传统农业。在欧盟的农业农村政策中有一项强制性条款，即农业生产必须确保不会对农业环境产生破坏，追求绿色的农业生产方式。在新的欧盟农业农村政策中，欧盟加强了对传统农业耕作的保护，同时也鼓励农业生产者创新生产方式。欧盟农业农村政策有力地推动了欧盟一体化进程，同时还促进了欧盟成员共同利益的增长。

3.4.1　欧盟乡村振兴政策供给

欧盟农村区域面积达到其成员国总面积的 86%，农村人口约 1.28 亿，占总人口的 25%；从事农业生产的全职农民约 1 200 万；农业及其关联产业贡献了成员国 GDP 的 6%，涉及 1 500 万个企业，提供了 4 500 万个就业岗位。欧盟农业农村地区保障了欧盟食品安全和持续供给，承担着城市居民休闲旅游目的地重任，为农村居民就业和生活提供保障，同时，也是欧盟自然资源和生态环境保护、文化传承和发扬等重要场地，是欧盟实现可持续发展战略目标的重要支撑。可见，欧盟发展政策框架的重要组成部分是农业农村政策，这是由欧盟农业农村的重要性决定的。欧盟共同农业政策是农业农村政策的主体，各成员国可根据自身情况，在共同农业政策下制定本国具体的农业政策。从欧盟共同农业政策中我们可以看到，它是以实现食物生产良性循环、自然资源的可持续利用、农村区域均衡发展作为其主题，内容非常广泛，主要包括直接补贴、市场支持、农村发展、农业与环境、生物能源、生物技术、气候变化、森林资源、有机农业、产品质量、政府援助、植物健康、食品安全、动物福利、研究创新和教育培训等内容。共同农业政策从层次上可分为两个方面，一方面，直接补贴和市场支持政策；另一方面，农村发展政策。共同农业政策每隔 7 年就要修订和完善。共同农业政策的执行工具是欧洲农业担保基金和欧洲农村发展农业基金，用于补贴农民收入、市场支持和农村发展，每年约支出 590 亿欧元，其中 70%用于补贴农民收入，市场支持政策约占 10%，农村发展政策约占 20%。

欧盟乡村振兴主要政策法案一览表见表 3-4。

表 3-4　欧盟乡村振兴主要政策法案一览表

政策法案阶段	时间	主要政策法案
第一阶段 （20 世纪 60 年代 到 80 年代）	1960 年	提出在成员国实行共同农业政策的建议，主要是取消贸易壁垒、建立共同市场组织
	1962 年	批准成立谷物、猪肉、蛋、禽肉、果蔬、酒六类农产品的共同市场组织，引入市场竞争机制，建立欧洲农业指导和担保基金
	1970 年	推动农场现代化，促进农民职业培训，鼓励老年农民提前退休，更新农业劳动力，帮助落后地区农民发展
第二阶段 （20 世纪 90 年代 到 2006 年）	1980 年	引入牛奶生产配额，扩大糖料生产配额
	1988 年	引入项目预算拨款上限制度，设置项目和个体支持限额
	1992 年	将对农产品的价格支持转向对农业生产者的收入支持和直接补贴
	2000 年	除了继续关注农业生产和农产品价格，把农村经济发展、社会发展、环境保护都列入政策目标
	2003 年	引入与农业生产"脱钩"的单一补贴项目，支持政策与食品安全、环境保护、动物福利"挂钩"

表3-4(续)

政策法案阶段	时间	主要政策法案
第三阶段 （2007— 2013年）	2008年	对共同农业政策进行"健康检查"，简化冗余政策，取消限制农民响应市场信号和应对气候变化等资源环境挑战的政策措施
	2013年	强化对农业生产者的支持，整合以土地为基础的支持方法
	2013年以来	加强对提高农业竞争力和创新能力、振兴农村经济社会、促进生态环境改善和资源可持续利用方面的支持；引入新的补贴工具，加强两个政策支柱之间的联系，使政策更有针对性，更公平，更绿色，更有效率和策略性

资料来源：根据欧盟官方网站（https://ec.europa.eu/commission/index.en）公布的有关资料整理。

2000年至今欧盟共同农业政策中的农村发展政策见表3-5。

表3-5　2000年至今欧盟共同农业政策中的农村发展政策

时间	主要内容
2000—2006年	发挥农业多功能性，重新认识和确定农民提供服务的范围。用跨部门、整合性的方法推动农村经济多样化，帮助农民创造新的收入来源和就业机会，保护农村环境和文化遗产。改善政策项目管理办法，基于权力分散和下放原则，与不同层面的地方政府和相关机构开展政策协商，增强地方政府的自主性，以灵活制定农村发展政策；简化立法程序，使立法过程更容易让利益相关者参与，以增强制定和管理农业农村政策项目的透明度。2005年9月，设立欧盟农村发展农业基金
2007—2013年	提高农业竞争力，包括培养青年农民、推动老年农民提前退休、强化农场服务支持等；引进新技术，增加农业生产和农产品营销环节投资，简化投资程序和标准；改善农业基础设施，提高应对灾害能力；鼓励农民参与农产品质量提升项目、市场信息传播和农技推广活动等。改善乡村环境，支持农地所有者采用与保护环境和景观相适应的土地利用方式，对农民超过强制性义务标准的环境保护行为进行直接补贴。推动农村经济多样化，主要支持非农经济活动，如小微企业和旅游业发展，修复、建设和发展村社
2014年以来	明确各成员国需要关注的6个优先事项：促进农村知识传播、转化和创新；创新农业生产经营方式，提高农业发展能力；发展食品链组织，加强农业风险管理；恢复、保护和增强农业生态系统；发展低碳和气候适应型农业及相关产业；促进农村社会融合、减贫和经济发展

资料来源：根据欧盟官方网站（https://ec.europa.eu/commission/index.en）公布的有关资料整理。

第一阶段，建设共同农业市场，发展现代农业。鉴于农业的弱质性，欧洲经济共同体于 1960 年 9 月首次提出了在 6 个成员国之间实行共同农业政策的建议，以应对激烈的市场竞争，其目的是建立统一的市场组织，以便能够在统一市场内实现农产品贸易自由。欧洲经济共同体理事会又在 1962 年批准成立了涵盖 6 类农产品的共同市场组织，为保障市场的顺利运行，设立欧洲农业指导和担保基金，欧盟共同农业政策正式诞生。到了 70 年代，随着欧盟的扩大，各成员农业农村发展程度各异，欧盟共同农业政策开始重视农场现代化问题，其政策又纳入了农民职业培训、鼓励老年农民提前退休、帮助落后地区农民等政策内容。到了 80 年代，欧盟农业发展迅速，出现了产出过剩问题，为减轻财政支出压力和解决产能过剩问题，欧盟着手对共同农业政策进行调整：包括增加牛奶、糖料生产配额；对农业农村补贴设置预算拨款上限以及支付限额。从这一时期的农业政策来看，共同农业政策还比较单一，随着政策的调整，其农业政策影响范围逐步从成员国农业流通领域扩展到了农业生产领域。

第二阶段，重视农村多元发展问题。欧洲共同体在 1991 年通过了《欧洲联盟条约》，加速了欧共体在经济、社会、政治领域的一体化程度，标志着欧盟正式成立。欧盟成立后，其农业农村也发生了变化，共同农业政策偏重农村社会、经济、环境问题。环境问题被提上政策目标，过去共同政策单纯重视农业生产和农产品价格，现在，欧盟把经济、社会、环境目标都纳入共同农业政策的政策目标和补贴范围。农业补贴政策从单一农产品的价格补贴转向对生产者的收入补贴，以及种粮直接补贴；随着 WTO 农业政策的变化，欧盟也将直接补贴与农业生产"脱钩"，而是采取间接补贴，转而采用与食品安全、环境保护等"挂钩"。这一时期，共同农业政策更多关注农村发展政策。欧盟于 1996 年在爱尔兰港口城市寇克（Cork），召开关于农村发展会议，在会上通过了"Cork 宣言"。该宣言将农村发展作为优先目标，构建城乡公平的公共支出和投资机制用以支持农村发展。到了 2000 年，农村发展政策的预算支出超过市场支持政策，并且用于农村发展方面的支出成为欧盟农业第二预算支出。欧盟共同农业政策更多强化农业农村多重功能，特别是环境功能，重新认识和定位农民为社会提供服务的范围，体现了共同农业政策从单一向全面发展政策的转变，为欧盟农业农村发展提供政策和资金支撑。

第三阶段，改善农村生产生活环境，强化绿色发展。农业农村具有多功能性，不仅提供人们赖以生存的农产品，在调节气候、保护资源环境等方面也具有重要作用。这一时期，欧盟农业农村政策更多关注可持续发展。欧盟农业农村政策在注重提高农场经营能力、提高农业竞争力的同时，共同农业政策更加注重农村环境保护，增加就业机会，提高人们生活质量以及支持村社建设。①推出绿色直接补贴政策，对农民应对气候变化和资源环境挑战给予政策鼓励，补贴倾向于农民在保护自然环境、减缓气候变化的行为。②鼓励农业农村向多方向发展，如制造业、服务业、食品加工、乡村旅游和休闲产业等，将环境资源优势转化为经济优势。③鼓励美丽村社建设，如农业农村发展和资源环境保护项目、利用村社自然文化遗产等项目帮助农村社区建设，用以提高农村农民生活质量。综上所述，欧盟的共同农业政策随着农业农村发展的不同阶段随时进行调整，从单一农业提高农业竞争力政策逐步扩大到农村经济、社会、环境等多方面问题，从提高农业竞争力、保障食品安全、提高农民收入水平到应对气候变化、实现自然资源的永续利用，从激发农村经济活力到促进农业和相关产业、就业等的全面农业农村发展政策。

3.4.2 欧盟乡村振兴的方法路径

欧盟乡村振兴得益于共同农业政策，对欧盟农业农村发展起到了至关重要的作用。2017 年 12 月，一份对欧盟所有成员国 2.8 万公民对共同农业政策认知情况的民意调查显示，认为共同农业政策使全体公民受益的超过 60%；受访者认为共同农业政策发挥了保障食物有效供应的作用的超过75%；认为共同农业政策在保障供应健康、安全的高质量食物方面发挥了重要作用的超过 64%；认为共同农业政策帮助实现了可持续的食物生产方式的超过 62%。欧盟各成员国在农业农村发展、生态环境建设、乡村居民就业增收等都在共同农业政策指导下进行，共同农业政策也是培育农业农村发展动能的重要保障。如 2007—2013 年，欧盟用于英国农村发展项目支持金额达到 75 亿欧元，对 50 万名农村和涉农食品行业进行了培训，使他们得以就业，推动小微企业创业达到 5 万多家，有 4 万多家农场提高了竞争力。欧盟农村发展政策被誉为欧盟最受欢迎的政策之一。

这主要得益于欧盟及成员国采取了合理的政策制定理念、执行策略和管理方式。

3.4.2.1 建立城乡平等发展的体制机制

从 1950 年开始，德国重视建立城乡协调发展体制机制，鼓励城乡居民以不同生活方式实现相同质量的生活，着手在不同的地区进行试点并推广。在它的农业农村政策设计者看来，尽管农村生活不同于城市，农村居民应和城市居民一样享有高品质生活。1960年，法国也提出了要建立农业与其他产业部门的平等关系。从共同农业政策来看，它强调城乡之间需要在优势互补、分工协作和要素自由流动的基础上，建立城乡平等的发展合作体制机制。城乡平等体的重要前提是要把城乡"和而不同"的均衡发展作为提升农村经济活力、环境质量和社会凝聚力，为此，需要建立农村多元经济发展的空间和舒适的社区生活环境，通过推拉作用，彻底转变农业农村在资源要素配置竞争中的弱势地位；城市和乡村合作、平等发展，体现在城乡功能互补、价值互替、要素自由力度、发展互动，且农村在保障食品安全、保护资源环境、提供休憩空间、应对气候变化和实现可持续上是城市无法完成的，应充分发挥农业农村的比较优势，城乡之间形成错位发展，建立城乡之间互促共荣的融合发展关系。农业农村政策设计理念告诉我们，乡村振兴，发展农业农村经济，应与城市发展设计理念有所差别，不能盲目照搬建设城市的理念、模式来建设乡村，要按照农村发展规律和尊重农民主体地位设计农业农村发展道路，准确定位农业农村的功能角色，从而实现城市和乡村协同发展，走向共同繁荣。

3.4.2.2 乡村发展重点以法律法规和规划体系予以保障

一直以来，欧盟重视建立以详细、严格的法律法规和规划控制体系，以法律、法规的形式将农业农村发展的方向和重点纳入保护范围，在共同的法律前提下，各成员国可根据本国具体情况，制定适合自己国情的农业农村发展法律法规。如法国、德国都建立了严格的农村发展法律和规划体系，有些甚至细化到村社层面。法国在农业农村发展过程中，先后制定了《农业指导法》《乡村整治规划》《乡村发展规划和设施优化规划》《自然和乡村空间公共服务设施规划》等；德国在农业农村发展过程中，也先后制定了《土地整理法》《建筑法典》《国土规划法》等，并且州市可在国家政策基础上，制定更为详细的法规或政策。欧盟及各成员国在制定和实施这些法律法规和规划体系过程中，特别强调：在产业选择方面，重点支持农村产业融合发展，把农业放在突出位置，重视把相关价值链作为增长引擎，以此作为增加农业增加值的支撑，增加农民收入，提升农民生活质量；在农业农村区域规划方面，注重发挥区位优势，并注重不同村镇之间的分工协作，突出"一村一品"，避免重复而引发恶性竞争，实施基于功能定位的区域差异化政策；在节点把控上，重视将生产经营活动和环境保护、文化建设结合起来，补贴政策倾向于绿色和多目标交叉项目，从而实现了经济、社会、环境的融合发展。欧盟重视法律法规和发展规划建设，以此来推动农业农村发展。欧盟及各成员国强化相关立法和执法工作，特别是政策的执行，以此规范和引导利益相关者行为；重视建立农业农村发展规划服务体系，加强各类规划的统筹管理和系统衔接，做到规划先行、分类施策、突出重点、逐步推进。

3.4.2.3 自下而上激发各方参与乡村发展的积极性

自下而上的交互式是欧盟农业农村发展的重要流程，这是激发各方面积极性的一种重要方式，共同农业执行十分重视调动各级政府、社会组织、社区和居民参与的积极性。主要内容有：①让基层政府、社区和村社主动参与政策的制定和监督执行。法国政府在农业农村政策的制定和执行过程中，经历了中央政府集权到向地方政府逐渐分权的过程；德国联邦政府的做法是：联邦政府只负责制定政策大纲，州政府负责制定具体政策，地方政府负责具体政策的执行。欧盟于2014年在政策制定和执行上做出改变，在预算资金上允许各成员国在一定区间内进行灵活调整，调整幅度最高不能超过总预算预算资金的15%，主要是农村发展政策项目中的直接补贴和市场支持政策资金，在村社和小城镇建设方面给予各成员国更大的权力和更多的资金。②本地居民必须参与乡村规划的制定。法国政府规定，当地居民投票决定本地乡村规划以及村镇建设；德国政府对德国社区居民参与规划制定的权利以法律形式给予保障。欧盟还十分重视鼓励青年积极参与农村发展建设，鼓励他们参与决策，积极建言献策。③推进机制自下而上。农业农村政策和项目实施主要通过在社区内部扶持领导者和地方行动小组的方式推动。当一个项目农业农村政策或项目的执行超过行政区划时，往往需要不同地方组织协调和配合。德国的做法是：具体政策和项目的执行主体及其上级管理部门由州级以下地方政府的管理部门之间协商来确定；法国的做法是：通过组建联合体、共同体等来制定和监督执行，联合体由不同地方基层政府、行业协会、公共服务机构组成，以便开展跨社区、跨区域的项目合作。欧盟通过激发农村社区发展内生动力十分有效，这种做法有助于培育基层发展动力，能够充分了解基层社区发展需求，增强基层政府和农村社区等主体的自主性、灵活性和参与积极性，也顺便培育和发展农村社区组织。

3.4.3 欧盟乡村振兴经验借鉴

欧盟在农业农村发展过程中，以共同农业政策为统领，在制定政策时更强调乡村在提供公共物品方面的重要作用，政策更多向其倾斜，特别是在2000年后，补贴倾向农牧民收入、乡村的宜居性和多功能性方面。欧盟乡村振兴建设坚持"尊重自然、顺其自然"的原则，在城市建设或乡村建设中十分注重自然生态的保护。从欧盟农业农村发展政策来看，其核心内容就是要使农村地区成为环境保护中心，因此，改善农村地区的生活条件成为农村发展政策主要内容。

3.4.3.1 强化欧盟整体与成员国之间的有机联系

鉴于欧盟成员国众多，各成员国农业农村条件及其所面临的问题有诸多不同，欧盟在制定乡村发展政策时，多采取指导性和灵活性相结合的原则。欧盟制定农业农村政策时主要规定乡村发展方向，规定最低资金投入，提供多种选项供各成员国选择，以优先发展事项给予各成员国以引导，成员国自行制订具体发展计划，以发挥成员国和地区的能动性和积极性。各成员国在农业农村的建设项目必须满足三项基本目标：一是调整农业结构以提高农业产业竞争力为前提；二是强化土地管理和农业农村环境保护；三是以增加农民收入为目标，推动农村经济多元化发展。从共同农业政策来看，规定各成员国必须至少将10%的农业农村发展基金用于提高农业竞争力和促进农村多元化发展；用于改善农村环境和土地管理的基金不得少于基金的25%；规定自下而上制定地方发展规划方面的资金开支不少于农村基金的70%。鉴于此。我国可根据欧盟的资金管理经验，将投入"三农"资金按比例与农业农村建设相结合起来，要重视农村发展与生态环境保护相结合，从而实现农业农村可持续发展。

3.4.3.2 政策随农村发展的不同阶段及时调整

从共同农业政策变化中我们可以看出，政策的变迁是随农业农村发展阶段而做出调整的，在各阶段都有最突出且优先解决的问题都能在农业政策中得到体现。一方面，共同农业政策从最初的关注农业产业的竞争力、发展问题，转向现在从整体上关注农村发展问题、农村环境问题和社会发展问题，体现在农业农村发展阶段的演进过程中；另一方面，从政策体系上看，从初期的单纯关注提高产业竞争力支持政策转向环境改善、社会包容和创新补贴。

3.4.3.3　政策执行自下而上，提高成员国参与积极性

欧盟共同农业政策规定，其程序是：首先各成员国必须由地方社会团体联合机构主持制定规划农业农村发展的所有建设项目；其次，统一将规划交给欧盟理事审核，审核通过后才能获得欧盟农业农村发展基金的资金补贴。欧盟共同农业政策是农村发展策略的领导者，具体组织实施的是各成员国，并成为农村发展政策的组成部分，社会底层人民团体的权益是通过采取"自下而上"的干预方式给予保障，共同农业政策规定社会团体和个人总人数及占比不得低于地方领导项目行政小组总人数的1/2。

3.4.3.4　对经济落后地区实施专项基金支持

鉴于欧盟成员国国情、地区、条件、各国农业发展程度存在较大差别，早在成立初期，欧共体就专门设立了许多发展的基金，用以帮助落后地区农业农村发展。如：设立欧洲区域发展基金（1975 年）、设立欧洲农业指导和保证基金（1987 年），这些基金主要是帮助支持相对落后成员国农村地区发展，并规定欧盟财政将给予落后地区 18%～28% 的预算支持。欧共体对落后地区的认定通常是指地区人均 GDP 低于欧共体 GDP 平均水平 3/4 的地区。如希腊、西班牙、意大利、葡萄牙、法国部分海外领地以及爱尔兰的部分地区。

4 攀西民族地区特色产业振兴——以发展康养产业、建设康养小镇为例

4.1 攀西民族地区发展康养小镇的条件分析

4.1.1 攀西民族地区区域特点

攀西民族地区位于四川省西南部，由攀枝花市和凉山彝族自治州属下的 17 个市（县）组成，总面积约 6.67 万平方千米。它位于横断山脉东部边缘，属于青藏高原和云贵高原与四川盆地之间的过渡带。山地占71.6%，其次是丘陵和平坦盆地、山谷和盆地等。这里的矿物、水、光、热资源高度集中。气候温和湿润，雨量充沛，土地肥沃，植被茂盛，物产丰富，被誉为"天然氧吧"。它不仅是一个自然的世界，也是一个旅居康养的天堂。

4.1.1.1 自然地理特点

攀西地区在温度、湿度、洁净度、辐射度上具有其他地区不可比拟的特性和优势，具备大力发展阳光康养产业的气候资源优势。

（1）自然景观种类繁多、分布广泛、优势突出

攀西民族地区以其复杂多变的地质而闻名。自然景观丰富而美丽。攀西民族地区以其独特的地质构造和气候条件，以及独特的生态环境，成为国内外著名的旅游养生胜地，具有良好的开发前景。地貌资源主要以典型奇特的攀西大峡谷为特征，自然资源丰富，有钒、钛、钻石、锡、铅、铜、铁、锌等各种金属和非金属矿床，冰川形状各异，有雄伟、奇特、险峻、宁静的螺髻山及郁郁葱葱的胡山、公母山、阳岗和亭波，还有龙舟山

等灵秀山峰，峡谷险滩、洞穴、悬崖奇石等。水资源主要有条沙河、鸭皮北河、大都河、安宁河及其支流。由于这一地区降水丰富，地形多变，山上有许多泉水和溪流。

（2）得天独厚的气候资源

攀西民族地区辖区内包括著名的"阳光之城"攀枝花、"月亮之城"西昌，攀枝花市年均日照时数 2 700 小时以上。温度随海拔高度的升高而降低，从一千米左右的山谷到三千米的高山，可以欣赏到从亚热带到暖温带的景色，俗称"一山四季，十里天异"。同时，由于冬季昼夜温差大，攀西民族地区是天然的冬泳天堂，素有"温泉王国"之称。但西昌地处高原，群山环抱，冷空气难以侵入。它四季分明，雾天少，能见度大，光折射大，散射度低，所以月亮停留时间长，清澈透明。早在清代，四川就有"清（喜）风，雅（安）雨，建昌明月"的说法。月圆之夜，在琼海的碧波上泛舟，在那里你可以看到"月色如水琼池，空亮九天"的奇观。此外，还有迷人的宝兴观日、金沙月光、梦幻保定晚霞、夜空辉光、一枝独夜雨风雷、热带雪景等气象景观。

（3）生物资源丰富

攀西民族地区辖区内有国家一级保护植物珙桐、国家二级保护植物红豆杉、云杉林及部分濒危植物等珍稀植物。它拥有天然的苏铁森林，是人类征服自然的象征，蔚为壮观；米易有万亩杜鹃花、千顷松涛、百丈幽谷；有苹果、石榴等多种水果，品质优良，风味独特；亚热带森林植物群落繁茂，森林类型多样、原始；有羚羊、白唇鹿、金丝猴、大熊猫、小熊猫、猕猴等珍稀野生动物，攀西民族地区独特的生物资源为各种珍稀动物的繁殖提供了最适宜的环境和场所；还有虫草、北木、芦蓉、麝香等珍贵药材。这些天然植物园、野生动物园、百草园，是探索、冒险、休闲娱乐的最佳场所。

攀西民族地区旅居康养资源的分布非常广泛，除了攀枝花和西昌两大中心城市在自然风光密集地区外，其他县都有独特的风景和山地特色，原始而封闭。由于发展较晚，工业和制造业污染少，这些自然景观富有趣味性、神秘性、探索性强、观赏性强，具有旅居康养开发价值。

4.1.1.2 历史文化资源

（1）有悠久的历史古迹

以螺髻山为中心的高山峡区，不仅自然风光优美，文物遗迹也十分丰富。原始而神秘的攀西大地，历史遗迹散落其间，有古人类遗址、丝绸之路遗迹、墓碑雕刻、古桥塔、革命遗迹等。这些著名景点给我们留下了极为珍贵的文化遗产和丰富的旅游资源，成为旅游业发展不可或缺的一部分。其中许多景点在四川省乃至全国都很有名。另外，还有许多悬崖雕刻和铭文，为我们展示了一幅幅立体而生动的画面。西昌地震碑林历史上被列为"中国四大碑林"之一，是国内外罕见的石刻地震资料档案；在西昌市泸山上，有一座全国独一无二的凉山彝族奴隶社会博物馆，馆内陈列着各类文物，馆藏文物、图片2 000余件，堪称凉山奴隶社会的活化石。此外，该地区还有许多古民居和古石拱，保存完好，独具特色。在距西昌50多千米的博什瓦黑山林中，有数十幅唐宋时代南诏大理国时期的岩画，其是研究中国少数民族历史的珍贵文物。攀西民族地区从地理和历史文化的角度来看，可以说是一个旅游资源宝库。此外，还有相当数量的文物散落在各地，如冕宁县北部的"京口驿舍""木灶亭""加邡亭"等南方丝绸之路的遗址。在安宁河流域，有瓶葬、木葬和燕园石墓室。然而，大多数古遗址相对偏远，交通不便，所以它们的吸引力很低。

（2）多民族聚集，有浓厚的民族风情

攀西民族地区地处山区，社会环境封闭，孕育了彝族、拉祜族、回族、苗族、白族、傣族、满族等多个民族的丰富习俗。其丰富多彩的民族服饰、音乐、舞蹈、民居、节日、婚丧嫁娶习俗、工艺美术和饮食文化对游客有着强烈的吸引力，与古朴、美丽、典雅的自然景观相结合，形成了超高的景观品质。各民族的盛大节日也有神秘的色彩和地方气息，受到中外游客的欢迎。特别是凉山彝族火把节，已成为四川走向世界的重大旅居康养节。

4.1.2　旅居康养资源区位特点

攀西民族地区山高林密，景美物丰，旅居康养资源非常丰富，特别在气候气象、地质地貌、水利水景、动植物等方面，旅居康养资源具有显著特点和多样化的功能，较适合大众旅居康养项目的开发，从而培育出该地区旅居康养形象产品与经典产品，给攀西民族地区旅居康养工作带来了全新的生机与活力。

4.1.2.1　民族风情浓郁

应充分利用攀西民族地区独特的民族风情资源、工业遗产资源和潜在资源，把攀西民族地区独特的自然资源打造成攀西民族地区振兴的支柱产业。打造特色攀西民族地区民俗文化体验区的"旅游+"模式是提升该区域经济竞争力的有效途径之一。美丽富饶的攀西民族地区是多民族的家园，在漫长的历史发展中形成了多种多样的民族风俗。在此基础上，发展攀西民族地区民俗旅游康养产业，打造养生小镇，将当地特色建筑、餐饮、服饰、娱乐、民间工艺融为一体，促进攀西民族地区的乡村振兴。

当地的文化体验已经成为当地旅居康养业发展的亮点之一。凉山彝族自治州是中国最大的彝族聚居地，其古老的民俗风情吸引了数以万计的游客。特别是在农历六月二十四日前后，火把节尤其热闹喜庆，是中国特有的"狂欢节"。同时，游客还可以体验丰富而独特的彝族饮食文化。对于那些想要体验这个盛大而庄严的旅游节的人来说，民族歌舞表演、体育比赛、选美比赛、火炬游行、大台舞和其他传统活动可以让他们大饱眼福。游客还可以参观彝族文化展示点，体验彝族服饰、生活用品、手工艺、雕刻和绘画。文化展示、彝族手工艺制作、彝族美食街体验，匠心挖掘、整理彝族风味美食，让游客在浓郁的文化氛围中尽情享受。

4.1.2.2 工业文化丰富

除了攀西民族地区民族文化的旅居康养资源，人们还可以体验"三线"建设的魅力，感受抗战的火热岁月以及那个时代人们为国家钢铁工业所付出的艰辛努力。攀西民族地区作为四川省重要的工业基地，其拥有全国唯一的钛钢生产基地、二滩水电站、西昌卫星发射中心，为游客提供了良好的旅游体验。

（1）钢城的文化体验

攀枝花钢城是攀枝花的一个重要景点，也是攀枝花的文化标志。攀枝花钢城以其独特的文化氛围吸引了众多游客。

攀枝花钢城以工业文化为主题，是一座运用现代建筑技术建造的现代工业文化展示中心，集建筑、室内装饰、陈列展示于一体，充分展现了攀枝花工业文化的特色。攀枝花钢城的建筑充满了浓浓的工业气息，一座座钢结构的建筑群，在太阳的照耀下显得格外璀璨，而它们的外观也是独特的，有着精致的细节和装饰，令人惊叹不已。攀枝花钢城内有多个陈列展览室，每个展览室都有不同的文化内容，游客可以深入了解攀枝花工业文化的历史发展、产业发展和社会发展等内容，深入了解攀枝花钢城的文化特色。此外，攀枝花钢城还设有多个展厅，其中有产品展厅、历史展厅、媒体展厅、创意展厅等，游客可以在这里观看各种动态展示，进一步了解攀枝花的工业文化。

攀枝花钢城的文化体验十分丰富，游客可以在这里欣赏工业文化的精彩，也可以深入了解攀枝花的文化特色。在攀枝花，游客可以体验到一种独特的文化魅力，感受一种独特的工业文化氛围，让自己更加深刻地了解攀枝花。

（2）水电文化体验

二滩水电站距离攀枝花市区 46 千米，地处崇山峻岭中的雅砻江下游，装机总容量为 3 300 兆瓦，多年平均发电量为 170 亿千瓦·时，拥有溢流式抛物线型双曲拱坝，高 240 米。游客可以泛舟观赏库区的优美风光，在观景台上伫立观赏泄洪洞口疾驰的瀑布，欣赏中国水电站百年伟业。当地还可以将原有二滩展览馆扩建为地方志型综合博物馆，将其真正打造成二滩水电站发展史与企业文化保护与展示的一个窗口，让游客体味水电文化。

（3）航天文化体验

西昌卫星发射中心每年接待国内外游客 1 000 多万人次。它是中国唯一对外开放的大型卫星发射基地，配备了先进的新型航天设备，成为充满神秘色彩的高科技太空旅游目的地。同时，游客可以通过参观"长征"五号火箭发射场等景点，了解中国航天工业的发展历程，感受航天工业的成就和辉煌业绩。游客们泛舟琼海，攀爬胡山，一睹卫星发射场的雄伟壮观，聆听人类向宇宙挑战的英雄交响曲。为了把西昌打造成真正的"中国航天城"，旅游区除了观景台外，还将建设航天模拟游乐中心——中国西昌航天博览园，为游客展示航天科学发展史。博览园致力于从硬件设施和软件服务两个方面体现航天科普教育的宗旨。园内还将展示各种时尚的世界飞机模型，定期组织儿童飞机模型比赛等。

综上所述，攀西民族地区发展旅居康养业要与自身优势相结合，通过民俗风情、旅居康养、工业产业旅居康养等特色路径，让旅居康养成为引领攀西乡村振兴发展的关键。

4.2　攀西民族地区发展康养小镇的制约因素分析

经过几十年的发展，攀西民族地区的旅居康养产业逐渐形成了自己的特色，并取得了显著的成效。近年来，随着中国经济进入高质量、绿色发展阶段，旅居康养消费需求越来越向个性化、体验性、文化性方向发展。如何有效激发人民群众对健康和美好生活的热情，是关系到国家未来发展战略的重要问题。大力发展医疗保健产业，释放人民群众消费潜力和内需，以人民需求为导向进行供给侧结构性改革，已成为当前中国经济生活中的一件大事。

长期以来，攀西民族地区的医疗保健产业主要满足团体观光需求，对路径的依赖程度较高。不及时调整和完善保健品供给体系，阻碍了地方卫生经济的可持续发展。国家政策的支持和旅游市场对健康养老产品需求的不断增长，将为推动攀西民族地区域旅游业转型升级提供新的契机，进一步推动当地旅居康养产业的快速发展。攀西民族地区的旅居康养小镇以养生产业为主，为游客的消费需求提供综合服务，并不断发展壮大。在旅游发展过程中，存在资源利用不合理、基础设施不完善等问题，同时也面临市场环境不利、特色品牌缺乏、专业人才短缺等诸多挑战。因此，攀西民族地区旅居康养产业的发展现状，必然会影响到旅居康养小镇的建设质量和可持续发展，进而制约攀西民族地区乡村振兴的进展。

攀西民族地区旅居康养小镇的发展，不仅受区域旅居康养产业发展的影响，还受旅居康养小镇本身和景区建设、管理、协调的影响。以新发展理念为指导，本书将影响地方旅居康养小镇的制约因素划分为产业、自然生态、民族文化、社会治理四个维度，影响攀西民族地区康养小镇可持续发展的主要制约因素如下：

4.2.1　产业因素

产业是区域经济增长的主要动力。当前，中国旅游消费结构正在发生深刻变化，传统的观光度假产品已不能满足公众日益增长的旅游需求。一个地区城市化驱动产业的数量和质量，在很大程度上决定了该地区城市化的成败。因此，促进本地区城镇化与旅游业的协调发展尤为重要。康养小镇是特色小镇之一，旅居康养产业是其主要驱动力。将生活型旅居康养产业作为推动康养小镇持续发展的第一动力是合理的。从旅居康养产业在促进城市化方面的重要作用和功能来看，旅游业与其他产业一样，也是区域经济和社会可持续发展的来源。1979 年邓小平"黄山谈话"以来，旅游业以其综合性强、相关性高、产业链长等特点，迅速成为部分地区推进城镇化进程的动力之一。随着旅游业在全国范围内的迅速推广和普及，中国已初步建立起较为完整的现代旅游体系，这为医疗保健小镇提供了广阔的发展前景。但不可忽视的是，旅游业不是必需品行业，是弱质高风险行业。其不仅容易受到自然灾害、战争、经济危机、疫情、国家产业政策、节假日制度等外部风险的影响，而且容易受到行业内部风险意识淡薄、缺乏旅居康养品体系创新升级的影响，导致增长乏力。

攀西民族地区位于长江上游，是长江重要的生态屏障，是限制和禁止开发的区域，无法依靠大规模工业化带动区域城市化进程。由于自然条件的局限性，攀西民族地区的旅游资源开发与城市建设脱节严重。如何利用当地旅游卫生保健资源优势，大力发展旅游卫生保健产业，进而推动卫生保健小镇的发展，已成为攀西民族地区政府和人民的共识。与此同时，随着全国旅游业的蓬勃发展和国家提出的共建"一带一路"倡议，旅游与文化创意产业逐渐融合并形成新业态，为地方经济发展带来了巨大机遇。因此，发展攀西民族地区旅居康养产业是促进攀西民族地区经济发展、产业转型和社会转型的重要途径。与此同时，在旅游业日益繁荣的今天，旅居康养产业作为一种新的业态正在逐步崛起，并为当地带来了良好的经济效益和社会效益。攀西民族地区的旅居康养产业已有几十年的历史。在旅游养生产业的带动下，当地涌现了许多旅居康养小镇，且各具特色，如仁和居岩、米加南镇、雷波马湖镇、攀枝花瓦溪区格里平上庄村等。这些旅居康养产业在一定程度上促进了当地社会经济发展和文化进步。但是攀西民族地区旅居康养产业的弱风险也很明显。该地区地处青藏高原和四川盆地交界处，地质条件复杂，自然灾害频发。交通运输经常受到滑坡、泥石流、洪水等自然灾害的影响，影响了区域内外游客的通达性和可达性，从而影响了区域内旅居康养产业的正常发展。此外，由于历史原因，该地区经济发展相对落后，旅游业发展缓慢，这在很大程度上阻碍了当地旅游业的发展。在中国，旅游业是第三产业中最活跃的产业之一，它不仅能为人民群众提供休闲娱乐服务，还可以带动相关产业链的形成和延伸。因此，旅游业的发展也受到假期制度、经济发展状况等因素的制约。

4.2.2 自然生态环境因素

攀西民族地区最吸引人的特点是其独特的自然风光和生物多样性。自然生态环境是指大自然为当地居民的生存和发展所提供的一切物质、能量等外界因素的总和，包括地理位置、气候条件、森林、草地等生态系统。生态文明理念下的旅游保健目的地是人类社会与自然环境和谐共处的产物，具有重要的经济和文化价值。旅游康养目的地的生态环境建设是旅居康养产业可持续发展的基本保障，也是康养小镇建设的主要内容。当然，这也是康养小镇可持续发展的最基本保障。作为一个特殊的区域单位，旅居康养目的地既有自身的特点，也有区域的一般特征。如果旅居康养目的地的生态环境遭到破坏，必然会影响区域旅居康养产业的可持续发展，进而影响区域内康养小镇的可持续发展进程。目前，中国大部分康养小镇都处于起步阶段，生态环境质量不理想，甚至一些景区已经出现了"千镇一面"的现象，严重制约了旅游业的进一步发展。因此，旅居康养目的地必须重视生态环境的保护，否则，必然会影响旅居康养行业的正常发展。

随着康养小镇的发展，人口、资源和环境问题日益突出。因此，在可持续发展理念的指导下，需要探索一条适合我国国情和地域特点的新型城市发展道路——旅居康养。旅居康养产业的推广对旅居康养目的地生态环境的危害大致可以分为以下三种类型：①发展一些牺牲生态环境的旅居康养项目或活动，导致对当地生态环境的直接破坏。例如，自然保护区徒步项目。②城市化进程对某些旅居康养项目的建设性破坏。例如，为了满足游客的需求，在自然保护区、国家地质公园建设观光电梯，将原有区域生态环境整体分割，造成生态环境碎片化。③康养小镇游客和居民的消费破坏。康养小镇本来就是为满足外来游客综合性消费需求而逐步吸引当地人、财、物的集聚而发展起来的，为了满足游客的综合性消费需求，旅居康养目的地或者周边兴建许多旅居康养服务设施和旅居康养关联企业，必然会造成环境污染，势必会破坏旅居康养目的地的生态环境。旅居康养目的地生态环境被破坏，不仅破坏了当地旅居康养资源的整体性，而且损害了旅居康养目的地的形象，不利于旅居康养产业的持续发展，进而影响康养小镇的可持续发展。

攀西民族地区是一个生态环境脆弱、地质活动频繁的地区。主体功能区规划中的禁、限开发区域一旦生态环境遭到破坏，就难以恢复。由于自然条件等因素，攀西民族地区旅游资源开发与城市建设严重不同步。具体表现在旅居康养资源开发水平不高，生态保护意识不强，旅居康养产业发展缓慢，且旅居康养产业也对该地区的生态环境造成了一定程度的破坏，因此，如何更好地实现旅居康养产业与旅居康养小镇建设的良性互动，成为当前亟待解决的问题之一。

4.2.3　民族文化因素

文化是旅居康养的灵魂，旅居康养是以文化为基础的。康养小镇作为一个新概念，其内涵十分丰富。旅居康养具有文化属性，其项目、产品、形式和功能可以依赖。只有这样，旅居康养的产品体系才有差异性、唯一性、独特性和垄断性，才容易形成个性化、独特的品牌形象，旅居康养产品将具有更加深远有力的影响力和可持续发展能力。文化融入旅游发展是一种趋势，也是旅居康养产业未来的发展趋势之一。只有将文化元素融入旅居康养产业，文化传播渠道和传承才能形成产业，实现资本化和商业化，激发多元主体积极投身文化传播传承产业，形成持续动力，引导他们以更大的热情和激情积极参与文化传播传承工作。因此，在旅游开发中，一定要注重文化内涵的挖掘和提炼。保护优秀文化和特色文化，必须与地方经济发展战略和特色产业相结合，使之焕发生机。

攀西民族地区旅居康养资源开发是该地区旅居康养产业可持续发展的核心资源之一。攀西民族地区是一个历史文化资源丰富、具有独特性的地区。因此，在大力发展地方经济的过程中，开发利用这一优势资源，对其进行挖掘、传承和保护，是攀西民族地区旅居康养产业可持续发展的根本保障。依托旅居康养生活方式，深度融合攀西民族地区文化与旅居康养，构建"旅游+文创+旅居康养""民宿+生态"的全面旅居康养产品供应体系，实现泛旅居康养产业一体化。

攀西民族地区旅居康养产业发展在过去几十年取得了显著成效，促进了攀西民族地区的城市化进程。与此同时，旅居康养小镇建设作为一种新型的旅游模式和休闲方式得到了政府和社会公众的广泛认可。然而，在中国城市化大潮的背景下，攀西民族地区康养小镇的发展也存在一些问题。由于对传统文化保护意识淡薄，保护措施不当和不充分，攀西民族地区丰富的文化资源、传统的生活场景、有特色的建筑风格、独特的民俗风情等优秀传统文化资源在旅游产业发展和康养小镇规划建设中受到了不可逆转的破坏。具有地方特色的饮食文化、手工艺、戏曲、歌舞、民俗风情等特色的传统文化正面临被破坏的风险或面临被遗忘的困境，这极大地制约了攀西民族地区旅居康养产业的可持续发展，进而影响康养小镇发展的质量和可持续性。因此，如何有效地保护这些珍贵的传统文化遗产已成为迫切需要解决的重要问题之一。通过研究发现，国内学者已经开始重视旅游开发背景下的地方民族文化传承研究，并提出了许多有针对性和可操作性的措施和建议。然而，在攀西民族地区，只保护民族优秀传统文化，而忽视发展地方特色经济，必然是不可持续的。因此，引入"旅游+"的新概念，可以实现攀西民族地区旅游产业与传统文化产业的结合，从而促进当地经济社会的发展。在旅居康养产品供给方面，外来游客希望体验民族地区独特的文化差异，因此攀西民族地区的旅居康养产品应与当地优秀传统文化和旅居康养基本元素相结合，营造出特色鲜明的民族文化体验氛围，提供住宿、旅游、娱乐、购物等民族文化体验产品，提升外来游客体验民族文化的满意度，进而推动区域内旅居康养产品的创新升级，实现康养小镇的可持续发展。

4.2.4 社会治理因素

安全稳定的社会环境是区域旅游业健康、协调、可持续发展最重要的社会支撑，旅居康养目的地的社会治理能力是安全稳定的社会环境最基本的保障。因此，根据旅居康养目的地的实际情况，政府、民众、投资者和外来游客等利益相关者有必要构建适合当地特色的社会治理体系，提高社会治理能力，为旅居康养产业的可持续发展提供安全可靠的社会环境。

民族地区的社会治理问题尤为重要。它关系到民族地区民族政策的制定和实施，关系到大局的稳定。近年来，随着中国经济社会的快速发展，少数民族的生活质量不断提高，旅居康养业已成为拉动经济增长的新引擎。民族地区旅居康养产业的发展依托于优美的自然风光、丰富的历史遗迹和独特的民族文化。然而，随着外来游客的涌入，不同文化之间的互动交流，外来游客与当地居民之间、当地居民与当地政府之间、当地居民与旅游开发商之间不可避免地会发生一些矛盾。如果不能及时有效地解决这些矛盾，不仅会导致当地人民生活水平的下降，而且会威胁到整个民族地区经济社会的健康稳定发展。因此，研究民族地区旅居康养产业发展中存在的各种问题并提出相应的对策具有重要意义。我们都知道旅居康养行业本身是非常脆弱的，属于对环境高度敏感的行业，主要体现在其极易受到国内外突发事件的影响，从而导致严重的衰退和滑坡，构成所谓的旅游危机。这就要求我们高度重视，增强风险防控意识，做好防范工作。

攀西民族地区是彝族、藏族、羌族、汉族、回族等民族共同居住的地方，也是中国彝族的主要聚居区。它是云南民族地区与成都平原之间的交通枢纽，在藏羌彝走廊的东部边缘，具有非常重要的地位。改革开放40多年来，旅游经济发展成效显著，旅居康养小镇建设有目共睹，城镇化水平明显提高。随着乡村振兴战略的深入实施，旅居康养产业在促进攀西民族地区经济社会快速健康可持续发展中发挥着越来越重要的作用。然而，攀西民族地区的旅居康养产业仍处于弱势状态，存在巨大的行业奇点风险，且容易受到地区社会稳定的冲击。

综上所述，攀西民族地区康养小镇的发展受到产业、生态、环境等因素的影响及民族文化、社会治理等多重因素的制约。有必要深入分析区域内康养小镇可持续发展的原因，并提出有针对性的政策建议，进而为攀西民族地区健康、协调、可持续发展提出建议。

4.3 攀西民族地区发展康养小镇的必要性、机遇和动力机制分析

4.3.1 攀西民族地区发展康养小镇的特殊意义

费孝通将中华民族居住区划分为"六块"（北方草原、东北山林、青藏高原、云贵高原、沿海地区、中原）和"三廊"（藏羌走廊、西北走廊、南岭走廊）。这些地区有自己独特的历史文化传统、民族语言习俗，各具特色和优势，形成了各具特色的民族走廊。这些民族走廊与中国少数民族有着密切而复杂的关系。其中，攀西民族地区是藏羌彝走廊的一部分。它是各民族廊道中提出最早、研究最深入、成果最丰富的廊道之一。历史上，它是一个少数民族聚居、文化发达的地区，彝族在该地区占有重要地位。

攀西民族地区位于四川省西南部。它位于干旱炎热的河谷地区，主要包括金沙江流域、雅砻江和安宁河下游，是中国重要的钒钛磁铁矿矿床区

之一，矿产资源丰富，但由于其特殊的地理条件和复杂的构造演化史，该地区存在诸多地质灾害隐患。其地理位置决定了所处干旱炎热山谷的典型地貌、景观和气候特征。该地区地质复杂多样，以高山峡谷地貌为主，其次为平原、丘陵和宽阔山谷。特殊的地理环境造就了该地区独特的生态环境，形成了生物多样性。它具有起伏大、山谷深、盆地深等特点。同时，由于特殊的地理环境，该地区的生态环境较为脆弱，易受地质灾害等自然灾害的影响。区域康养小镇建设质量的好坏，直接影响到其能否促进区域农业农村高质量发展及其在乡村振兴中能否发挥示范作用。因此，有必要分析该地区康养小镇建设与发展的特殊作用。

4.3.1.1 攀西民族地区发展康养小镇的经济意义

攀西民族地区位于藏羌彝走廊的南缘。这是一个高山峡谷地区，地形陡峭，河流深而急，形成了适合人类居住和生产的孤立的小自然地理单元。正常的生产和生活区域大多集中在山谷和高山阶地，因此这些区域成为居民生存的主要资源。随着经济发展水平的提高和城市化进程的加快，该地区的农业种植结构发生了巨大的变化，以粮食作物为主的传统种植业逐渐萎缩，经济作物的种植面积不断扩大，畜牧业也有了长足的发展。显然，攀西民族地区平地稀少，人们的生存空间极为有限，赖以生存的资源相对不足。该地区重要城镇多分布在平缓的河谷和高山梯田上，近年来城市化发展迅速。城镇集聚效应明显，人口高度集中，对土地资源的需求增加，河谷耕地流失严重。高山阶地地势高，交通不便，导致土地利用效率低。此外，由于地形复杂，河流切割强烈，植被覆盖度很低，水土流失非常严重；由于长期的过度开发利用，生态环境恶化，高山地区沙漠化程度相当严重。高山阶地的居民被迫迁移到低山区和河谷平地，客观上进一步挤压了河谷有限的平地，加剧了平地资源的稀缺性和珍贵性。同时，也造成了该地区交通条件差，基础设施落后。资源的制约使当地经济和社会发展在相当长一段时间内处于落后状态。

1978 年以前，攀西民族地区居民以农牧业为主。第一产业（主要是矿产资源开发、炼铁、水电开发）不仅对当地自然生态造成了破坏，而且很多产业属于"飞天经济"，与当地产业发展相关性不大，未能在当地人民脱贫致富中发挥应有的作用。同时，由于地理条件的限制，这里还有很多未开发的土地资源，如草地、林地等，这些土地资源是该地区人口生存和发展的基础。在这种背景下，开发利用当地独特的、相对有利的资源，大力发展旅居康养产业，已成为当地人民的普遍期待和选择。将住宅医疗保健产业列为当地重要产业，利用住宅医疗保健产业的关联和带动效应形成集聚效应，推动攀西民族地区城镇化进程，建设和发展富有地方特色的康养小镇，已成为当地党委、政府和人民的奋斗目标。依托旅居康养产业引领人民脱贫致富是一条切实可行的道路。20世纪80年代中后期，攀西民族地区各县市开始大力发展旅游业。随着时间的推移和旅游业的蓬勃发展，旅居康养产业逐渐崛起并取得长足发展。但当时的旅居康养产业仅限于团体观光旅游，人们对旅居康养的功能和作用认识不足。

在旅居康养产业快速发展的今天，其相关性、带动效应、聚集辐射效应日益突出，受到政府、企业及民众的普遍关注。企业在进行产业规划时，不仅要考虑自身的发展需求，还要考虑对周边地区的影响以及与周边社区居民的互动与融合。当地政府将旅居康养产业作为当地支柱产业之一，并将其作为发展经济、增加财政收入的可行选择；企业认为医疗保健行业具有高投资价值，追求投资回报率；当地民众希望通过旅居康养消费带动旅游业等相关产业的增长，从而实现收入的增长。以居民医疗保健产业为抓手，解决了当地民众的就业问题，使他们获得了收入，实现了农村剩余劳动力转移到位，促进了当地剩余劳动力向非农产业转移、职业转型，提高了自身内生发展能力，进而实现了经济社会的转型和高质量发展。

纵观攀西民族地区旅居康养产业的发展历程和效果，旅居康养的综合效应在促进相关产业发展、增加人口就业、改善地方财政收入等方面发挥了显著作用；在旅游资源开发利用方面，攀西民族地区旅居康养经济产生的社会效应和生态效益十分可观。

从攀西民族地区住宅保健产业的效果来看，为满足大量游客"吃、住、行、娱、购、娱"等综合消费需求，资本、人才、信息、物资在保健小镇汇聚，促进了当地居民直接和间接参与住宅保健产业及相关产业。这不仅增加了个人和家庭的经济收入，也开阔了他们的视野，改变了他们的观念，提高了他们从事住宅保健行业的能力。攀西民族地区地方政府也通过旅居康养产业的发展增加了财政收入，为进一步完善区域基础设施建设和各项社会事业提供了财政资源，从而为当地旅居康养产业的创新发展提供了基础设施保障。随着攀西民族地区旅居康养产业的快速发展，攀西民族地区居民保健经济和非农就业迅速增长，第三产业就业占总人口的比重也显著提高，"从 1999 年的 2.95% 上升到 2020 年的 10.56%"①。攀西民族地区产业结构的变化与区域资源禀赋结构相一致，有利于该地区旅游资源的开发，构建以旅居康养产业为主导的泛旅游产业体系，能提高旅居康养小镇建设质量，满足人们强烈持续的消费需求，实现旅居康养小镇的可持续发展。研究表明，随着中国城市化进程的加快，旅游业作为第三产业中最具活力和潜力的朝阳产业之一，具有广阔的发展前景，在区域经济社会发展中发挥着重要作用。同时，旅居康养产业具有广泛参与性、服务性、文化性的特点，吸引了攀西民族地区民众的加入，以自身的技术和民族文化资源优势为游客提供旅游产品和综合服务。这不仅为当地民众带来了经济收入，也增强了本民族优秀传统文化资源的价值认同及本民族的自豪感。基于以上研究成果，促进攀西民族地区旅居康养产业健康稳定发展，可为其他民族地区乃至全国旅游及相关产业的发展提供示范。这主要体现在两个方面：一是攀西民族地区民众通过参与旅居康养产业及旅居康养产业体系的分工合作，展示和实现自身的社会价值，提升自身的内生发展能力，为旅居康养产业的创新发展积累良好的人力和社会资源；另一方面，当地民众积极参与当地社区建设，提高了自身素质，增强了自我认知能力，促进了当地经济社会的全面、协调、可持续发展。另外，通过参与旅居康养产业，当地民众对民族文化资源的价值有了坚定的信心，更有动力去发掘、传承、保护和发展本民族优秀文化资源。总之，攀西民族地区具有特殊的地理区位，开发打造旅居康养小镇，事关攀西民族地区经济的发展及产业结构的升级；事关攀西民族地区民众收入的高低，事关社会各项事业的发展；事关其能否和成渝地区发展构成互补协同；事关攀西民族地区实施乡村振兴战略的效果。

4.3.1.2　攀西民族地区推进康养小镇建设的社会意义

进入新时代以来，攀西民族地区旅游经济已进入高速发展期，但仍有基础设施落后和生态环境恶化等问题存在。随着攀西民族地区城镇化的推进，各行业呈现多元化发展态势，旅居康养产业已成为区域内城镇化最主要的驱动产业。攀西民族地区旅居康养经过几十年发展，为该地区带来发达地区的发展新思路，加速了经济与各项社会事业的蓬勃发展。

---

① 由攀枝花统计年鉴及凉山州统计年鉴整理得出。

（1）攀西民族地区经济社会发展状况

攀西民族地区经济社会的发展可以从当地的教育、医疗等方面看出来，旅居康养业推动了当地民众生活方式的转变。随着游客的涌入，综合消费需求持续旺盛。为了满足游客的需求，当地政府和民众加大了在教育、医疗、交通基础设施、应急管理等方面的投入，不仅满足了外地游客的休闲消费需求，也促进了攀西民族地区的社会发展。同时，人们对生活品质有了更高的要求，旅居康养经济成为新时代旅游产业发展的重要方向。随着旅游业的快速发展，攀西民族地区经济社会发展水平迅速提高，交通运输状况明显改善，医疗卫生条件得到改善，学校数量、在校生人数、专任教师数量明显增加，社会公共服务供给能力明显提升，为满足外地游客强劲持久的消费需求提供了可靠的硬件保障，同时也为攀西民族地区旅居康养小镇的可持续发展提供了支持。在旅游业蓬勃发展的今天，旅居康养产业作为第三产业的重要组成部分，已成为推动乡村振兴战略实施的新引擎。

随着攀西民族地区旅居康养产业的蓬勃发展，其外部性逐渐凸显。产业效应、相关溢出效应、集聚效应、扩散效应的综合作用，为攀西民族地区带来了可观的财政税收收入，提高了政府的民生改善水平，增强了其发展社会事业的能力，因此，对促进区域经济社会快速健康发展具有积极作用。同时，攀西民族地区社会发展水平提高，社会民生产品综合供给能力增强，不仅方便了当地群众，也在一定程度上为外地游客的出行带来了便利，客观上满足了外地游客的综合旅游消费需求，并与攀西民族地区旅居康养产业的不断发展形成了良性循环，进一步增强了区域旅居康养产业的可持续性。

（2）攀西民族地区的社会治理能力

随着攀西民族地区经济社会的快速发展，攀西人民的文化水平和文明素养得到提高，社区参与意识和能力增强，对外视野更加开阔。随着经济社会的日益发展和人民物质文化需求的日益增加，传统的社会管理模式已经不能适应新时代的要求。与此同时，随着城市化进程的加快，城乡差距逐步拉大，农村剩余劳动力向城市转移的速度不断加快，城市基础设施建设的投入加大，城市居民的生活方式也在发生变化。社会利益日益多元，利益诉求日益多样，民众对政府能力的期待不仅体现在促进区域经济社会发展，同时也期望政府能够提供更高质量和更有效的公共服务。

攀西民族地区政府在社会治理方面面临更多考验，优质高效的公共服务能力与人民群众对公共服务的需求之间缺乏协调衔接。针对这一问题，首先，可利用大数据和云计算的最新发展，创新社会治理体系，积极鼓励和支持游客、当地民众、党政、旅游经营者等多个主体参与当地社会治理。其次，利用各方参与形成合力，构建政府、市场、社会等多元主体的和谐社会治理模式，形成"党的领导、政府负责、社会协作、公众参与、法律保障"的治理体系，完善当地治理体系和治理能力，促进公共服务完善、社会治理创新等方面的发展。最后，应有效提高本地区社会治理和社会突发事件应对能力，要以新发展理念为指导，坚持党的领导，加强党组织领导。

随着国家大力实施乡村振兴战略，旅游业作为农业农村发展的重要支撑，对实现农村农民共同富裕具有十分重要的意义。攀西民族地区地处经济欠发达地区，公共服务质量和社会治理水平相对滞后。攀西民族地区康养小镇建设对于聚集人口信息和资源、公众积极参与社会治理提出了要求。同时，外来游客的涌入有助于促进主客之间的沟通与交流，有利于当地人学习发达地区社会治理的先进经验和有效做法，并积极应用于本地区的社会治理实践，从而促进本地区社会治理体系和治理能力的现代化。通过对旅游地居民的问卷调查和分析，研究团队发现，居民对旅游地社区的参与度较低，这在一定程度上阻碍了当地的社会治理。提高攀西民族地区的社会治理能力，不仅可以提升区域的社会治理水平，而且可以为攀西民族地区旅居康养产业创新发展和康养小镇建设提供稳定有序的社会环境。

攀西民族地区旅居康养产业的发展，不仅促进了当地旅游经济和相关产业的转型升级，也增加了政府的财政收入，提高了政府提供社会公共服务的能力；同时，也为地方政府部门改进工作方法、提高工作效率提供了契机。外部世界的思想观念也为当地人更新观念、增强参与社会事务的能力提供了机会。外地游客的涌入也使其成为区域社会治理的重要意见群体和参与者。由于缺乏有效的沟通机制和协调措施，该地区的社会治理存在诸多问题。在攀西民族地区党委的领导下，在中央政策的激励和支持下，多主体参与协商互动的社会治理模式将是攀西民族地区社会治理的最重要方式，有利于提高区域社会治理水平和能力，构建现代社会治理体系，实现本地区各民族和谐共处、长治久安。

4.3.1.3 攀西少数民族康养小镇发展的生态意义

攀西民族地区自然资源丰富，生物多样性丰富，物种独特。它是全球生物多样性热点地区，也是中国生物多样性保护的重点地区之一，拥有许多国家级和地方自然保护区。随着社会经济的快速发展和人口的不断加大，人类对自然资源的利用强度不断增加，造成了严重的生态环境破坏。由于攀西民族地区是多个地质板块的组合，地质活动频繁，地形地貌复杂，垂直气候和植被分布形式多样，生物多样性类型丰富，垂直差异突出，生态系统类型复杂多样，因此其是中国典型的山地生态脆弱区。几千年来，攀西民族地区以郁郁葱葱的原始森林、辽阔的高山草甸和永不停歇的金河而闻名，形成了天然的生态安全屏障和支撑成都平原发展繁荣的重要水源地。同时，攀西民族地区按照国家功能区划，承担四川、长江上游和国家生态安全屏障区域的优化开发工作，注重区域协调发展在环境支撑中的作用。其地理位置十分重要，对做好生态保护和建设具有重要意义。

攀西民族地区是中国主体功能区规划的限制发展区和禁止发展区，是四川省生态脆弱区和生态功能区。该地区海拔差异大，山势险峻，草木稀疏，雨热同季，暴雨发生频率高。地质条件不稳定，常发生泥石流、山体滑坡等地质自然灾害。与此同时，人口的增加、过度开发和严重的森林砍伐，破坏了生物系统的完整性，降低了生态系统的多样性，导致生态系统非常脆弱，难以恢复。由于历史上人为的、不合理的开发活动，当地生态环境恶化，严重制约了攀西地区的可持续发展。

4.3.1.4 攀西民族地区康养小镇构建的民族文化意义

文化多样性不仅是人类社会发展的动力和源泉，而且是人类文明发展到一定阶段的标志。文化的传承与创新不仅关系到国家的经济建设、政治稳定和民族团结，而且对促进世界和平有着深远的意义。一个民族区别于其他民族的根本原因是其独特的民族文化。在全球化迅速发展的今天，对民族地区来说，少数民族自身所拥有的差异性、独特性、多样性的民族文化资源和地方知识体系，是少数民族自身极具竞争力的资源，也是全球文化多样性不可或缺的组成部分。任何国家要适应全球化趋势，在全球市场竞争中立于不败之地，都必须开发和利用本国独特的文化资源和本土知识体系，充分发挥文化多样性优势，积极参与全球市场竞争。这也是少数民族地区实现现代化的必然选择和迫切需要。民族地区区域健康协调可持续发展不能单靠外力推动，必须从民族自身寻找内生增长动力的源泉。这个源头就是对民族独特文化资源的传承、保护和发展。

4.3.2　攀西民族地区发展康养小镇的必要性

攀西民族地区的自然环境、地理位置、民族地域文化、民族功能划分、资源禀赋等都很特殊。旅游业的发展与城市化是天然耦合的，两者相互促进。攀西民族地区特殊的地理环境和人力资源非常适合发展建设旅居康养型小城镇。因此，发展优势和特色产业，实现攀西民族地区民众就地城镇化，成为当地政府和人民的最佳选择。就地城镇化有利于留住乡村精英，促进攀西民族地区传统文化传承，保护生态环境，实现乡村一体化治理，实现人民共同富裕，从而实现全面振兴，增强当地民众的幸福感和获得感；有利于增强地方经济发展活力，促进社会和谐稳定。

（1）从生态环境维度上看

攀西民族地区地处山地向平原过渡地带，地质活动活跃，生态脆弱，易破坏，难恢复。金沙江、雅砻江、安宁河、长江上游是成都平原成为天府之国的基础，也是成都平原周边许多城市重要的水源。其战略意义和重要意义不言而喻。

攀西民族地区重要的生态环境和现状，意味着在当地进行大规模的工业建设是不现实的。与此同时，以大规模工业化为支撑的城镇化模式与当地生态环境的实际情况不符。只有大力发展生态旅游，才能将当地的资源优势转化为经济优势，从而实现可持续发展。因此，在攀西民族地区经济和社会发展中，要依托当地的优势和特色资源，大力发展特色产业，即大力发展旅居康养产业，打造康养小镇，这是当地党委、政府和民众利用当地特色优势和资源的重要实践。因此，在生态环境条件约束下，选择以旅居康养产业为驱动的城镇化发展路径，也是最适合当地的发展路径。

（2）从全国主体功能区规划的层面上看

从国家主体功能区规划和政策文件中，我们了解到攀西民族地区主体功能区划分为禁止发展区和限制发展区，肩负着保护生态环境的使命。这些地区不仅面临着生态环境恶化的问题，还面临着严重的工业化和城市化进程所带来的环境污染和社会经济发展滞后的问题。此外，在限制开发区和禁止开发区，严禁或限制以工业和生产为驱动的大规模城市化，并对重点生态功能区进行特殊保护。这些地区人口多、经济不发达、生态环境敏感，面临的问题特别突出。由于其生态系统脆弱，生态功能尤为重要，资源环境承载能力不强，一旦遭到破坏，恢复极其困难，不具备大规模工业化带动城镇化的条件，因此，攀西以工业为驱动的大规模工业化和城市化受到中央和地方政策的严格限制。它的主要功能是生产和供应生态农牧业产品，以及大城市群其他居民所需的生态产品。大力发展本地区特色优势产业，实现与大城市群的产品和功能互补和互联互通，促进协调发展，是其必然选择。

（3）从资源禀赋维度上看

攀西民族地区的自然景观丰富多彩，有高山峡谷、草原，以及多种动植物资源。因此，发展山地生态旅游已成为当地经济发展和生态环境改善的必然选择。另外，攀西民族地区文化旅游资源丰富，民族文化独特多样，表现形式差异较大，具有较大的旅居康养发展价值。

近年来，随着共建"一带一路"倡议和攀西民族地区大开发的深入，攀西民族地区文化旅游的发展已成为拉动攀西民族地区经济增长的新引擎之一。同时，攀西民族地区在历史上也一直是多民族共存、和谐共处的地区，文化多样性差异无处不在。攀西民族地区开发利用的风景名胜区类型丰富，有世界自然遗产、世界地质公园、国家级风景名胜区、区域性精品旅游景点等。现已形成区域旅居康养品牌，认知度和美誉度较高，旅游吸引力不断增强。旅居康养产业的发展已经初步成型，旅居康养产业进一步发展的基础良好。

（4）从康养小镇发展的基础维度上看

攀西民族地区的城镇经历了几次变化。最初，城镇的建造主要是出于军事防御和政治治理的需要。这些城镇在当时的社会发展中发挥了非常积极的作用，成为当地人民生产生活的中心。新中国成立后，该地区很多地方主要从事采伐森林和钢铁、采矿等重工业。上庄镇、大田镇等镇是重要的基地。以水电等高耗能产业为主导产业的小镇，如米易国际养生小镇、牛石养生小镇、聚切养生小镇、仁和浦大阳阳光国际养生度假村等。脱贫攻坚以来，凉山州多地实施搬迁，外援力量强力介入，为当地政府和民众改善城镇基础设施提供了难得的机会。通过外部援助力量的资金、技术和人力，该地区许多保健城镇的基础设施得到了极大改善。与此同时，不少城镇也借着改造的契机实现了产业转型，而产业转型必然会促进城镇性质的转变，于是涌现了许多旅游小镇，如宁南县开地拉拉温泉养生小镇、新月园慧养生小镇等。

凉山州康养小镇率先开展"全域"建设发展，旨在打造精品路线，促进区域联动。凉山州康养小镇的发展已经基本形成了各具特色的格局。在外援力量的帮助下，区内不少城镇的基础设施得到了完善，为凉山康养产业提供了旅游产品的生产能力，提升了养生产业的质量，改造升级了硬件基础，为康养小镇的可持续发展奠定了基础。

4.3.3　攀西民族地区康养小镇持续发展的动力机制

只有通过作用于当地民众和游客两类主体，才能实现推拉效果，形成推拉动力，从而推动攀西民族地区旅游小城镇的可持续发展。推动力产生于该地区民众，拉动力主要由大城市群游客旺盛的康养旅游需求引起。两类主体的各自需求互补衔接，共同产生推拉动力，驱动该地区康养小城镇可持续发展。

攀西民族地区康养小镇持续发展的动力主要有推动力和拉动力两类。推动力包括精神心理推动力、政策推动力、产业推动力，其中精神心理推动力是根本推动力，政策推动力是外在推动力。拉动力包括集聚效应、关联带动效应、辐射扩散效应等。精神心理推动力是攀西民族地区民众对现代便捷幸福生活的向往和追求，政策推动力则是地方政府在政绩驱动下，制定旅居康养政策，治理有效的康养小镇软环境的推动力。产业驱动力是攀西民族地区康养小镇建设的直接动力。同样，在拉动力方面，主要由游客对旅居康养等消费的强烈需求带动，刺激旅居康养产品生产和供应的扩大，带动旅居康养行业的不断发展。

4.3.3.1　攀西民族地区康养小镇持续建设的推动力

攀西民族地区自然地理环境多样，气候复杂，河流纵横交错，耕地资源稀缺，无法发展现代大规模农业产业。在国家功能区划中，大部分区域属于禁止发展区和限制发展区，是国家重要的生态屏障和水源地，具有涵养水源等诸多生态功能，肩负着国家生态环境保护的重任。因此，大规模工业化并不能带动城市化。此外，国家实施生态保护和恢复政策，实行退耕还林还草，通过国家生态补偿政策限制该地区发展路径的选择。攀西民族地区旅游卫生资源丰富，发展旅游卫生产业具有比较优势。在政府的指导下，区内人民开发旅游资源，发展旅游产业，共享旅游与健康发展的红利，推动旅游业与其他产业的融合发展，进而推动就地实现城镇化。

攀西民族地区保健小镇可持续发展的动力是人民共享改革发展成果的需求，是人民对现代幸福的向往和追求。攀西民族地区人民对幸福的追求，对旅居康养产业发展的广泛参与和持续受益，对旅居康养产业发展成果的共享，是攀西民族地区经济蓬勃发展的根本动力，从而形成了该地区保健小镇可持续发展的动力。

攀西民族地区康养小镇可持续发展的驱动力是政府的政策驱动。各级政府在政绩激励下，落实了各自职能，实现了富民的目标，确保了本地区经济和社会稳定。政府还实施了发展旅游保健产业的政策，客观上激励和带动了攀西民族地区旅居康养产业的发展，从而形成了攀西民族地区旅游产业乃至保健小镇发展的外部政策驱动力。在政府的鼓励和支持下，攀西民族地区的人民开发了他们的旅居康养资源，从而推动了康养小镇的可持续发展。

4.3.3.2 攀西民族地区康养小镇建设的拉动力

攀西民族地区康养小镇可持续发展的拉动力是政策驱动力。各级政府实施了各自的职能，以绩效为动力，确保了该地区的经济和社会稳定，并实施了旅游和康养产业发展政策，这从客观上激励和驱动了攀西民族地区旅游和康养产业的发展，从而形成了外部政策驱动力对旅游业乃至攀西民族地区康养小镇发展的拉动力。攀西民族地区旅游数据表明，旅游收入及旅游人次连年递增。每到节假日，辖区内各个旅游景区的游客资料也印证了人们对旅居康养的消费需求越来越强烈，旅居康养的消费体量在逐年增加。

受旅居康养大众化以及后现代消费文化的冲击，成渝城市群市民对旅居康养的需求与日俱增。生态产品对于旅居康养者来说，意味着回归自然，身心舒畅，从而催生出体量巨大的旅居康养消费群体。随着旅游产业发展水平的不断提高，区域的交通条件得到改善。攀西民族地区紧邻成都、昆明，区位优势突出，沪昆高速、成昆高速铁路已通车至西昌，外部交通状况好转；内部交通状况亦在整体提速。与此同时，攀西民族地区的民族文化也源远流长，有着鲜明的特点，民族文化旅游资源具有多样性。此外，由于地理位置特殊，随着交通条件的改善，旅游业发展潜力巨大。辖区内气候立体性显著，旅游产品丰富多彩，能吸引到不同旅游消费群体。大城市居民对旅居康养的强烈消费要求、攀西民族地区优越的区位优势、旅居康养的资源优势等因素共同带动了攀西旅居康养产业的发展。因此，在大力发展旅游业和推动康养小镇建设过程中，应该将旅游业作为重要支柱产业来培育，为攀西民族地区旅居康养小镇的可持续发展提供直接拉动力。

随着攀西民族地区旅居康养产业的蓬勃发展，当地政府高度重视，制定相关发展战略，逐步构建旅游旅居康养产业体系，实现与周边农村的有机融合，游客数量大幅增加，旅居康养活动产生的经济效益和社会效益也逐渐凸显。同时，旅居康养活动强烈的季节性特征对当地旅游业的影响是显著的。它催生了更全面的消费需求，吸引了更广泛的市场要素聚集，也有助于改善健康和休闲设施。旅居康养产业还将带动攀西民族地区农牧业产业、传统手工业、民族文化产业等产业的发展，以旅居康养为核心产业，形成关联产业，并进一步产生关联带动效应。当旅居康养产业发展到一定程度时，辐射效应便会显现出来，即辐射带动周边旅居康养目的地居民等市场要素参与旅游开发，进而提高当地旅居康养产品的生产和供应能力。因此，通过完善基础设施建设、培育市场主体、提高从业人员素质、加大资金投入等途径，实现"旅居康养"战略目标是可行的。旅居康养产业蓬勃发展所产生的集聚效应、关联带动效应和辐射扩散效应形成了巨大的驱动力，带动了攀西民族地区旅居康养小镇的持续发展。

（1）集聚效应

攀西民族地区旅居康养产业的集聚效应是基于该地区优质特殊的自然资源、民族文化资源等资源的形成。如前所述，攀西民族地区旅居康养资源丰富，具有地方特色。攀西民族地区的旅居康养产业一开始就是开发利用当地优质、特殊的旅居康养资源来吸引外地游客的。为了满足这些游客的旅居康养消费需求，攀西民族地区居民开始在目的地及附近地区从事旅居康养相关的生产和服务，提供旅居康养产品。但由于缺乏有效的组织和指导，也缺乏对自身利益最大化的认识，攀西民族地区很多规模小、无序的旅居康养企业相互竞争，难以形成规模经营。因此，政府有必要引导并逐步形成当地居民、外部投资者、当地政府旅居康养行政部门等主体向当地集聚，带来海量的人员、资金、事务、信息和各种市场要素。

在旅居康养产业成长发展的过程中，其集聚效应将日益明显，各种因素都会参与旅居康养产业的发展。旅游目的地与客源地之间的联系将越来越紧密。众所周知，旅居康养产业集聚效应的最重要条件是拥有配套的旅居康养基础服务设施。因此，旅居康养产业作为旅游与保健相结合的新兴产业，对于促进攀西民族地区经济发展具有重要意义。为了满足游客旅居康养消费需求，完善旅居康养小镇的基础设施，提升攀西民族地区旅居康养产业的吸引力和竞争力，当地政府在人力、物力、财力上都下了很大的功夫。游客旅游消费需求的不断增长，带动了旅居康养产品生产供给体系的更新，引领了旅居康养产业结构的升级，促进了旅居康养产业链的延伸，并以旅居康养为中心，各种新的生产服务要素层出不穷，以旅居康养小镇为平台推广各类产品，提升自身价值，实现攀西民族地区旅居康养产业集群的形成，从而更有效地发挥旅居康养产业的集聚效应，带动攀西民族地区旅居康养小镇的可持续发展。

（2）关联带动效应

旅居康养产业作为综合服务业，其关联产业非常广泛，其关联带动效应已在国内外理论和实践中得到验证。旅游目的地成为吸引游客进入、实现消费目标的关键点。每增加一个直接的健康和休闲产业，就会增加五个间接的健康和休闲产业机会。因此，研究旅居康养产业链对推动攀西民族地区乡村旅游发展具有重要意义。旅居康养产业涵盖"衣、食、住、行、购、娱、商、学、务、文、教"等诸多要素。交通运输业、餐饮产业、住宿产业、特色生态采摘农业、旅居康养特色手工艺品加工、旅居康养演艺产业、体育康养产业、生态康养产业等各类关联产业，不仅可以延伸旅居康养产业上下游产业链，还可以拓展旅居康养产业边界，以"农旅融合"为第一产业，实现"因旅游兴旅游"的目标；对于第二产业，采用"产旅融合"的方式，实现"因旅游而出名旅游"的目标；对于第三产业，也实现了"因旅兴旅"，人、资、物、信息等经济要素向旅游产业及相关产业集聚的整体效应，有利于攀西民族地区旅居康养产业集群的形成和发展。打造旅居康养小镇，提升自身价值，形成攀西民族地区旅居康养产业集群，从而更有效地发挥旅居康养产业的关联带动效应，带动攀西民族地区旅居康养小镇的可持续发展。

（3）辐射扩散效应

在旅居康养产业的初级阶段，人、资、物等经济因素决定了这些因素首先聚集在旅居康养目的地附近，集聚效应起决定性作用。随着当地旅居康养产业的发展，旅居康养小镇集聚效应的范围不断扩大，并向周边落后地区形成辐射扩散效应，促进了各种生产要素从增长极向周边地区扩散，从而形成了与旅居康养目的地距离不同影响程度不同的趋势。旅居康养产业发挥着"辐射扩散效应"的作用，带动旅居康养目的地附近偏远地区的居民主动或被动地参与旅居康养产业的发展，从而推动城市化进程，不断提升区域旅居康养城镇化水平和质量，为区域旅居康养小镇健康持续发展奠定基础。

综上所述，推、拉两种动力共同发挥作用，驱动引领着攀西民族地区康养小镇的持续发展。

5 攀西民族地区人才振兴

乡村振兴，关键在于人才振兴，只有人才才能带动乡村经济的有效发展。习近平总书记指出，发展是第一要务，人才是第一资源。要重视乡村人才的培养，要把乡村人才振兴落实到实践当中，培育新型农业经营主体，在人才的带动下促进乡村经济的快速发展。培养更多更优秀的乡村人才是实现乡村振兴的必由之路，只有在乡村产业和人才的推动之下，才能实现农村产业结构的调整和优化，实现农村资源的最优配置，激活农村发展的内生动力，从而促进农村经济和社会的有效发展。

5.1 攀西民族地区人才资源的现状

人才资源受区域、教育、传统等因素的影响，有着自身的特征。要研究攀西民族地区人才振兴问题，首先，要深入调查了解其现状，分析其特征；其次，基于人才振兴制定出切实可行的人才政策，确保政策能够在实践中落实。唯有如此才能够实现攀西民族地区人才振兴的目标，为攀西民族地区乡村振兴注入活力。

5.1.1 攀西地区人力资源的素质特征

人力资源是一个国家或地区经济发展的动力。一个地区的人力资源质量越高、规模越大，对经济发展的动力就越足。衡量人力资源整体素质的指标是多方面的，包括教育水平、综合技能和身心健康程度等。通过对攀西民族地区人力资源的实地调查和分析，可以看出攀西民族地区的整体教育水平相对较低，整体素质不高，大部分劳动力属于低层次劳动力，高层次和技能型劳动力的比例相对较低。

5.1.1.1 人口的整体素质较低，文盲、半文盲人口比例较高

课题组在调查中发现，攀西民族地区人口整体素质不高，文盲和半文盲人口所占比重比较高，文化程度从整体上看属于偏低状态。一个地区的人口文化程度是衡量人口文化素质的主要指标，攀西民族地区居民受教育程度低、文化水平低是当地人口素质的主要特点。第七次全国人口普查数据显示：2021 年，当地 15 岁以上人口中，有 22.69% 的人口属于文盲和半文盲人口，而全国同期这一指标为 13.68%，说明了攀西民族地区这个指标超出了全国 9%，也说明了当地人口文化素质偏低，不利于当地社会经济的发展。和全省平均水平相比，攀西民族地区人口受教育程度也处于偏低状态，低于全省平均值。

根据上述分析可以看出，攀西民族地区人口受教育程度比较低，文盲和半文盲所占比重比较高，因此，当地政府应该强化九年义务教育，开展多种形式的脱盲活动，帮助青少年特别是女性青少年进行学习，提高他们的文化程度。

5.1.1.2 人均受教育年限较短，人口知识结构不合理

针对受教育年限、知识结构的调查，攀西民族地区人均受教育年限比较少，知识结构不合理，大多数人口都是初中及以下文化水平，只有少部分人口达到了高中以上的水平。重庆、四川、贵州、云南和西藏等省份，就业人口高中以上文化水平的在 15% 以下，而攀西民族地区的这一指标只有 1%。攀西民族地区就业人口中只有 2.33‰ 的人接受过就业培训，而全国这一平均水平为 5.4‰，说明当地就业培训力量薄弱，大多数就业人口没有经过培训，缺乏技能，因此只能从事低端的工作。

5.1.1.3 人口的健康状况和卫生指标低于全国平均水平

针对人口健康和卫生状况，和四川省平均水平相比，攀西民族地区居民的这些指标处于偏低状态，当地人口疾病率比较高、寿命相对比较短，说明当地预防保健工作还存在不足。针对平均预期寿命的调查，根据全国第 7 次人口普查数据，凉山州彝族人口平均预期寿命偏低，和全国人口预期寿命这一指标相比，前者低了 4.24 年。

针对公共卫生资源和基本医疗卫生服务的调查，攀西民族地区在这方面的可得性比较差，和其他地区相比，产出效果一直偏低。比如，2021 年的每万人口医院床位数这一指标北京为 5.27 张、上海为 4.89 张、凉山州为 2 张。再比如，每千人口医生数量，北京为 4.27 人、上海为 3.85 人、

凉山州不足 2 人。农村饮用自来水覆盖率这一指标，成都达到了 57.8%、绵阳达到了 52.8%、凉山州只有 6.9%。再比如，农村家庭人均医疗保健支出，成都、绵阳和凉山州这一指标分别为 380 元、380 元、116.5 元。从上述指标可以看出，攀西民族地区在卫生资源和医疗保障等方面都处于偏低状况，当地农民支付医疗费用的能力不足。

5.1.2　攀西民族地区人力资源的利用状况

5.1.2.1　就业率与失业率的比较

课题组对攀西民族地区就业率和失业率的调查发现，攀西民族地区人力资源的前一个指标（就业率）相对偏低，后一个指标（失业率）相对偏高。一般情况下是用总人口就业率这一指标来衡量人力资源的利用效率。调查数据显示，和四川省平均水平相比，攀西民族地区大多数县乡的总人口就业率这一指标处于偏低水平。

据四川省市城镇失业率的调查，2020 年，在全省登记失业人口中，攀西民族地区的失业人口所占比重为 5.7%，具体人数为 35 万人左右；在全省下岗未就业人数中，攀西地区的这些人员所占比重为 5.3%，具体人数为 18.9 万人左右；在全省实际失业人数中，这一地区的这些人员所占比重为 5.7%，具体人数为 27.8 万人。根据上述数据可以看出，攀西民族地区失业率一直偏高，超过了四川省平均水平，因此失业问题一直是当地人力资源管理的重点。

5.1.2.2　人力资源在产业中的分布

人力资源是影响三大产业发展的最关键因素，而人力资源的一个重要组成部分来自农村劳动力，劳动力的配置比例会直接影响到当地经济的发展。课题组在调查中发现，和全国劳动力配置比例平均水平相比，攀西民族地区的这一指标一直处于偏低状态。从四川省第一产业从业人员所占比重的平均水平来看，凉山州的这一指标显然偏高，大多数劳动力都从事第一产业。和全国平均水平相比，凉山州的这些指标高出了 20% 以上，说明当地第一产业劳动力人口所占比重非常高，第二、第三产业劳动力所占比重比较低，也间接反映了当地产业结构不合理，产业主要集中在农业方面，工业和服务业发展比较缓慢。

从业人员城乡分布的调查结果显示，攀西民族地区农业人口大多数分布在乡村，特别是凉山州，城市人口所占比重比较低，其中越西、昭觉、木里、金阳等县市乡村从业人口所占比重超过了80%，说明当地人力资源主要来自农村劳动力，农业劳动力资源比较丰富，其他产业劳动力资源相对偏少。从整体上看，攀西民族地区人力资源数量、质量均存在不足，结构不合理，实际生产效率比较低，影响了攀西民族地区经济的有效发展。

5.1.2.3 农业劳动力资源无序流动现象普遍

课题组对农业劳动力资源流动情况的调查显示，无序流动现象在攀西民族地区非常普遍，跨省（区）流动现象更是常见，不同地区流动的程度有所不同。凉山州人力资源数据显示，2018 年，攀西民族地区有 56 万左右的农村劳动力属于跨省（区）流出，在当地总人口中所占比重为10.1%，说明凉山州劳动力流出是普遍现象。从攀西的劳动力流出情况来看，几乎是无组织自由流动，要想实现人力资源的有序流动，可以建立流入流出机制对此进行规范；也可以通过培育出更多的产业，实现人力资源的合理配置；还可以通过优化人力资源结构，实现人力资源的有效流动，创造出更多价值；或者通过人力资源认证制度、培训制度、激励机制等，来提高人力资源质量，鼓励他们为当地经济发展做贡献，促进当地经济的稳健发展。

根据上述分析可以看出，攀西民族地区人力资源比较丰富，虽然数量多，但是质量并不高，人力资源比较优势没有得到充分发挥，反而让当地面临巨大的人口就业等方面的压力。人力资源质量不高的原因有多方面，比如投资开发力度不足、配置不合理等，可以通过建立有序的配置机制等为攀西民族地区的发展提供人才支持。

5.2 攀西民族地区人才振兴的重要性

党和国家始终高度重视民族地区的发展，推出了一系列政策，为培育和振兴民族人才创造了政策环境。只有培养更多的人才，提高民族地区人才的比例，才能促进民族地区经济的可持续发展。近年来，随着国家对民族工作的不断重视，民族地区的各项工作取得了显著成就。实践证明，经济发展的关键是人才，民族地区的可持续发展必须有大量的人才作为支撑。因此，加强民族地区人才的培养和配置十分重要。由于各种因素的影响，攀西民族地区经济发展缓慢，整体经济状况与四川其他地区相比较为落后。攀西民族地区党委和政府充分认识到攀西民族地区的实际情况，进一步优化和完善了民族政策，重视民族地区人才的培养和管理，制订了适合当地的人力资源培训计划，使人才真正成为当地经济发展的驱动力。

5. 2. 1 人才振兴是实施乡村振兴的前提

党的十九大报告提出的乡村振兴战略，引起了学术界的广泛关注。以乡村振兴战略为中心，许多学者进行了广泛的研究。乡村振兴战略的内涵非常丰富，涵盖了产业振兴、文化振兴、人才振兴、组织振兴、生态振兴等诸多内容，其中以人才振兴最为重要。只有真正做到人才振兴，才能实现乡村振兴。人才是乡村振兴、提升国家综合实力的关键。人才是重中之重，是实施乡村振兴战略的前提。乡村振兴战略的实施需要大量高素质的人才，这也对人才培养提出了更高的要求。必须高度重视农村人才建设，为乡村振兴提供强有力的智力支持和人才保障。

5. 2. 2 人才是调动民族地区内生动力的关键

攀西民族地区实现乡村振兴，需要党和政府以及社会各界人士的大力支持。在国家各项优惠政策的扶持下，加上自身能力的不断提高，攀西民族地区的社会经济得到了全面发展。乡村振兴的动力来自内生动力。激发民族地区内生动力是乡村振兴战略的关键。人才是调动民族地区内生动力、实现民族地区发展的关键。有了人才，民族地区才能得到有效发展，因为只有人才才能更好地落实优惠政策，才能利用当地的资源优势生产和创造更多的经济价值。因此，要注重本土人才的培养及外部人才的引进，同时完善相关的制度保障措施。人才也是攀西民族地区加强对外合作，实现经济高效发展的关键。因此，在当前攀西民族地区大力推进乡村振兴的过程中，有必要重视民族地区人才的培养。通过人才扶持，挖掘乡村活力，培养一大批高素质人才，为攀西民族地区农村社会经济发展提供可持续的人才支撑，实现攀西民族地区乡村振兴的战略目标。

5. 2. 3 人才是乡村振兴的中坚力量

为实施《乡村振兴战略规划（2018—2022 年）》，各级政府要根据地方经济和社会发展需要，提出具体的人才政策，培养更多专业人才，为他们在促进区域高效发展中充分发挥作用创造条件。因此，如何提高人才的素质和水平已成为必须解决的重大任务。乡村振兴离不开人才。因此，在实施乡村振兴战略的过程中，更好地培养和充分利用人才是至关重要的。攀西民族地区要把人才振兴放在乡村振兴的首位，注重人才培养。尤其要注重培养本土人才。他们有发言权，因为他们生活在其中，了解当地少数民族的文化，有强烈的情感。因此，要重视对这类人才的利用和培养。

5.3 攀西民族地区人才振兴的指导思想及遵循的原则

人才振兴的理论研究主要集中在人才概念、判断标准和增长规律，以及发展投资等方面，这些理论都是在实践中产生的，是实践经验的总结。因此，在当前社会经济发展的背景下，有必要重视人才培养模式与产业结构调整的关系，科学有效地提高人才培养质量，提高人才的综合素质。从人才成长过程的角度，有必要对这一领域进行深入研究，分析人力资源开发和应用中的相关问题，制定科学合理的人才培养政策，对人才进行综合评估，以充分发掘人才的潜力，为社会做出更大的贡献。

5.3.1 攀西民族地区人才振兴的指导思想

实施人才振兴，离不开先进思想的指导，攀西民族地区要实现人才振兴，必须以习近平新时代中国特色社会主义思想为指导，制订人才振兴计划，确定人才振兴的目标。随着时代的不断发展，我国对于人才的要求越来越高，因此必须加强对这一方面的探索。在人才振兴进程中，必须始终坚持党管人才原则，必须注重党政人才、技术人才与管理人才培养等，以人才为依托，实现攀西民族地区的乡村振兴。同时，还要加强基层党组织人才队伍建设，完善相关政策体系，构建科学合理的人才培养机制，建立科学高效的人才管理机制，使人才能够充分发挥其作用。根据攀西民族地区"十四五"期间的发展规划，在人才的总量、质量、结构上都要完善，优化人事管理制度等，为人才发展创造良好环境，组建一支规模大、素质高的人才队伍，推动地方社会经济的高效发展。

5.3.2 攀西民族人才振兴要遵循的原则

攀西民族地区要实现乡村振兴，人才是关键。为了达到这一目的，应遵循如下三个原则：

（1）实现人才振兴和民族地区乡村振兴的协调发展。加强对乡村人才队伍建设，加大资金投入力度，建立一支高素质的新型人才队伍。党和国家为推进攀西民族地区经济社会发展，提出一系列发展举措，旨在使攀西民族地区经济实现历史性飞跃，而要实现这个飞跃，关键在人才。在攀西民族地区实施乡村振兴的规划进程中，必须将人才资源的开发与运用融入进去，在宏观层面与顶层设计上谋划人才振兴。一个地区要想实现长远的发展，不仅要注重物质资源的开发利用，而且应该注重人才资源开发。换言之，人才振兴与乡村振兴二者是互补的，只有做到了协调发展，才会收到明显的成效。

（2）坚持适度超前与可持续发展相结合。在攀西民族地区人才的开发利用中，一是培养人才。要大力培养本土人才，挖掘少数民族人才资源，使他们成为攀西民族地区乡村振兴的主力军。二是吸引外来人才。制定相关政策，吸引人才，鼓励全国人才到攀西民族地区创业，为人才成长提供一切可能的帮助。对于急需紧缺人才和高层次人才，可以采取招聘引进的方式。在此基础上，可以采取更多措施，加大政策支持力度，建立科学完善的人才培养体系，促进人才流动，让优秀人才脱颖而出，更好地服务攀西民族经济建设和社会发展。在实施人才振兴战略中，要注意与生态环境的协调，更好地发挥人才的作用，促进经济社会的可持续发展。同时还应考虑到，随着经济的不断发展，人才的振兴应该是可持续的。环境对人才的振兴也很重要。改善人才成长环境，更有利于人才的培养。攀西民族地区应创造条件，提供良好的人才发展环境，以达到振兴人才的目的。

（3）坚持以能力建设为核心要素，实现人才振兴。提高人才综合能力是培养人才的关键。建立完善的人才教育体系和终身教育理念是攀西民族地区振兴人才的关键和前提。此外，还要重视专业教育，提高人才的专业技术素质，提高人才的自主创新能力，全面提升攀西民族地区人才队伍的素质。

5.4 攀西民族地区人才振兴战略的价值取向

为更好适应经济社会高质量发展的需要，中共中央明确提出了人才强国战略，要求营造良好的人才发展环境，建设人才资源强国。实现经济社会高质量发展，必须大力扶持人才。因此，有必要加强攀西民族地区的建设。在国家精准扶贫和兄弟省份的大力支持下，攀西民族地区的发展速度大大提高。对此，要重视人才的培养和发展，加快振兴人力资源。随着时代的进步和科技水平的提高，各行业需要大量的专业人才。攀西民族地区地方政府要积极落实国家人才强国战略，以中央精神为指导，建立攀西民族地区人才评价体系，通过多种方式培养更多优秀人才，创建学习型攀西民族地区人才培养社会，让攀西民族地区发展得更快。

5.4.1 创新攀西民族地区人才工作的评价体系

攀西民族地区的人才建设应以习近平总书记的人才观为指导，借助各方面优势实现人才振兴。因此，对于攀西民族地区来说，加强自身建设是很有必要的。攀西民族地区应充分认清自身发展现状，在解放思想中加大改革开放的力度，以人才振兴为一切重心，为攀西民族地区造就高质量人才，为地方经济发展带来人才活力。同时，还要积极利用好自身资源，通过多种途径来促进当地教育事业的发展，提高人们的文化素质。

攀西民族地区政府为实现人才振兴做了大量工作，取得了一定成效。然而，面对乡村振兴战略的实施，人才培养还存在各种问题。面对来自各方面的挑战，旧的方法和旧的制度已经落后，不能很好地解决上述问题。只有改革创新，才能打破社会对人才发展的束缚，实现人才快速增长的目标。因此，要坚持党对教育事业的全面领导，把培养优秀人才作为一项重要任务。要树立符合时代特点的人才观，培养具有前瞻性观念的人才。同时，要加强宣传引导，让社会各界充分认识培养优秀人才的重要性。正确对待人才，坚持以人为本的原则，为每个人的成长和成功创造条件。同时，要注重培养少数民族干部，提高少数民族干部的能力和素质。建立健全人才工作机制，满足攀西民族地区的人才需求，具体包括建立人才培养、评价、选拔任用、合理流动、激励和保障等机制。其中，最重要的是人才保障机制。攀西民族地区政府要转变观念，结合当地实际，稳步开展人才建设，从而实现人才振兴的目标。

5.4.2 树立"人人可以成才，行行可以成才"的整体人才观

攀西民族地区要继承我国尊重人才的传统，必须正确对待人才，不能限制人才，只要能在岗位上有所贡献，就是优秀人才。我们要善于发现人才、培养人才、运用人才。在选拔人才的过程中，不能以学术头衔来判断，而必须充分考虑人才的真才实学。人才的成长不是一蹴而就的，需要不断学习和努力，只有经过长期的努力才能有所成就。"大人才观"强调人才的实践能力，其对象是所有社会成员。只要渴望成功，在实践中勇敢前行，为社会主义事业做出贡献的，就是优秀人才。这也是科学人才观的核心内容之一。因此，在新形势下，我们必须坚持和贯彻这一理念，把培养一大批优秀人才作为一项长期任务。攀西民族地区应确立正确人才观，具体要做到：

5.4.2.1 要打破传统狭隘的人才观，树立起人人都可成才的观念

"人皆有才"是中国自古以来的人才观，孟子、荀子等人都有论述，这些观点至今对后世影响广泛，仍然是一种科学的人才观。随着社会的发展和进步，各行各业对人才的要求也越来越高，要求员工不仅需要具备过硬的技术技能，还需要具备较强的综合素质。受市场经济等因素的影响，长期以来，人才与普通劳动者一直是两种不同的概念，前者只包括少数人，指顶尖人物、杰出人物。随着社会的快速发展，人们越来越重视各类专业人才的培养。而拥有特殊技能的普通人，则被归为非人才一类。因此，在衡量和判断人才时，必须突破狭隘的人才观，树立大人才观，坚持以唯物史观为依据，全面分析人才与普通劳动者的关系。只有区分两者，正确对待两者的区别，人们才能更好地理解人才与普通劳动者的区别，正确对待两者的价值。只有树立人人都能成为人才的观念，才能激励更多的劳动者去学习、去奋斗，让每一个劳动者都能通过自己的努力获得成功，成为对社会经济建设有用的人才。攀西民族地区乡村振兴需要各种各样的人才，包括高端短平型人才、象牙塔型人才、"土堆型"人才。只有人人都能成才，人人都有特长，才能产生巨大的发展力量，推动民族地区不断进步。

5.4.2.2 建立完善的人才标准

当今社会，人才是社会发展的动力，人才的发展是社会进步的重要组

成部分。事实上，攀西民族地区的发展需要各种人才的支持，并应建立完整的人才标准。第一，人才的标准要以攀西民族地区的具体需求为基础。结合攀西民族地区的现状，要选择有能力解决攀西民族地区所面临问题的人才。第二，人才标准要开放包容。在人才的选择上，我们不仅要注重学历和经验，更要注重人的潜力。我们不应该把选择局限于某一类人，而应该对所有有潜力取得成功的人开放。第三，人才标准要全面客观。在人才的选拔和评价中，不应局限于学历，还应考虑到综合素质，如道德操守、专业知识、社会经验等。只有这样做，我们才可以客观地评估一个人的潜力和能力。第四，定期更新人才标准。攀西民族地区的发展是一个长期的过程，其需求也会随着时间的推移而变化。因此，我们应该定期更新人才标准，以跟上攀西民族地区的发展需求。要促进攀西民族地区的发展，就必须建立完整的人才标准。只有这样，攀西民族地区才能吸引和培养人才，充分发挥人才潜力，促进当地乡村振兴。

5.4.2.3 创造更好的条件，让人人都能成才

成才之路是多元的，影响成才的因素主要有两个：一是自身因素，这是成才之本；二是外部条件，乃成才之要诀。这两大因素相互影响，相互促进。一般认为少数民族人才是指那些学历低、年龄小、没有文凭或无职称、工作年限短的人，他们不具备相应的专业技术职务资格，显然这种认识有很大的局限性。为此必须加强对人才资源的开发利用，创造一个有利于优秀人才脱颖而出的环境。具体要做到：一是注重人才的培养与开发，人只有通过不断学习，不断实践，才有可能获得知识、技能，提升自身能力，较好地满足社会发展需要。二是创造有利的外部环境，创造人才成才的条件。其中最重要的就是建立有利于人才健康成长的体制和政策。三是要加强教育培训，提高民族干部素质。同时，也要建立一套健全的激励机制，鼓励大家通过学习，勤奋工作，把自己培养成有用之才。四是要建立合理科学的考核评价体系，使每个人才都能得到充分展示自身才华的机会。

我们必须要坚持以人为本，树立正确的人才观，为优秀人才脱颖而出创造良好的条件，营造有利于人才培养的社会氛围，必须把人才培养作为一项长期任务来抓。攀西民族地区要实现高质量发展，必须大力引进各类优秀人才，尤其是高层次人才。但是仅靠少数的高层次人才，攀西民族地区的乡村振兴显然无法取得成功，同样也需要成千上万的高素质的普通劳

动者。在这个过程中，没有高素质劳动者，就不可能有更高的生产力水平，也无法实现农村农民共同富裕目标。因此，攀西民族地区要实现人才振兴，就要全面提高全体劳动者的整体素质，为攀西各族人民培养人才，对人力资源进行全面开发。

5.4.3　实施攀西民族地区人才整体振兴战略

当今社会人才的竞争愈加激烈，实现人才强国战略，关键在于多出人才、出高质量人才。谁拥有更多人才，谁就能在种种角逐中获得最终胜利。攀西民族地区实施人才振兴战略，必须积极主动地吸引人才，培育人才，必须在这方面把握主动权、话语权。为此，需要加强对攀西民族地区人才资源的开发与管理，制定出科学有效的人才规划，加大对人才队伍建设的投入力度。

为了促进攀西民族地区经济社会发展，必须重视农村人才队伍建设，加强少数民族干部的培养。多渠道培养更多少数民族干部。同时，要不断提高少数民族干部队伍的整体素质，加强对他们的思想政治教育，为他们提供良好的学习环境。只有培养一批能人，使他们成为少数民族的好干部，带领少数民族人民实现乡村振兴，促进攀西民族地区经济繁荣发展，才能使攀西民族地区人民安居乐业，增强攀西民族地区群众的获得感，实现攀西民族地区的跨越式发展。

攀西民族地区应以培养高层次人才为重点，根据当地实际情况制订完善的培养引进计划，为培养引进高层次人才创造良好的外部环境和条件。在提高人才队伍整体素质方面，可分为两部分：一是自主培养民族人才，强调培养攀西民族地区技能型人才、牧区新型实用人才、青年人才；二是积极引进国外人才，特别是高层次、稀缺性人才，以解决人才短缺问题。同时，要建立相应的机制，确保人才引进工作有序推进。在人才资源开发方面，应充分利用攀西民族地区现有资源，形成自下而上的组合式发展格局。引进和利用地方民族科技人才，充分发挥他们应有的作用。充分发挥国家和民族地区的双重优势，为攀西民族地区的人才创造良好的发展环境，从而更好地激励人才。应采取具体措施，实现攀西民族地区与发达地区的优势互补，完善相关制度，促进人才的流动和交流。具体而言，首先，省级部门要安排攀西民族地区与发达地区开展深度合作，搭建资源合作交流平台。其次，通过市场运作，有效整合两地的人力资源。利用西部少数民族地区的资源优势和市场优势，通过合作培育新的增长点，促进西部少数民族地区发展。最后，充分利用成都、绵阳等地的优势，实现优势互补，实现各自发展。一是通过对口支持，在政府的推动下，可以建立合作关系，这些发达地区可以通过人力物力资源帮助少数民族地区培养人才；二是通过市场运作，实现双方人力资源的有效结合，利用少数民族地区的资源和市场优势带动民族地区的发展；三是实现区域一体化。省级部门应出台相关政策，在全区域内建立一体化人才发展联盟，实现信息共享和人才共享，成员间也可通过优势互补实现共同发展。

5.5 因地制宜制定攀西民族地区人才开发规划

民族地区经济发展关系到少数民族群众的切身利益，要加大此方面的发展力度，就要培养更多的少数民族人才，实现少数民族人才振兴，但这一目标的实现有一个复杂的过程，需要循序渐进，但是也可以优先开发某些类型的人才，比如管理经营型、旅游管理型、农村实用型、高层次骨干人才等。

5.5.1 从实际出发制定攀西民族地区人才开发规划

攀西民族地区实施乡村振兴战略，需要充分利用自身比较优势，利用国家政策支持，形成自己独特的乡村振兴模式。攀西民族地区具有地理位置特殊、居住分散、资源丰富等先天优势，但人才匮乏，影响了整个地区的经济发展。攀西民族地区要实现乡村振兴，关键是人才振兴。攀西民族地区党委和政府要结合当地的实际情况，制定人才振兴的长远规划，为攀西民族地区人才培养发挥积极作用。同时，要注重引进高层次专业人才，加强专业技术人才培养，提高劳动者素质。在实施人才振兴战略时，应结合当地的实际情况，制定切实可行的人才发展规划。人才是第一资源，只有拥有优质的人力资源，才能促进地方经济的快速稳定增长和社会进步。攀西民族地区政府要重视人才发展规划，营造良好的人才发展环境，打造一支高素质人才队伍。

攀西民族地区正处于经济社会发展的关键阶段和实现地方现代化的关键时期。能否抓住未来 10 年的发展机遇，实现快速发展，关键在于人才。

这一时期乡村振兴战略能否实施，也要看人才。在当前的经济环境下，人才竞争十分激烈。攀西民族地区能留住人吗？能否有效激发优秀人才的创造力？能否吸引更多其他地区的高素质人才到攀西民族地区创新创业？这些都关系到乡村振兴战略的顺利实施。因此，如何做好新形势下的人才工作，对于加快实现乡村振兴目标具有重要意义。从攀西民族地区社会发展的内在需要看，当前攀西民族地区面临深刻转型，产业结构和经济结构升级转换，人才需求旺盛。在此背景下，能否有效吸引优秀人才，关系到攀西民族地区经济和社会发展大局。在人才发展规划方面，考验攀西民族地区各级领导集体的素质和能力。党委和政府能否凝聚人心，带领人民共同发展，是检验党的执政能力的关键。在人才队伍建设方面，必须高度重视人才培养。要按照科学发展观的要求，重视人才发展，树立以人才为中心的发展观，创造条件，培养人才，使人才得到充分发展。人才的建设和发展关系到经济社会的可持续发展，而人才队伍的建设是最重要的。如果"十四五"期间忽视人才培养和人才振兴战略的实现，就不可能培养出更多优秀人才，这将影响"十四五"规划的实施，不利于攀西民族地区乡村振兴战略的实施。因此，将人才振兴规划纳入攀西民族地区经济总体规划，从宏观上明确人才振兴的目标和方向，从微观上实施人才振兴规划，实现攀西民族地区的繁荣发展，是可行的。因此，要重视人才培养，采取科学有效的措施，增加少数民族人才的数量，为攀西民族地区实现农民和农村共同富裕打下坚实基础。攀西民族地区要结合人才发展制定切实可行的规划，明确人才培养的基本原则。在人才规划过程中，要广泛应用新发展理念、新人才观，具体包括以下三点：

5.5.1.1 贯彻以人为本的理念

发展的最终目的是实现人民幸福，发展的关键在于树立以人为本的理念。在攀西民族地区人才规划的过程中，应遵循这些原则，从宏观层面考虑以人为本的理念。因此，有必要制定适合攀西民族地区实际情况、服务攀西民族地区整体经济的人才培养方案，为攀西民族地区乡村振兴提供支持，采取切实可行的人才振兴措施。重点是在重点产业和支柱产业培养更多高素质人才，解决这些行业人才短缺的问题。同时，也要注重培养和引进地方少数民族人才，使他们充分发挥自己的才能，为整个地区经济社会发展的持续健康发展做出贡献。此外，要搭建各种职业平台，为少数民族人才提供充分施展才华的舞台，使他们实现自身价值，创造更大价值，为攀西民族地区乡村振兴做出应有的贡献。

5.5.1.2 坚持统筹兼顾整体推进

人才振兴内容广泛。在规划的过程中，要考虑到各方面的因素，采取综合的方法。因此，必须坚持新发展理念，并将其贯彻到经济社会发展的全过程。从人才振兴的重点来看，攀西民族地区人才振兴包括国有体制改革、非国有体制改革、城乡改革、广大牧区改革和城乡边远地区改革。因此，人才振兴需要兼顾多方面因素，人才振兴计划的重点应该放在如何做好人才引进和利用上。在人才规划的重点方面，必须结合攀西民族地区对人才的需求，根据当地社会经济的可持续发展情况，制定短期目标和长期远景目标，提高人才的综合素质，为攀西民族地区的乡村振兴提供更多的后备人才。对于高层次人才和各种特殊人才，要正确处理两者的关系，注重高层次人才的培养，在培养过程中注重其他领域各种特殊人才的培养。对于优秀人才，要加强教育培训，提高专业水平。笔者实地调研发现，在山区、牧区和偏远农村地区，人才严重短缺。要解决这些问题，需要采取一系列措施，一是建立完善的人才管理制度，优化人才结构，加强师资队伍建设，加大培训力度，拓宽就业渠道；二是引进人才。此外，要建立完善的评价机制，让优秀人才脱颖而出。同时，要处理好使用与评价的关系，在积极从外部引进人才的过程中注重现有人才的培养，为攀西民族地区的繁荣提供更多的人才支撑。

5.5.1.3 实现攀西民族地区人才振兴发展规划工作的创新

人才振兴规划关系到一个地区或者一个国家人才培养和管理方面的相关问题，要对传统的人才规划方式进行全面总结，分析其中的优劣势，然后在此基础上结合新时代发展的需求，实现规划工作的创新，攀西民族地区在人才发展规划过程中要通过创新，让规划工作上一个新台阶，具体应做到：

（1）根据攀西民族地区乡村振兴的需求进行规划，拟订人才振兴计划。人才振兴计划是针对某一领域而制订的专项计划，其内容应与经济社会计划相一致。通过制订科学的人才振兴计划，使当地的人力资源得到充分利用。攀西民族地区实施人才振兴计划，首先要考虑攀西民族地区乡村振兴和社会经济发展的需要，并结合市场规律，确定人才振兴的目标和方向。在尊重市场规律的基础上，制订切实可行的人才振兴计划。因此，在制订人才振兴计划时，要遵循市场经济的基本原则，以市场为导向，促进人才与产业的良性互动，促进人才与产业的相互促进、共同发展。在制订人才振兴计划时，要以市场为导向，按照市场经济原则开展工作。必须与市场机制相结合，以市场需求为导向，为人才振兴做出应有的贡献，打造国家人才资源队伍，促进攀西民族地区的农村振兴，促进经济社会发展。其次，在制订人才振兴计划时，要充分考虑其他专项计划，只有相辅相成、相互配合，才能最大限度地发挥其作用。此外，还应积极从外部引进人才，为攀西民族地区的繁荣发展提供更多的人才支持。

人才振兴方案要结合实际进行创新。我们要全面分析人才规划的传统模式，分析其优缺点，然后在此基础上，在规划工作中根据新时代的发展需要进行创新。从人才队伍建设的角度，我们需要全面准确地了解现有的人才情况，从而制定符合当地实际的人才战略。在制订攀西民族地区人才培养规划的过程中，要不断创新，使人才规划工作达到一个新的高度。

（2）处理好政府与市场的关系。在人才振兴计划制订过程中，攀西民族地区地方政府部门要摒弃包罗一切的心态，由政府来实施。市场是主体，政府可以通过制度和政策来规范市场，创造良好的人才成长环境，减少行政干预，只有这样人才规划目标才能顺利实现。此外，还可以在公共责任和制度方面进行创新，以实现人才高效增长的目标。为确保人才振兴计划的顺利实施，需要加强宣传，加大人才培养力度，提高人才素质。在攀西民族地区人才振兴规划的制定中，要不断引入创新发展理念、先进人才观，鼓励社会广泛参与，与更多的人才部门、经济部门、专业部门等开展协作。在制订方案之前要注重调研，只有获得丰富的一手数据，才能制订科学合理的人才振兴方案。计划实施后，要尽量收集信息，提供数据，分析计划实施的优劣势，为未来的人才振兴计划提供参考，也要推动地方人才振兴计划的质量。

（3）在人才规划的过程中，要突破传统思想的束缚。攀西民族地区的人才振兴规划应采取定性和定量相结合的方法，包括情况分析和任务评估。如果仅采用定性方法进行规划，计划结果会受到人为等因素的影响，影响计划结果的客观性和有效性，影响计划在实际工作中的指导作用。因此，我们应该尽量摆脱定性规划的弊端，尽量用具体的数字和数据来证明结论，这样更加客观。我们还可以完善地方人才统计体系，增加统计量，以获得更客观准确的信息和资料，然后构建模型，进行分析，对该地区人才规划的实施情况进行评估，根据存在的缺陷进行创新，增强人才振兴计划的有效性。

5.5.2　优化配置少数民族人才资源

在人才规划过程中，应遵循科学的原则，实现人才资源的优化配置，从而充分发挥人才的潜力，最大限度地创造价值。攀西民族地区的人才资源主要集中在州、市周边地区，人才分布相对均衡、合理。攀西民族地区政府部门要全面调研，统筹规划人才培养与发展，达到合理配置的目标，使人才优势得到充分发挥。通过制定政策制度，保证人才发挥最大作用，促进当地经济社会的快速发展。分步安排人才是政府人才管理部门的具体职能。人才的有效使用需要一系列措施的落实，包括政策措施。在微观层面，人才配置包含两个方面：一是市场配置，二是社会配置。对于前者，就是为企业和单位提供合适的工作岗位，通过竞争来确定人才的价值，从而与企业和单位的目标相一致。对于后者来说，是指个体根据自己的职业倾向主动选择适合自己的工作，主动寻求与自身发展相适应的机会，是个体在职业生涯中的自我实现。个体配置包括对职业方向、工作性质、能力要求等因素的认识和判断过程。个体配置使人才达到合理有序的流动状态，激发人才与社会接轨的主动性，使人才能够选择与自己匹配的工作，从而发挥自己的潜力。

基于以上分析，可以得出当前攀西民族地区的人力资源配置还远远不够。要优化人力资源配置，必须建立科学的人才评价体系，鼓励人力资源配置市场化。具体来说，应该利用个人配置来调整人力资源结构，满足第一和第二能力要求。个体配置使人才达到合理有序的流动状态，激发人才与社会接轨的主动性，使人才能够选择与自己匹配的工作，从而发挥自己的潜力。同时，政府应在人力资源配置中发挥主导作用，鼓励社会组织参与人力资源配置。最后，政府应提供必要的指导和支持，促进攀西民族地区人力资源配置的健康发展。从这个意义上说，攀西民族地区目前正处于经济社会转型的关键时期，人才市场也进入了一个新时代。因此，有必要进一步加大人力资源的开发投入，重视市场功能。因此，加强市场建设和培育，促进人才流动和优化配置，已成为一项十分重要的任务。提升攀西民族地区人才市场的效率，需要规范市场，创造良好的市场环境，建立健全人才评价体系，明确市场管理规则，解决人力资源绝对短缺的问题，使人才市场高效无形，使人力资源协调发展。

在所有生产要素中，最具流动性的是人才要素。人才资源是企业最重要、最宝贵的资源之一。攀西民族地区的人才资源也具有很强的流动性。从宏观上讲，当地社会经济发展不好，人才政策执行不到位，必然会导致人力资源从欠发达地区流向发达地区。因此，应运用市场手段和产业结构调整来调整人力资源配置，以解决人才短缺和流失的问题。从微观上看，政府应通过政策引导和激励机制建设，促进区域内人力资本的合理流动。人才资源配置效率低下是导致人才大规模流动的关键因素。市场配置有其自身的独特性，可以使人才达到有序流动的标准，满足人才供需双方的需求，实现最佳配置。因此，有必要通过完善相关政策措施，促进劳动力资源在产业间的合理流动。攀西民族地区个体流动的原因：一是发展机遇；二是流动成本和收益。如果人力资本在流动后能够增值，则个体流动性强。

贯彻党的治国理政方针，关键在于顶层设计，全面规范攀西民族地区人才振兴，具体来说，要做到：第一，构建完善的人才振兴宏观调控网络和机制。目前，中国人才市场已初步建成并开始运行。在党委、组织部领导下，鼓励社会力量参与，形成新的人员工作网格。第二，建立科学合理的人员结构布局体系，还可以设立专门的人员工作管理机构。有了这个机构，人才的培养完全由它来承担，也兼顾了人员配置。第三，建立科学高效的组织领导体系。同时，鼓励各部门相互配合，形成巨大的活力，促进当地人事工作的高效开展；从实际出发，制订科学可行的人员队伍建设方案。特别是在人才选拔和用人问题上，应采取更加完善的政策，为人才成长提供保障，坚持人才市场化配置。要加大对攀西民族地区经济文化建设的支持力度，促进其加快发展，同时也要重视少数民族人才的培养，使他们成为促进当地经济社会发展的重要力量。传统的人才培养模式已经落后，必须与市场规律相结合，实现发展模式的创新，减少政府的干预，充分发挥市场机制在人才配置中的作用，使少数民族人才充分施展自身才华。

6　攀西民族地区乡村生态振兴

推进攀西民族地区乡村生态振兴，就是要在乡村振兴过程中贯彻绿色可持续振兴理念，倡导绿色生产生活，加强攀西民族地区人居环境建设，让乡村更加美丽。在发展旅居康养产业、建设康养小镇的过程中，要注重生态环境的保护，让良好的生态成为攀西民族地区乡村振兴的重要支撑。

6.1　攀西民族地区生态环境承载力与人类活动

6.1.1　生态环境承载力

生态环境是人类生存和发展的基础。对于西部民族地区而言，其所孕育的生态环境和自然资源更是西部居民生产生活和经济社会发展的重要支撑。实现攀西民族地区乡村振兴，要遵循自然规律，合理开发利用自然资源，保护生态环境，让乡村振兴成为有水之源，让经济社会实现持续稳定发展。

生态学将承载力概念引入后，人们对生态环境有了新的认识，体现了随着人类社会的不断进步，人们对自然界的认识也在不断深化，在不同的发展阶段和不同的资源条件下，产生了不同的承载力概念和相应的承载力理论。"生态承载力是生态系统的自我维持、自我调节能力，资源与环境的供给与容纳能力及其可维持的社会经济活动强度和具有一定生活水平的人口数量。"① 对于攀西民族地区而言，乡村振兴更是要在生态承载力的基础上，实现乡村振兴与生态振兴协同推进，尤其要确保为实现乡村振兴的

---

① 陈端吕，董明辉，彭保发. 生态承载力研究综述 [J]. 湖南文理学院学报（社会科学版），2005（5）：76-79.

人类活动在生态环境承载能力的范围内。生态环境是一个完整体系,包括资源子系统、环境子系统和社会子系统。因此,攀西民族地区在实施乡村振兴战略时要充分考虑到当地生态环境的承载力,在确保资源的合理开发利用和生态环境良性循环、可持续承载的人口数量等约束下,开发与保护、治理与利用并举,乡村振兴战略才能顺利推进。

攀西民族地区在环境制约日益严重、资源短缺、生态环境持续恶化的情况下,面临实施乡村振兴战略的困难。在巩固扶贫成果、实现脱贫与乡村振兴有效衔接的同时,也要考虑资源环境的承载能力。应充分发挥区域旅居康养资源优势,在资源环境容量极限内实现乡村振兴。从生态环境特点来看,攀西民族地区地处西南边疆,多为高山和盆地,部分地区为干热河谷,土地薄,有机质含量低,岩石裸露,降水少,气候多样。这些条件不利于农牧业生产,生态环境脆弱,生态平衡容易被破坏。

生态环境的承受力是指生态环境可以承受人们追求经济发展所带来的对自然生态环境所造成的损伤,这种损伤是自然界通过自我修复在短期内能够达到以前水平。人类要生存和发展,不可避免地要开发利用自然资源发展社会经济,以满足自身对美好生活的向往,这必然会对生态环境产生影响。地处塔里木河上游,曾经一度灿烂辉煌的古楼兰文明,其实是离不开当时林木繁盛、水草丰美的周围生态环境的,但长期性过度发展的农牧业、森林砍伐、人口超载等人类活动所造成的河湖萎缩干涸,草原退化沙化,使得它不断衰微没落,直至最后被无际流沙埋没。

6.1.2 攀西民族地区生态环境承载力与经济发展间的矛盾

发展经济与生态环境的关系实质上反映了人与环境的关系,它们之间既相互影响、相互制约,同时又相互依存、相互促进,二者一荣俱荣、一损俱损。生态兴则文明兴。生态环境是人类生存和发展的根基,生态环境变化直接影响文明兴衰演替。生态环境为经济发展提供了必要的自然资源,是经济发展的基础和条件。当前,攀西民族地区乡村振兴正处于精准扶贫与乡村振兴协调发展的非常关键的阶段。但同时也要看到攀西民族地区经济发展与生态环境承载能力之间的矛盾,具体包括生态环境与乡村振兴的矛盾、资源短缺与资源利用效率低的矛盾、生态环境超载与经济发展的矛盾、生态环境脆弱与人民群众经济活动空间扩大的矛盾。

改革开放以来,中国经济有了长足发展,发展不平衡不充分的矛盾比较突出。攀西民族地区处于这种不平衡不充分的较低水平，经济基础薄弱。因此，实施乡村振兴战略，实现精准扶贫与乡村振兴的有效对接，实现经济振兴，是攀西民族地区党和政府的首要任务。攀西民族地区社会发展水平较低，特别是受传统"重粮轻人""有人就有粮"思想的影响，人口一直高速增长。资源环境的承载能力越来越突出，其负面影响十分严重。攀西民族地区的乡村振兴要充分考虑环境的承载能力，在环境的承载能力范围内推进乡村振兴，不能走西方国家先污染后治理的老路。

攀西民族地区在利用和开发自然资源时，应充分考虑生态环境的承载能力，以保护为前提。人与资源矛盾的本质是"生存与建设"的矛盾。人们只有解决了衣食住行问题，才能发展其他方面。目前，攀西民族地区虽然实现了精准扶贫，但要实现扶贫与乡村振兴的有效衔接，充分利用和保护开发自然资源，保持生态平衡，实现攀西民族地区经济社会的可持续发展，必然要做出明智的决策。

6.1.3 自然资源与攀西民族地区经济发展

要实现攀西民族地区经济效益与环境效益的适度相互促进，实现当地的生态振兴，必须转变自然资源生态价值的"公共物品"属性。人们需要不断地从大自然中获取物质和能量，以满足生产和生活的需要。自然资源的合理开发、利用、保护和再生对社会经济的整体发展有着重大影响。过去，攀西民族地区存在侵占土地、过度砍伐森林、非法开采矿产资源、过度捕捞等现象，对环境造成了极大的破坏。因此，当地应致力于将"公共物品"属性转化为乡村振兴的"经济物品"属性，通过市场机制的参与，使自然资源和乡村振兴的经济价值得到优化，实现自然资源的充分利用。

（1）攀西民族地区经济结构单一，经济发展缺乏竞争力

由于历史、地理、区位等原因，攀西民族地区生产力发展水平较其他地区落后。攀西民族地区社会发育程度低，自身积累的能力差，很多重要的自然资源（如攀钢）由国家投资垄断开发，使得城市经济结构单一，单一所有制结构有着较高的体制成本，包括企业内部管理人员太多而产生的管理成本、摩擦成本、效率低的代价成本等。城市自身发展由于成本高昂，难有资金对生态环境进行修复，也很难形成对农村的有效支持，单一的经济结构也限制城乡资源要素的自由流动，地方经济普遍缺乏竞争力，而且大型的资源性国有企业由于自成体系，对攀西民族地区经济没有太大的带动作用，这也

是攀西民族地区乡村经济发展相对落后的一个重要原因。

（2）攀西自然资源开发中的财产权利模糊

稀缺的自然资源的有效利用和保护性开发应产权明晰。攀西民族地区自然资源的掠夺性开发，一个很重要的原因在于自然资源开发过程中产权不明，例如，煤矿、铁矿、锂矿开发权，草原使用权，土地使用权，森林采伐权，采矿权，水权等自然资源财产权利虽然在立法中都有明确的规定，但是在攀西民族地区部分地方却存在有法不依、执法不严的情况，自然资源财产权利未能得到有效的保护，甚至受到侵害也不能得到好的补偿，给攀西民族地区群众的基本生存带来伤害，也影响了当地经济稳定发展。因此，明确界定自然资源开发中的财产权利并有效实施，是攀西民族地区实现生态振兴的中心环节。

（3）无偿、低价利用自然资源，制约着攀西民族地区经济的可持续发展

攀西民族地区的地方资源尤其是矿产资源属国家所有，但资源的无偿或低价使用，不可避免地会出现掠夺式的开发，造成资源毁损、浪费严重，环境未能得到有效的保护。同时，自然资源被集体或个体经营者大量侵吞的现象时有发生，造成国有资产大量流失；无序、无规划、无偿采矿，甚至无证采矿，助长了掠夺式开采，导致乱采滥挖现象随处可见，资源也就得不到高效利用，森林的过度砍伐，造成水土流失、土地有机质含量减少、土壤退化及沙化等，这些进一步制约了攀西民族地区经济的可持续发展。

6.1.4 生态振兴与攀西民族地区乡村振兴

攀西民族地区乡村振兴战略的实施，为当地经济社会发展带来了快速发展契机，也给其环境保护带来了前所未有的机会。攀西民族地区是我国彝族聚居区，区域内居住着十四个少数民族，该地区不仅经济发展相对落后，而且生态环境十分脆弱，草场退化、沙漠化面积扩大，乱砍滥伐屡禁不止，水土流失十分严重，水源和大气污染也难以有效控制，并时常发生森林大火等，攀西民族地区的环境问题已经成为当地实施乡村振兴必须首先面对的问题。习近平总书记指出：人因自然而生，人与自然是一种共生关系，对自然的伤害最终会伤及人类自身。只有尊重自然规律，才能有效防止在开发利用自然上走弯路。这个道理要铭记于心、落实于行。只有处

理好二者之间的关系，攀西民族地区乡村振兴和可持续发展才具有可能性。攀西民族地区切实保护好自然环境，既是推动攀西民族地区乡村振兴重要而紧迫的任务，也是攀西民族地区实施大开发、求大发展的根本切入点。

（1）攀西民族地区生态环境保护的滞后与经济可持续发展

由于攀西民族地区长期欠发达，经济落后，扶贫与乡村振兴难以有效衔接，经济发展与环境保护之间存在很大矛盾。环境形势严峻，生态环境恶化的趋势不仅没有得到有效遏制，反而进一步扩大。生态环境恶化导致气候变化频繁，极端天气频发，大气、河流污染严重，对农牧业生产构成极大威胁，直接影响农牧业生产，制约着攀西民族地区乡村振兴和经济持续、稳定、快速发展。

与四川其他地区相比，攀西民族地区受特殊的自然地理因素制约，生态环境脆弱，气候多变，降水少，尤其在旱季，容易发生森林火灾。生态环境一旦被破坏，就很难在短期内迅速恢复，甚至不再恢复。此外，由于山区生态环境管理的特殊性和管理工作的滞后性，在环境受到破坏时，管理范围、难度和资金投入都较大。为此，攀西民族地区应着眼长远，遵循自然规律，兼顾现在和未来，不能为了满足当代人的需要而牺牲后代人的利益，更不能走西方国家"先污染后治理""先破坏后恢复"的老路。在实施乡村振兴过程中，必须站在战略高度，加强生态建设和环境保护，以高度的政治责任感和历史使命感做好环境保护工作，实现攀西民族地区的生态振兴。

（2）攀西民族地区乡村振兴与生态环境保护措施

攀西民族地区发展的目标是：以人为本，实现农业强、农村美、农民富，统筹推进城市和农村发展，加快康养小镇建设，以旅居康养业作为支柱产业，实现攀西民族地区产业振兴，进而推进乡村振兴。其中，乡村振兴中的生态振兴，以保护和改善生态环境为根本的可持续发展战略，涉及巩固脱贫攻坚成果，加快产业升级、调整和转型等一系列问题，具有复杂性和长远性。

保护和改善攀西民族地区的生态环境是攀西民族地区发展的重要内容，也是攀西民族地区乡村振兴战略的重要组成部分。产业振兴、人才振兴、文化振兴、生态振兴、组织振兴是一个整体。一旦其中任何一个方面出现问题，其他方面也难免受到影响，最终的结果只能是阻碍攀西民族地区乡村振兴战略的实施。因此，在实施生态振兴战略的过程中，一方面，要借鉴沿海或内陆地区先进的经验，积极扩大对外开放和经济交流；另一方面，要广泛吸纳轻资产企业和人才，吸引外来资金、技术和管理，促进攀西民族地区经济可持续发展和生态环境保护。

鉴于此，生态环境振兴与攀西民族地区的经济发展并不矛盾，生态振兴是乡村振兴的重要内容，良好的生态环境能够为乡村振兴提供重要支撑，同时也是攀西民族地区发展旅居康养产业，实现产业振兴的必要条件。应牢固树立生态环境保护意识，把攀西民族地区生态振兴放在第一位，不能走过去那种以牺牲生态环境为代价来发展经济的老路，把良好的生态环境看作一种重要资源，只有在环境得到根本的改善与保护的前提下，才能实现乡村振兴，真正实现生态环境振兴与攀西民族地区乡村振兴耦合协同推进。

6.1.5 攀西民族地区生态环境安全与经济发展

为发展经济，攀西民族地区长期以来过度开采矿产资源、土地复垦、大规模种植经济果树、草地资源过度放牧，超过了当地生态环境的承载能力，导致攀西民族地区生态环境持续恶化。生态环境的恶化不仅影响了攀西民族地区人民的生产生活，阻碍了产业转型升级，而且直接导致了攀西民族地区的经济贫困，进而加剧了生态环境的破坏，形成恶性循环，制约了攀西民族地区经济的可持续性。

（1）环境承载能力和传统生活、生产方式与生态环境安全间的矛盾

长期以来，攀西民族地区的经济以农牧业作为支柱，由于土地贫瘠，产出水平低下，加上人口的快速增长，过度的生产和放牧，土地、草场长期得不到修整，这也是攀西民族地区整个生态问题的根源所在。

攀西民族地区传统生产生活模式由三个相互关联的环节构成：一是以耕地和草地、种植业和畜牧业为主的初级单一类型产业结构；二是单纯依靠耕地面积增产或增畜增收的粗放型经济增长方式；三是农民家庭投入产出自我循环的封闭半封闭生产生活模式。在这种生产生活模式下，攀西民族地区人口增长和农民脱贫致富所带来的生产和收入需求的增加，只能通过开垦荒地、扩大种植面积、提高草地承载力等方式来实现。受草原环境承载力和土地承载力的制约，攀西民族地区农业农村发展相对缓慢。为了支持攀西民族地区的生态建设和环境保护，国家出台了一系列重要政策，投入了大量资

金，如生态建设工程、治沙工程、母亲河保护工程、天然林保护工程、土地复垦和草地恢复工程等。这些政策措施对攀西民族地区生态环境的改善和经济的发展起到了积极的促进作用。国家大量的政策供给在攀西民族地区的生态环境保护上投入了大量的资金，对整体经济发展的直接影响似乎不大，其作用应该是间接的、长期的。社会是一个系统，包含许多要素，包括经济、生态和一般的生活。管辖范围内广泛的经济增长空间使粮食产量和牲畜数量无法逐年增加。一方面，畜产品产量和粮食产量停止增长，总体经济发展就会受阻，贫困问题就会加剧；另一方面，在日益增大的攀西民族地区人口压力和广大农牧民脱贫致富压力推动下，攀西民族地区经济粗放增长终究会导致土地过度利用、草场超载过牧、资源过度开发利用和生态环境全面退化等生态问题①。

（2）生态环境资源权利配置与生态环境安全间的矛盾

攀西民族地区资源权利配置的重点是土地和草原承包责任制。攀西少数民族地区土地和草原承包责任制执行不完善，当地居民对承包地和草原并没有真正的独占合法产权，居民行使自主权利对承包地和草原有偿转让、转让、租赁、抵押、存量等存在诸多限制。这样一来，土地和草地对农牧民来说就无法成为有市场价值的资产，也没有内在的建筑投资激励机制，最终将不利于经济发展。此外，所有制结构单一，产权不明确，也导致攀西民族地区的资源得不到有效保护和利用，甚至对环境造成肆意破坏，制约了攀西民族地区经济的可持续发展。

保护攀西民族地区的生态环境，实现生态振兴，对国家和城市的社会经济可持续发展和乡村振兴具有重要意义，对整个横断山地区和长江流域生态环境的改善也有重大影响。因此，实现攀西民族地区的生态振兴刻不容缓。但是，由于攀西民族地区经济落后，经济发展的需求极为迫切，生态的恢复是一个长期的过程，需要大量的投入，因此，必须实施生态振兴战略，走可持续发展道路。要做出各种制度安排，制定一系列激励机制，充分挖掘资源潜力，充分利用攀西民族地区丰富的旅游卫生资源，发展健康产业，建设健康小镇，使生态资源成为乡村振兴的重要支撑。

---

① 邓艾. 可持续发展的草原生态经济模式：甘肃牧区生态经济问题研究 [J]. 西北民族大学学报（哲学社会科学版），2002（6）：7-23.

6.2　推进攀西民族地区农业绿色发展

深化新时代攀西民族地区资源优势劣势分析研究，分析农业绿色发展相关问题，落实中央农村工作会议精神，全面实施乡村振兴战略，是实现攀西民族地区农业绿色发展的必然要求。这也是实施国家森林长期保护和长江流域保护工程的重要举措，对实现区域可持续发展具有重要现实意义。

6.2.1　化肥农业转向绿色农业的必要性

党的十八届五中全会提出的绿色发展理念，以及随后国家出台的一系列推动绿色发展的政策措施，为农业实现绿色转型发展提供了宏观政策环境；而攀西民族地区严峻的农业生产环境形势，居民日益增长的消费市场需求，日益严格的国际农产品市场准入条件，以及新时代攀西民族地区如何进一步增加农民收入等问题，为攀西民族地区农业实现绿色转型发展提出了现实需求。

6.2.1.1　实施绿色发展的政策供给

党的十八大以来，党中央国务院高度重视经济社会的绿色发展，并做出一系列战略部署，推动了农业绿色发展。但农业主要依靠资源消耗的粗放经营方式没有得到根本改变，农业生产所需的优质耕地资源、水资源配置到城镇、非农产业的趋势依然强劲，农业面源污染和生态退化的趋势尚未得到有效遏制，优质安全农产品供给还不能满足人民群众日益增长的需求。党的十八届五中全会提出了创新、协调、绿色、开放、共享的发展理念，以绿色发展理念为导向，推动农业绿色发展，实现资源集约与高效利用，确保农产品质量安全，是全面贯彻落实习近平新时代中国特色社会主义思想的具体行动。2016 年中央一号文件《中共中央　国务院关于落实发展新理念加快农业现代化　实现全面小康目标的若干意见》明确指出"加强资源保护和生态修复，推动农业绿色发展。"2017 年中央一号文件《中共中央　国务院关于深入推进农业供给侧结构性改革　加快培育农业农村发展新动能的若干意见》提出"推行绿色生产方式，增强农业可持续发展能力"的指导方针，以及"推进农业清洁生产""集中治理农业环境突出问题"等重点领域。随后，中共中央办公厅、国务院办公厅又印发了《关于创新体制机制推进农业绿色发展的意见》（以下简称《意见》）。《意见》指出，推进农业绿色发展，是贯彻新发展理念、推进农业供给侧结构性改革的必然要求，是加快农业现代化、促进农业可持续发展的重大举措，对保障国家食物安全、资源安全和生态安全，维系当代人福祉和保障子孙后代永续发展都具有重大意义。

为贯彻党中央、国务院决策部署，推动农业绿色发展，农业农村部实施畜禽粪污资源化利用行动、果菜茶有机肥替代化肥行动、东北地区秸秆处理行动、农膜回收行动和以长江为重点的水生生物保护行动等农业绿色发展五大行动，并印发《2017 年农业面源污染防治攻坚战重点工作安排》，提出要按照"重点突破、综合治理、循环利用、绿色发展"的要求，探索农业面源污染治理有效支持政策，要努力把面源污染加重的趋势降下来。这些政策措施有力地推动了新时代农业的绿色发展。

6.2.1.2 治理攀西民族地区农业面源污染的现实需要

农业面源污染具有分散性、隐蔽性、随机性、不确定性、监测难度大、空间异质性强等特点，难以实施综合治理。从行为科学的角度来看，农业面源污染是化肥、农药、杀虫剂、除草剂等化学产品的过度使用和低效使用，以及大规模动物粪便的不合理处理造成的。从管理学和经济学的角度看，农业面源污染是由"求增长"的发展理念、城乡二元经济社会结构、农业面源污染的负外部性、治理成本高、农民生产行为多样化等因素造成的。

化肥施用强度是指单位播种面积的化肥施用数量。根据相关统计数据，对不同时期化肥施用强度进行计算，中国农业生产中化肥施用强度呈现出明显的增加态势。从"九五"期间到"十三五"期间，化肥施用强度增加了 98.59 千克/公顷，增长 37.93%。而国际公认的化肥施用强度的安全上限为 225 千克/公顷，这四个时期中国化肥施用强度分别是安全上限的1.16 倍、1.29 倍、1.49 倍、1.59 倍。对 13 个粮食主产省份而言，从"九五"期间到"十三五"期间，农作物播种面积仅增长 7.57%，而化肥施用强度却增长 31.26%，呈现出显著的正向耦合状态①。攀西民族地区化肥、农药、除草剂低于全国平均水平，但是，其作为全国重要生态屏障和长江

---

① 于法稳. 新时代农业绿色发展动因、核心及对策研究 [J]. 中国农村经济，2018 (5)：19-34.

中下游城市重要水源地，担负着保护重任。控制化学药品使用量，提高其使用效率是攀西民族地区发展现代农业的必然选择。因此，攀西民族地区农业生产必须改变依靠化肥投入动能驱动现状，走绿色可持续健康农业之路。

6.2.1.3 满足攀西民族地区居民和旅居康养者生态需求的根本保证

党的十九大报告指出："中国特色社会主义进入新时代，我国社会主要矛盾已经转化为人民日益增长的美好生活需要和不平衡不充分的发展之间的矛盾。"在建设现代化国家的关键时期，人民生活水平不断提高，对安全优质农产品的需求日益增长，中国政府采取了最严格的保护措施。中央颁布了"水十条""空气十条"和"土壤十条"，对水、土壤和空气污染安全等关系到人民健康的问题做出了规定。近年来实施的环境集中督查，实现了两个根本变化：由环保部门主导向中央主导转变，由以检查企业为主向"以检查监督、以监督政府为主"转变。这是中国环境监察模式的一次重大改革，对改善生态环境发挥了巨大作用。党的十九大将"防范化解重大风险、精准脱贫、污染防治"列为全面建设社会主义现代化国家的"三大攻坚战"，就是要实现高质量发展，满足人民日益增长的美好生活需要。

攀西民族地区作为旅居康养的重要目的地，良好的生态环境是其生存的最基本条件。良好的生态环境不仅为攀西民族地区人民提供了良好的生活生产环境，也吸引了众多养生休闲游客。对良好生态环境的追求，摆脱生活中的污染，回归自然，成为现代人度假旅游的主要动机之一。除了良好的气候条件外，良好的生态环境是吸引健康休闲游客必不可少的。发展健康休闲旅游产业，满足攀西民族地区人民和游客的生态需求，是攀西民族地区的根本保障。

6.2.1.4 耦合攀西民族地区康养产业的必然要求

自然资源、文化资源、生态环境是健康休闲旅游发展的基本条件。在攀西民族地区，这些还不足以发展健康休闲产业。健康休闲旅游最重要的内容是住宿，如建设健康休闲小镇、住宅，将居住环境融入青山绿水。具体地说，它包括第一居所和第二居所，其中后者所占比例最大。二级住宅的数量和质量是衡量一个健康休闲项目优劣的最重要的因素。自然环境、住宅的实用性和宽敞性、物业服务的完备性等是宜人住宿环境的标准。住宿是旅居康养的重要组成部分。

由于旅居康养的游客停留时间较长，他们对饮食、娱乐、旅游、购物等方面的需求均高于一般水平。最重要的是，这些也是攀西民族地区经济发展的重要支撑。设施越完善，消费就越多，从而能为健康休闲产业或当地带来更多的收入。虽然这些设施只是锦上添花，但它们是必不可少的。这些设施对于健康休闲目的地的建设至关重要，如果没有相应的设施，就很难成为令人满意的旅居康养目的地。

6.2.1.5 增加攀西民族地区农民收入的有效途径

新时代，许多新矛盾、新问题显现。对于攀西民族地区农牧业生产而言，主要表现在两个方面：一是粮食供需品种结构失衡，生产结构单一，以玉米和土豆为主要产出，相对缺乏攀西民族地区居民或健康休闲旅行者所需的有机绿色食品；二是与现代农业相比，攀西民族地区农民经营规模尚小，导致农业生产成本较高，生产收入较低，这在一定程度上影响了农户家庭的经营收入。与此同时，农业发展的外部环境和内部条件发生了深刻变化。攀西民族地区农村居民收入增长问题已成为当地经济社会发展中的突出问题，只有实现农民收入超常态增长，才能有效对接乡村振兴的战略目标。但从本质上看，实现农民收入超常态增长，不仅需要技术、资本、劳动力、土地等传统要素的优化，还需要依靠改革创新带动新兴要素的优化。"让农业成为有奔头的产业，农民成为令人羡慕的职业。"[①] 要实现农民收入超常规增长，必须进一步稳定家庭经营收入。为此，一是要实现农业绿色发展，把优质、绿色、生态、安全的农产品生产摆在突出位置，要培育农产品品牌，实现优质优价；二是要结合农业绿色发展，大力推广节水节药节肥节电节油技术，降低农业生产资料、人工、流通等成本；三是要引导发展适度规模经营，通过扩大攀西民族地区生产经营规模来增加农民收入。

在稳定传统农业生产的同时，要培育攀西民族地区农业发展新业态，拓宽农业增收新渠道，挖掘农业多功能价值，包括休闲农业、乡村旅游、创意农业、农村电商等新产业新业态。这些新产业新业态的发展必须以农业绿色发展为基础。因此，实现农业绿色发展是提高攀西民族地区农牧民收入的有效途径。

6.2.2 攀西民族地区农业绿色发展的核心问题

众所周知，农业生产的基本生态资源要素是耕地、水资源和气候资

---

① 农民日报评论员. 让"农民"成为有奔头令人羡慕的职业 [N]. 农民日报, 2016-09-08.

源。耕地和水资源的数量是影响农产品产量的重要因素，而耕地土壤和灌溉水资源的质量直接影响农产品的质量。因此，攀西民族地区农业绿色发展的核心问题仍然是耕地和水资源的保护，不仅要保护一定的耕地面积和充足的农业生产用水，还要保护耕地土壤质量和灌溉用水质量。必须从战略上高度重视，采取有效措施加以解决。一旦失去这两个核心，攀西民族地区农业的绿色发展就只能是一句空话。学术界围绕农业发展提出的体制机制创新、土地流转实现规模生产、新型农业生产主体、技术创新等都是措施和路径，而不是农业绿色发展的核心。

6.2.2.1 攀西农业生产中的耕地、草地资源状况分析

实施"藏粮于地、藏粮于技"战略面临着严峻的挑战。为此，"要像保护大熊猫一样保护耕地"。攀西民族地区是四川省的重点保护、开发地区，位于横断山区南段，介于东经 100°~103.5°、北纬 26°~29.3°。行政区划上，土地面积 68 041 平方千米，占全省总面积的 13.7%。但大多数属于山地，可耕地比重低，仅占攀西地区总面积的 7.5%左右。截至 2021 年年底，区内总人口 606.5 万人，其中农业人口占 75.5%，远高于全国水平。近几年来，随着攀西民族地区工业化、城镇化进程的加快，越来越多的优质耕地用于城镇建设、工业园区建设、道路建设等，耕地、草场数量持续下降的趋势短期内难以扭转；同时，在耕地资源质量构成中，优质耕地所占比例呈现逐年下降的态势。

从事农牧业生产，土地是最基本的生产要素，土地生产能力分为单产潜力和潜在总产。具体来看，其又可以细分为耕地生产能力和草地生产能力两种。耕地是从事粮食生产的土地，草地是从事畜牧业所用的草地，提供畜牧产品。这两种用途的土地资源是构成土地承载力的重要因素。

（1）耕地生产能力

我们一般用两种方法来表示：一是单产潜力（千克/亩），二是潜在总产（万千克）。单产潜力表现为土地的质量方面的特点，潜在总产既表示土地的质量又表示量的综合能力。

①单产潜力。决定土地单产潜力的因素有很多，不仅取决于作物生长发育程度及产量的多少，光、热、水、养分等的供应与协调状况也是决定产出潜力的天然要素，而耕作技术、作物品种等则是人为因素，无论是天然要素还是人为要素，都是决定土地生产潜力的生态因素，缺一不可，共同决定了土地产出水平。

对攀西民族地区 22 个县（市）的耕地生产潜力进行计算，得出攀西民族地区土地产出潜力（见表 6-1）。攀西民族地区跨度较大，各地资源禀赋各异，因而产出潜力存在较大差异。不同的地区，由于光、热、水及养分状况存在较大差异，耕地生产潜力明显不同，西昌、普格最高，均达 1 000 千克/亩以上；雅砻江以西地区和雷波、美姑、布拖、金阳、盐源的产出潜力为最低，在 750 千克/亩以下；其他地区介于 750~1 000 千克/亩。从一年的不同月份来看，湿季（5—10 月）是产出潜力主要月份，而旱季（11—4 月）产出潜力较低。表 5-1 中的潜力值与目前实际产量又有较大的差距，各地实际大面积产量与潜力的比值（称为潜力利用率）一般都低于 1 000 千克/亩。但从各县（市）的小面积丰产田或试验田产量来看，大多都接近甚至超过表 6-1 中的潜力值，如西昌、冕宁、会理、攀枝花市等地的丰产田块产量均达到 1 000 千克左右，潜力利用率达 90%~110%。可见，我们的估算结果是比较保守的。

表 6-1　攀西民族地区土地产出潜力　　　单位：千克/亩

市县	湿季 （5—10 月）	旱季 （11—4 月）	全年	市县	湿季 （5—10 月）	旱季 （11—4 月）	全年
甘洛	759	150	909	金阳	615	93	734
越西	685	165	850	盐源	666	54	720
冕宁	740	145	885	德昌	826	113	939
美姑	623	109	733	普格	845	197	1 042
喜德	764	148	912	宁南	772	189	961
雷波	615	101	716	会理	796	135	931
木里	577	34	611	会东	821	135	956
昭觉	706	119	825	米易	820	162	982
西昌	950	115	1 105	盐边	755	140	895
布拖	539	123	662	仁和	785	136	921

注：表中数值为攀西民族地区耕地生产潜力。

②潜在总产。潜在总产（万千克）由可耕土地资源的质（生产潜力）和量（面积数量）共同决定，二者是构成潜在总产的基本因素。此外，考虑到攀西民族地区干旱、冰雹、大风、霜冻等自然灾害特别严重，应扣除这些灾害因素对生产潜力的衰减系数。通过估算，得出攀西民族地区可耕土地面积（万亩）与潜在总产出，如表 6-2 所示。

表 6-2　攀西民族地区可耕土地面积（万亩）与潜在总产出（万千克）

市县	可耕土地面积	潜在总产出	市县	可耕土地面积	潜在总产出	市县	可耕土地面积	潜在总产出
甘洛	24.6	21 243	昭觉	43.40	34 012	宁南	20.09	18 337
越西	26.7	21 562	西昌	50.40	52 903	会理	44.89	39 699
冕宁	32.39	27 230	布拖	22.57	14 193	会东	38.92	35 350
美姑	50.82	35 389	金阳	24.47	17 066	仁和	20.67	19 285
喜德	24.28	21 039	盐源	60.90	41 658	米易	22.95	19 509
雷波	25.12	17 084	德昌	22.52	20 091	盐边	20.27	17 735
木里	16.59	8 630	普格	25.52	25 259	两州市	618.06	508 274

（2）草地生产力

我们用亩产草量（千克/亩）和载畜量（羊单位）两种方法来估算草地生产力。亩产草量表示每亩一次割草量与牧草再生率的乘积，具体测定时以 1 平方米面积上一次割草的重量（千克）来折算，再生率以 200% 计算。攀西民族地区主要有八类草场，面积总计 4 233.3 万亩，其中可利用的草场面积为 3 236.7 万亩，约占总面积的 76.46%。根据各类草场的产草量和可食率及面积（见表 6-3），可估算出本区草地资源理论载畜量为 325.9 万个羊单位。此外，可食性农副秸秆总量达 871 327 万千克（照作物可能总产推算），折合理论载畜量约 298.4 万羊单位。上述二者合计 624.3 万羊单位，与 2020 年全区实有牲畜 588.7 万羊单位相比，还有潜在载畜量 35.6 万羊单位。全区还有林地和灌丛地 3 902.8 万亩（此部分未计算理论载畜量），若能合理地加以利用，发展畜牧业的潜力还很大。

表 6-3　攀西地区各类草场面积、产草量及可食率

草场类型	凉山州				攀枝花			
	面积/万亩	可利用面积系数	产草量/（千克·亩）	可食用率/%	面积/万亩	可利用面积系数	产草量/（千克·亩）	可食用率/%
高寒灌丛草地	689.3	60	248	60	42.5	60	380	60
山地草甸草山地	714.7	100	422	70	68.1	100	462	65
山地疏林草地	806.3	80	319	65	309.1	80	461	60
山地灌木草地	577.3	70	397	60	128.2	70	549	60
山地灌丛草地	216.8	60	498	60	18.3	60	709	40

表6-3(续)

草场类型	凉山州				攀枝花			
	面积/万亩	可利用面积系数	产草量/(千克·亩)	可食用率/%	面积/万亩	可利用面积系数	产草量/(千克·亩)	可食用率/%
干旱河谷灌丛草地	63.9	60	855	70	22.7	60	837	60
山地稀树草丛草地	85.3	80	459	65	12.4	80	589	57
附带草地类（指农隙地和轮歇地）	451.2	75	721	90	18.3	75	717	90

6.2.2.2 攀西民族地区农业生产中的水资源状况分析

众所周知，水资源是保障农牧业生产不可替代的生态要素，中国是一个水资源短缺的国家，人均水资源占有量仅为世界人均水平的1/4。相对于四川东中部来说，攀西民族地区降水量较少，但三条大江流经这里，给攀西民族地区带来了较多可利用的水资源。但越来越多的水资源被配置到城镇、非农产业，由此导致了攀西民族地区农业用水供需矛盾将长期存在。如果说水资源短缺在一定程度上威胁以粮食为主的农产品数量安全，那么，水资源水质污染将会对农产品质量安全构成严重的威胁，影响农业的健康、可持续发展。

（1）总量丰富，过境客水多。攀西民族地区多年平均降水量在400~1 400毫米，该区水资源总量是1 563.4×10^8立方米，其中本地产水量为415×10^8立方米，本地产水中地下水部约68×10^8立方米，多年平均径流深度为622毫米。过境客水占水资源总量的73.5%，过境客水比重相当大。

（2）水资源时空分布不均。攀西民族地区河流的主要补给来源为大气降水。在季风环流的控制下，干湿季明显，降水季节分配不均。5—10月为雨季，其降水约占全年的90%，而11月至次年4月则为干季，其间空气干燥，降水稀少。受降水季节变化的影响，河川径流的季节变化亦相当明显。5—10月径流量占年径流总量的67.50%~86.60%，最大月径流量占年径流总量的1/5，而干季径流量仅占年径流总量的12%~22%，其中12月至次年2月基本不产流，绝大多数小河溪在此期间都要断流或接近断流，成为季节河。

攀西民族地区降水还存在十分明显的地区差异，总趋势是北多南少，东多西少，尤以中偏东为最多，且降水随山体海拔高度不同而有明显的垂直分异。安宁河上游分水岭一带年降水量最高可达2 400毫米，是四川省和攀西民族地区的多雨区之一；雅砻江下游、安宁河中游为1 000~1 200

毫米，属次多雨区；金沙江河谷、盐源盆地不足 800 毫米，是降水最少的区域。受降水地区差异的影响，径流深度亦表现出类似的变化规律：冕宁的安宁河、雷波和美姑等地可达 1 400~1 800 毫米；安宁河中游为 1 200 毫米左右；金沙江下游河谷、盐源盆地仅 300 毫米左右，有些金沙江河谷仅 100~200 毫米。

6.2.3 攀西民族地区农业绿色发展措施

新时代，攀西民族地区农业绿色发展应将为攀西民族地区居民提供优质安全农产品作为最根本的出发点与目标，要实现这个目标，其核心就是要保护水土资源的数量，提升水土资源的质量，以破解实现农产品质量安全所需优质水土资源不足的难题，实现攀西民族地区农业的绿色发展。

6.2.3.1 全面理解攀西民族地区农业绿色发展重大战略意义

党的十九大报告提出了乡村振兴的重大战略目标，为攀西民族地区农业发展指明了方向。就攀西民族地区的农牧业生产而言，其应从传统的粗放型生产向绿色、有机、可持续发展转变。必须以攀西民族地区农牧业生产面临的资源环境形势、优质安全农产品供应为核心，保护水土资源，加快生态环境恢复和保护，实现攀西民族地区农业绿色发展。这是确保农产品质量安全、真正实现绿色生态的重要举措，也是引领攀西民族地区现代农牧业发展的重要路径，为攀西民族地区农牧业健康发展、可持续发展奠定坚实基础。也就是说，保护水土资源，实现攀西民族地区农业绿色发展，不仅是确保农产品质量安全的农牧业生产问题，也是事关攀西民族地区能否健康可持续发展的重大战略问题。人们对攀西民族地区农业绿色发展还缺乏战略认识，必须充分认识到攀西民族地区农业绿色发展的重大战略意义，在战略上予以重视。

6.2.3.2 坚持走绿色发展道路，为攀西民族地区乡村振兴提供支撑

全面贯彻党的十八届五中全会提出的新发展理念，在攀西民族地区农业绿色发展、乡村振兴过程中，突出绿色引领。践行中央各项政策，落实近年的中央一号文件以及中央农村工作会议关于提升农业发展质量要求，要对攀西民族地区农业绿色发展的重点领域及措施进行全面规划和具体部署。为此，需要从数量和质量两个方面保护水土资源，为农副产品质量安全提供资源基础，作为农业绿色发展的核心与关键，真正将中央的各项政策及部署落到实处，为攀西民族地区群众和旅居康养者提供优质安全的农

副产品，以满足其日益增长的美好生活需要。

6.2.3.3　实施最严格环保制度

严格环保执法，减少工业企业对大气、水土资源的污染，加强农业面源污染治理。多年来，国家高度重视环境保护，环保执法日趋严格，促进了全国各地的环保工作。如今保护攀西民族地区的生态环境，实现农业的绿色发展，仍然受到城市化和工业污染的威胁。2016年，环保部发布《关于实施工业污染源综合标准排放计划的通知》，制定工业污染排放标准，优先安排有排放许可证或排污许可的行业，通过聚焦一般性，推进工业污染源排放综合标准。但需要注意的是，在标准排放的环境规制下，大气、水、土壤资源仍然存在被工业企业污染的风险，因为工业企业污染物排放后，富集效应浓度会增加，达到一定的阈值会对大气、水、土壤资源造成污染，导致其质量下降，进而影响农业的绿色发展。因此，应进一步规范攀西民族地区工业企业的排放行为，实现总量控制而不是标准排放，以激励制度和引导制度取代限制制度。同时，严格环保执法，对违反环保法律法规的企业进行处罚，改变过去"以罚代法"的做法，根据攀西民族地区造成的环境污染程度，由企业承担法律责任，从重处罚。此外，在攀西民族地区建立环境保护督查长效机制，规范政府行为，对盲目决策的领导进行问责，从根本上杜绝企业违法违规行为。

6.2.3.4　稳定耕地数量与提高耕地质量

耕地资源数量是保障以粮食为主的农产品数量安全的前提，而保护与提升耕地质量则是从根本上实现农产品质量安全的保证。因此，需要从数量与质量两个方面采取有效措施，以实施耕地资源的有效保护。

（1）践行严格的耕地保护制度，稳定攀西民族地区耕地资源数量

在实现精准脱贫与乡村振兴有效衔接过程中，攀西民族地区的工业化、城镇化快速推进，对耕地的占用呈现刚性递增的态势，而且短期内难以扭转。耕地资源数量的稳定是保障国家粮食安全的最基本要素，必须严防死守耕地红线，做好统一规划，严格耕地保护红线，绝不允许耕地非粮化。2017年1月，中共中央、国务院印发了《中共中央 国务院关于加强耕地保护和改进占补平衡的意见》，对加强耕地保护和改进占补平衡作出全面部署。但调研发现，在攀西民族地区还存在耕地的无序、违规占用现象，并且呈现逐年增加的态势，导致了优质耕地面积的日益减少，从长远来看将严重威胁到攀西民族地区农副产品的供给。为此，攀西民族地区需

要依据最严格的耕地保护制度，通过耕地占补平衡、永久性基本农田划定等政策性措施，实现耕地资源数量动态平衡的目的。攀西民族地区要完成生态保护红线、永久基本农田、康养小镇开发边界三条控制线划定工作，这也是确保耕地资源数量稳定的有效措施。

（2）成立专门机构，监督耕地资源保护中的违规问题

在耕地保护方面，国家严格划界永久基本农田，作为保护优质耕地的有效手段，为稳定耕地资源数量、保证耕地资源质量、保障国家粮食安全发挥了重要作用。根据在攀西民族地区的调研，永久性基本农田划界过程中存在"远界无近界""差界无好界"等严重问题，特别是在山区丘陵地区，基本农田"上山""下游"，公共林地与基本农田重叠。此外，攀西民族地区非法占用耕地的现象依然严重。

在保护耕地方面，攀西民族地区以中央环境督察为指导，第一时间成立了专门的耕地督察机构。一是由当地自然资源局牵头，纪检监察领导共同组建攀西地区保护督察机构，代表国家、市委、市政府及其有关部门开展耕地保护督察；二是根据耕地资源对保障国家粮食安全的重要性，明确耕地监管重点区域；三是建立耕地监管长效机制，提升国家治理能力和决策科学化水平，更好地解决攀西民族地区耕地保护的实际问题；第四，建立监察信息公开机制，接受公众监督。

（3）保护优质耕地资源的同时，改善耕地土壤的质量

提高攀西民族地区耕地资源质量，应采取两项措施。一是从技术上减少和控制耕地土壤污染。例如，应采用创新的大气和水质监测技术，减少污水灌溉造成的土壤污染，大力推广土壤配方施肥技术的应用，提高肥料利用率，减少化肥施用量造成的面源污染。同时还应实施作物替代技术，加强污染土壤治理。二是从制度层面保障耕地活力。实行休耕轮休制度，建立健全市场化、多元化的生态补偿机制，恢复耕地活力，确保国家粮食安全。按照新发展理念，建立创新的监管体系，规范攀西民族地区农业生产资料的生产行为，从源头上解决攀西民族地区农业生产资料投入造成的污染问题。

6.2.3.5 努力实现水资源的高效利用

（1）强化水生态治理，提升水资源的保障能力

自然界的淡水总量是大体稳定的，但一个国家或地区可用水资源有多少，既取决于降水多寡，也取决于盛水的"盆"大小。水生态建设和保护

是水治理之本。做大盛水的"盆"是实现水资源可持续利用的根本。为此，攀西民族地区应立足于系统论思维，统筹自然生态各种要素，把治水与治山、治林、治田有机结合起来，协调解决水资源问题，特别是降水较少的攀枝花市，更应合理高效利用水资源，发挥其最大效应，提升水资源对农业发展的保障能力。

（2）以最严格的水资源保护制度，确保水资源可持续利用

2012 年国务院发布的《国务院关于实行最严格水资源管理制度的意见》提出，要严格控制用水总量、全面提高用水效率、严格控制入河湖排污总量"三条红线"，以加快节水型社会建设，促进水资源可持续利用。通过对攀西民族地区调研发现，当地水资源污染形势依然相当严重，治理水资源污染任重而道远。为此，应根据最严格水资源管理制度的要求，采取综合管理措施，确保水资源管理的"三条红线"，以实现水资源的可持续利用以及满足农业生产灌溉用水的需求。同时，切实加强水域环境的监测与环保执法力度，切实杜绝工业企业对水资源的污染；在农业生产领域，应从生产投入着手，控制农业面源污染，减少其对水体的污染。

（3）创新农业用水机制，实现农业节水目标

当前攀西民族地区农业用水节水潜力巨大，应采取有效措施，创新农业用水机制，大力推进农业节水。为此，应加强"地方"原则。首先，根据不同地区的气候条件、水资源条件等因素，确定农业节水重点区域。在半干旱、半湿润、潮湿地区，科学的节水灌溉系统可以人为地储存田间土壤水分，提高降水对作物的利用率，直接减少灌溉补水量，具有广泛的节水效果。其次，根据重点地区的农业生产条件，重点发展和整合节水技术。突出重点领域，展示示范、领先作物和关键技术，加强集成装配、展示示范和辐射带动，努力实现规模效应，逐步形成效益明显、特色鲜明的节水农业新格局。根据耕地土壤类型、气候特征、作物需水规律等因素，加强分类指导和科学管理。政府主导，多方参与。充分发挥政府在节水农业发展中的引领作用，加强政策支持和资金投入，协调多方资源，充分发挥项目资金的综合效应。鼓励企业、农民和社会各界积极参与，形成多层次、多渠道推广节水农业的良好局面。最后，建立攀西民族地区不同区域农业用水机制，实现节水农业目标，加强田间节水农业基础设施建设。结合高标准农田建设，加强耕地质量建设，改善农田水源保障条件，田间节水农业基础设施配套，形成储、保、集、省、用一体的节水农业新格局。

田间工程、旱作节水农业示范工程和旱作农业科技推广等项目组织实施相结合，加强田间节水微工程和配套设施建设，提高农田蓄水保墒能力。与农田水利建设、农业综合开发等相结合，全面提升农田抗灾减灾和耕地持续增产能力。

6.2.3.6 努力推进攀西民族地区农业绿色发展

如今，攀西民族地区绿色农业的发展已成为整个区域可持续发展的重要组成部分，对于改善生态环境、提供经济效益、促进区域均衡发展具有重要意义。

要推动攀西民族地区农业绿色发展，首先，要充分利用该地区的空间和资源。在保护现有自然环境的基础上，充分利用现有的土地、水、阳光、人力等资源，合理安排各方利益，确保攀西民族地区农业的可持续发展。其次，要加强攀西民族地区农业整体规划，重点发展农业中小企业，促进当地农业的健康发展。同时，也要充分发挥政府在推动攀西民族地区农业绿色发展中的主导作用，加强资金和政策支持，充分发挥资金和政策的综合效应；还要关注攀西民族地区新技术、新产业的发展，充分发挥当地资源优势和劳动力优势，发展现代农业技术，在政府政策支持下引进新兴产业，推动攀西民族地区绿色农业发展。

此外，还应重视攀西民族地区农业环境的保护。采取有针对性的措施，改善攀西民族地区水土环境，加强水土保持管理，促进攀西民族地区农业可持续发展。

总之，要加强攀西民族地区农业整体规划，改善农业环境，引进新技术、新产业，充分发挥资金和政策的综合效应。只有这样，才能促进攀西民族地区农业的绿色发展。

6.3 加强攀西民族地区农村人居环境建设

农村人居环境的好坏直接关乎农村居民的身心健康和农村经济的发展，影响城乡一体化和乡村振兴实现的进程，更是建设农业农村现代化的重要内容。本节将从美丽乡村视角来透视攀西民族地区农村人居环境建设的历史轨迹和现实境遇并寻求问题所在，为构建良好的攀西民族地区农村人居环境提供有益的建议。

6.3.1 攀西民族地区农村人居环境建设的历史进程

鉴于攀西民族地区特殊的情况，农村人居环境建设都是在政府政策引导下进行并完成的。与全国其他地区相比，攀西民族地区的农村人居环境建设起步相对较早，且随着国家不同阶段的国情变化，攀西民族地区农村人居环境建设的波动也较大，经历了早期的稳定恢复期、初步发展期、缓慢发展期、全面快速发展期等阶段。

6.3.1.1 攀西民族地区农村人居环境建设的稳定恢复期（1949—1956 年）

在这一时期，攀西民族地区乡村居住环境的建设主要发生在中华人民共和国成立到"三化"完成之间。中华人民共和国成立前，攀西民族地区是一个自给自足的农奴制自然经济。乡村人居环境在很大程度上受到"天人合一"理念的影响，乡村人居环境建设的主要区域是居住区和院落区，以村社和聚落的形式存在。然而，由于内战、民族冲突和民族内部斗争，军阀和奴隶主为了获得更多的土地和资源，不断掠夺农村资源，导致攀西民族地区农村居民生活悲惨，农村经济衰退，农村秩序混乱。中华人民共和国成立后，针对攀西民族地区的实际情况，首先进行了民主改革，解放了数百万农奴，使他们能够积极参与经济建设，开展了一系列促进攀西民族地区农村经济发展的行动，农村人居环境得到恢复和稳定。在土地方面，国家积极带领攀西民族地区农奴开展土地改革运动，打破了农奴化的土地所有制形式，实现了拥有土地的农民的福利；在环境治理方面，国家还领导农村开展了除蝇、除蚊、除鼠、除麻雀"四害行动"；在医疗方面，中华人民共和国成立后，各项制度不断完善，包括关系农奴切身利益的医疗合作制度；在文化方面，国家建立了农村居民广播网、夜校等基础设施，提高了攀西民族地区人民的知识文化水平。这一时期的国家政策真正维护了攀西民族地区农村居民的利益，扭转了以往农村人居环境破败的局面，对攀西民族地区农村人居环境的建设起到了推动作用。但是，由于农奴生产力水平有限，农村经济缺乏一定的物质支撑，攀西民族地区农村人居环境建设水平还很低，存在很多潜在问题。随着三大改革的完成，攀西民族地区农村经济从个体向合作互助转变，农村人居环境建设也走上了"政社合一"的集体道路。

6.3.1.2 攀西民族地区农村人居环境建设的初步发展期（1957—1977 年）

随着三大改革的完成，攀西乡村人居环境建设进入稳定恢复期，之后又慢慢进入初步发展期。至此，攀西民族地区社会主义基本制度基本确立，经济体制由农奴私有制模式向社会主义公有制模式转变。农村土地等各种生产资料全部归农村居民集体所有，所有农村农牧业劳动收入均由人民公社集中分配，所有农产品均由人民公社进行分配。农村居民由自治向集体管理转变，传统的农村居住环境建设由以前的农村居民自治治理向人民公社统一指导下的农村居民集体建设模式转变。

这一时期的人民公社管理对攀西民族地区农村人居环境建设产生了重大影响。一方面，人民公社迅速集中了各种资源和物资，保证了公共产品的稳定供给。人民公社实行单位管理，效率高。另一方面，国家认识到攀西民族地区牧民文化水平对农村经济发展的促进作用，努力建设农村居民文化基础设施，普及知识。此外，政府十分重视攀西民族地区农村人居环境建设与农村经济发展的关系，在农村大规模建设灌溉设施的过程中，注重水土保持的维护，使农村居民的人居环境得到了很大改善。

6.3.1.3 攀西民族地区农村人居环境建设的缓慢发展期（1978—2003 年）

攀西民族地区农村人居环境建设的缓慢发展可以追溯到 2003 年以前，改革开放后我国的经济发展模式打破了原来的人民公社经营模式，转变为家庭联产承包责任制的经济发展模式。与改革前的人民公社管理模式不同，攀西民族地区也实行家庭联产承包责任制。政府采取建立家庭承包责任制和全面分工相结合的新型集体所有制模式，减少对农村经济等方面的干预，将直接干预转移给当地乡镇政府，引导农村居民管理农村事务。这种权力从政府向农村居民的转移，使得个体经济的发展和农村事务的管理由农村居民自己完成，农村居住环境建设的主力军也从政府向农村居民转移。这一时期，由于改革开放，市场经济迅速发展，改革成果惠及"三农"，农村居民生活水平得到提高。农村居民的科学发展意识也不断增强，农村人居环境建设越来越受到农村居民的重视，农村人居环境越来越好。一方面，随着改革开放的不断深入，攀西民族地区农村居民切身享受到了改革开放的成果，加强了农村科教文卫事业的发展，身心健康得到了极大的改善。这一时期的农村居住环境建设随着社会生产力和人民生活水平的提高而有所改善，但发展水平与经济社会协调发展不一致，城乡文化发展水平仍不平衡。另一方面，各种资源向城市集中，导致攀西民族地区农村地区经济水平与城市地区差距很大，农村居民享受的公共资源和公共产品非常有限，政府所能承担的科教文卫金融发展也有限，随着全国户籍制度的放宽，攀西民族地区农村劳动力大量流失，农村人居环境建设缺乏必要的执行者，农村环境也受到了很大的污染，没有得到及时的修复，造成了农村人居环境建设的滞后和缓慢。

6.3.1.4　攀西民族地区农村人居环境建设的全面快速发展期（2003年至今）

这一时期，攀西民族地区农村人居环境建设全面快速发展。由于改革开放多层次、多领域、多方位的发展，特别是城市，经济发展迅速，但城乡差距日益明显，落后的农村经济已经成为制约攀西民族地区经济稳定快速发展的瓶颈，甚至成为城乡一体化的制约因素。因此，国家于2003年颁布了全面推进农业税改革的意见，并在2005年的十届全国人大常委会第十九次会议通过了废止农业税条例的决定草案，缓解了农村居民沉重的经济压力，由此，中国进入"城市下乡""以工促农"的农村经济发展新阶段。随着国家工作重心的转移，攀西民族地区农村人居环境建设也迎来了历史上新的高潮。在金融方面，政府加大了对攀西民族地区农村的金融支持力度，并逐步扩大领域覆盖，缓解农村公共产品和公共服务不足，加大对攀西民族地区农村居民教育、科学、卫生、文化的支持力度，努力提供就业岗位，提高农村居民收入水平，有效解决了经济发展带来的二元体制问题和顽固的"三农"问题，为攀西民族地区农村人居环境建设创造了良好的资金支撑。在政策方面，国家针对"三农"问题多次召开会议，研究有利于农村发展的政策。2006年提出的社会主义新农村建设，提出要实现"生产发展、生活富裕、乡风文明、村容整洁、管理民主"，并明确提出村社规划和农村人居环境建设应是社会主义新农村建设的重要任务之一。在改善民生方面，攀西民族地区地方政府加大了抓好民生工作的力度，加强了教育、就业、医疗、收入、保险、社会管理等方面的具体措施，特别是与攀西民族地区农村居民有关的土地补贴和精准扶贫政策，使这一时期的农村人居环境建设走向全面快速发展。

6.3.2　攀西民族地区农村人居环境建设中存在的问题

攀西民族地区农村居住环境建设经历了从传统的自建模式向合作社集体建设模式和新时代政府支持的农村居民共建模式的转变。农村居民的生活环境在不同阶段、不同时期得到了很大改善，大部分农村地区实现了道路畅通、饮水安全、住房稳定、医疗、保险、教育齐全等基本基础设施建设。此外，攀西民族地区部分农村还开发了新能源，拓展了特色旅游项目，加强了城乡合作，不仅带动了农村经济的发展，也加快了攀西民族地区农村人居环境改善的步伐。特别是对居住条件差的家庭进行易地搬迁和集中安置，极大地改善了攀西民族地区居民的居住条件和居住环境。近年来，攀西民族地区政府加大了对乡村人居环境建设的投入，乡村人居环境的发展达到了历史的高峰。然而，由于农户分布分散、农村经济差距、民族文化习俗差异、农村人口多、政府财力有限等因素，攀西民族地区农村人居环境水平与城市人居环境水平仍有较大差距，在建设过程中仍有许多问题有待解决。具体主要涉及以下三个方面：

6.3.2.1 攀西民族地区农村生态环境破坏形势依旧严峻

攀西民族地区农村社会建设起步较晚，1956 年民主改革后，沉睡千年的攀西大地才走上社会主义建设之路。因此，发展经济已成为攀西民族地区长期追求的硬目标。结合长期的生产生活习惯，攀西民族地区采取了先污染后治理的方式。改革开放后，随着经济的快速发展，攀西民族地区的城市环境遭到了严重破坏。污染得不到妥善治理，破坏得不到很好的修复，导致攀西民族地区城市人居环境建设比较滞后。针对这一点，一方面，一些企业将经济发展目标转向农村，加大了对攀西民族地区农村的投资，不仅带动了当地农村经济的发展，提高了农村居民的生活水平，也大大改善了农村居民的生活环境。另一方面，他们在追求金山银山的同时，忘记了绿水青山，农村生态环境遭到破坏，环境污染严重，这种情况仍然很严重。从 2020 年攀西民族地区环境状况公告数据可以看出，当前农村环境形势依然严峻，生态环境脆弱的县域占 14.9%，对生活污水进行处理的行政村比例不到 5%，对生活垃圾进行处理的行政村比例只有 15.9%。农村生态环境的破坏，特别是农村居住环境的污染，已经严重影响了农村居民的身体健康，不仅增加了农村居民的治疗经济负担，也造成了农村居住环境建设资源的流失。同时，攀西民族地区农村居住环境建设除了污染问题，还涉及生态环境的恢复。近年来，随着金沙江、雅砻江、安宁河流域水电梯级工程的发展，政府建设了许多惠民工程。常年重复使用水利工程，对周边生态环境造成了不同程度的破坏，忽视了对周边环境、水、草地的恢复，造成植被破坏，甚至荒漠化。

6.3.2.2 农村人居环境建设规划有失合理性

从长期来看，攀西民族地区对农村的发展采取了放任的态度。其转型在一定程度上是以城市改革为基础的，因此攀西民族地区政府对农村人居环境建设格外重视，在理论支持和实践指导上仍处于不成熟阶段，未能准确把握农村实际情况，导致农村人居环境建设规划不合理。最典型的是农村人居环境建设规划跟不上实际需要，导致农村建设布局混乱、规模小，周边生活垃圾得不到妥善处理，临时搭建的房屋质量得不到保障。随着国家美丽乡村政策的实施，攀西民族地区农村开始大规模建设统一的乡村社区。从表面上看，乡村社区与传统的农村民居确实有很大的区别，但其周围的居住环境并没有太大的改善，农村居民仍然生活在肮脏凌乱的居住环境中。此外，攀西民族地区农村人居环境建设规划的不合理性还表现在大多数农村规划千篇一律，没有独特性。攀西民族地区农村多，且分布分散。各民族共同生活，许多农村地区有自己的独特性和文化差异。一些农村地区为了突出规划的统一性，忽视了人文环境，造成了农村资源的浪费。另外，随着攀西民族地区城乡一体化政策的号召，部分农村被纳入城镇，土地减少。大量农村居民进城务工，农村劳动力流失趋势明显。老人和儿童成为农村居民的主体，形成了真正的"空村"。农村人居环境建设难以持续开展，难以得到良好人居环境的有力保障。攀西民族地区不合理的农村规划造成了农村乱象，目前这种趋势在大部分农村仍然存在。在实现有效规划的同时，还需要因地制宜。

6.3.2.3 攀西民族地区政府财政支持力度大，但欠缺成效性

为更好地建设农村人居环境，攀西民族地区在农村经济、教育、就业、住房、医疗、保险、社会管理等方面投入了大量财政支出，解决了长期存在的人居环境问题，从多方面为当地农村发展提供了强有力的财政支持，也为改善人居环境提供了良好的条件。然而，村社规划混乱，规模不均匀，人口分布分散，农村事务复杂，给攀西民族地区地方政府处理农村事务带来了一定的困难。因此，政府部分财政资金并没有投入农村人居环境建设中，导致资本外流和资源过度浪费。其结果是，一些国家支持的农村人居环境受益项目仍然无法满足攀西民族地区农村居民的迫切需求，公共产品和基础设施短缺问题仍然严重。根据凉山州和攀枝花市的环境监测报告，只有55%的农村地区达到安全饮用水标准。在住房方面，每年只有2%左右的农村居民进行自建，住房需要农村居民自己修复和改善。由于长期居住，农村危房比例已远远超过40%，对农村居住环境建设提出了挑战。在教育方面，国家一直倡导教育第一、教育为本的理念，对城乡教育

的投入也比较大，特别是越来越重视农村基础教育的发展，努力解决上学难的问题。然而，由于攀西民族地区居住分散，交通极为不便，攀西民族地区农村居民接受初中教育的人数仅占总人口的15%，这说明攀西民族地区农村居民的受教育水平远低于全国平均水平，农村教育落后。在道路和交通方面，由于乡镇分布的多样性，农村道路的类型也多种多样。虽然攀西不少农村通过精准扶贫实现了交通畅通，但柏油路和混凝土路仅占道路总量的一半。在医疗方面，为解决农村看病难的问题，攀西民族地区各县市政府出台了新型农村合作医疗政策，改善了农村就医环境，减轻了农村居民的迫切就医压力，但医疗资源短缺、看病费用高的问题依然存在。

6.3.3 攀西民族地区农村人居环境建设的实践推进

攀西民族地区农村人居环境建设是乡村振兴战略实施的重要内容，也是乡村振兴的重要组成部分，以改善民生、提高居民生活环境为重点的攀西民族地区人居环境建设，丰富发展了攀西民族地区乡村振兴时代内涵，为进一步改善攀西民族地区农村人居环境的实践推进提供了实践指导。

6.3.3.1 优先开展科学规划工作

攀西民族地区农村人居环境建设之所以困难重重，其中一个很重要的原因就在于村社规划的无序性，建设实践活动没有成熟的理论作为先导，地方政府引导下的农村人居环境建设存在盲目性。因此，必须要优先开展科学规划工作，为攀西民族地区农村人居环境建设提供必要的准备。

（1）科学规划，合理建设

攀西民族地区人居环境建设落后，有其历史原因，也受国家经济政策等因素影响，直到2015年依然没有较大的改观。相较于攀西民族地区城市人居环境建设，农村人居环境建设起步晚且建设较为缓慢。所以能够指导现在农村人居环境建设的经验或者理论相对欠缺，这需要加强理论与实践的结合，强化实地调查研究与农村具体实际相结合，制定科学有效的农村人居环境建设规划，从而使在攀西民族地区具体农村人居环境建设过程中有理有据。

（2）因地制宜，逐渐推进

由于攀西民族受地区面积大、人口众多且居住较为分散、民族多样化、文化多元化等因素的影响，农村县与县之间、乡与乡之间、村与村之间都有很大的差异性，所以在建设攀西民族地区农村人居环境过程中要根据自然条件、农村居民需求、因村而异做出具体的规划，而不能千篇一律、千人一面地规划农村人居环境建设事务，同时还要根据不同地区的农村进行特别规划，有重点、有层次、有示范地推进，规避追求政绩式的冒进做法。

（3）保护传承民族传统文化，彰显民族乡村特色

攀西民族地区民族与文化的差异性使得农村出现了古村落、历史村、旅游村等极具特色性的村社，这些农村环境不需要过多的拆除，而是要发展农村特色优势，开拓旅游资源、民族资源以及文化资源等，从而为改善农村人居环境提供更好的后备条件。

（4）保护农村生态环境，修复农村绿水青山

生态环境破坏是攀西民族地区农村人居环境建设过程中面临的一个重要问题，它是农村经济发展的产物。生态环境的破坏势必影响农村居民的身心健康和日常生活，因而我们坚决不能走之前先污染后治理的老路，必须深刻树立环境保护意识，时刻做到环境保护预防为主、防治结合、综合治理，归还农村碧水青山。

6.3.3.2　充分发挥攀西民族地区政府职能

政府是农村居民环境建设的指挥者，其作用直接影响到农村居民居住环境的改善。攀西民族地区农村居民环境建设发展缓慢，必然与政府监管不力有关。首先，攀西民族地区地方政府需要明确职能权限，协调好政府部门、乡镇政府和村委会之间的关系，真正实现服务型政府的转型。其次，要加强相关部门之间的沟通。攀西民族地区农村居民环境建设不仅涉及政府部门，还涉及土地、环境保护、社会保障、城市规划、医疗等部门。因此，攀西民族地区地方政府必须协调好这些部门之间的关系。最后，要提高监督管理能力，建立激励机制。与城市居民环境建设相关的政府监督管理制度相比，农村居民环境建设监督管理制度明显滞后甚至空白，导致农村居民环境建设缺乏必要的制度保障。因此，有必要完善与农村居民环境建设相关的政府监督管理制度。同时，要加大对相关人员的培训，高素质的政府人员可以为农村居民环境建设提供一定的人力支持。此外，地方政府还需要创建激励机制，对做好农村居民环境建设的个人或团体给予一定的奖励，以发挥其引领模范作用。

6.3.3.3　规范攀西民族地区农村区域投入方式

为了实现攀西民族地区乡村振兴及城乡一体化发展，政府每年都投入

了大量的人力物力，提供了巨大的资金支持。可见，它在发展农业农村经济、改善农村居住环境方面发挥了重要作用。然而，事物的发展不仅需要外部条件，也需要内部因素。发展农村经济、改善农村人居环境的主力军还是攀西民族地区农村居民。对于攀西民族地区来说，只有农村经济快速发展，农民富裕起来，他们才有更多的精力和资金投入农村居住环境的建设中。如果只停留在温饱问题上，就连建设农村良好人居环境都无从谈起。因此，对于攀西民族地区的农村居民来说，发展是唯一的出路。农村经济发展最重要的因素是农村投资方式。农村投资方式调控主要涉及农村经济发展本身的投资方式和农村外部性的投资方式。投资的多少和利用率的高低直接影响农村人居环境建设的进程。就攀西民族地区农村经济发展本身而言，一方面，国家需要引导、鼓励和支持农村轻资源企业和生态破坏小、环境污染少的企业落户农村，并给予其政策支持；另一方面，要培养高素质、高技能的农业从业人员，促进农业发展的机械化、现代化，降低农村投入成本，提高农业产出水平。对于攀西民族地区农村外部性的投资模式，部分农村没有以经济快速发展为目的进行严格的质量筛选，部分高污染高耗能企业对农村生活环境造成了严重的环境污染和严重的生态破坏。因此，攀西民族地区政府有必要积极参与对外投资的综合评价，筛选和寻找优质高效的农村对外投资企业，从而真正促进农村经济的发展。

6.3.3.4 充分发挥攀西民族地区少数民族农村居民主体性作用

首先，要增强攀西民族地区农村居民的主体性，就必须保护攀西民族地区农村居民的自治权。党的十七大明确提出了农村基层人民自治的基本制度，为农村发展提供了强有力的政治保障。攀西民族地区实现村社自治以来，涉及政治、经济、文化的农村事务大多由农村居民自治解决，既突出了农村居民的主人翁地位，又提高了农村居民在农村事务中的话语权，降低了政府解决农村事务的成本，避免了农村的个人主义和群体主义。攀西民族地区农村居民自治是民主的体现，加强了对农村事务的监督管理，提高了政府工作的透明度。然而，由于存在诸多不确定因素，攀西民族地区农村居民的自治权并未得到有效落实，尤其是在较为落后和偏远的村社。因此，保护攀西民族地区农村居民的自治权，建立自下而上的农村自治制度迫在眉睫。其次，攀西民族地区农村的基础设施有待改善。充分发挥攀西民族地区农村居民的主体地位，需要政府提供必要的公共服务和公共产品，为建设攀西民族地区农村居民良好的生活环境提供必要条件，加大资金和政策支持力度，提高攀西民族地区农村教育、就业、医疗、保险、收入和社会治理的覆盖范围，改善民生。最后，提高攀西民族地区农村居民的文化素养。具体数据显示，攀西民族地区接受初等教育的人数仅占总人口的一半以上，因此攀西民族地区农村居民的文化水平相对不高。政府需要加大对攀西民族地区农村教育的财政投入，加强义务教育，加大文化知识的宣传，提高农村居民的文化素养，将农村劳动力转化为人力资源，这是攀西民族地区人民生活环境建设的长期有效保障。

6.4　加强攀西民族地区乡村生态环境保护

良好的生态环境是乡村振兴的最大优势和宝贵财富，因此，必须尊重自然、顺应自然、保护自然。推动攀西民族地区乡村生态振兴，除了要坚持绿色发展，还要加强攀西民族地区乡村生态环境保护，打造攀西民族地区居民安居乐业的美丽家园。

6.4.1　攀西民族地区乡村生态环境存在的问题及原因分析

6.4.1.1　攀西民族地区乡村生态环境存在的问题

（1）攀西民族地区农村农牧业生产面源污染

我们从发展经济付出沉重生态代价的教训中，从认识自然资源有限性、稀缺性和客观自然规律中，深刻认识到，满足人民日益增长的需要，必须充分发挥人的主体性，认识自然、改造自然、合理利用自然。在攀西民族地区，农村农业生产受到严重污染。长期以来，为了提高农业生产力和产量，一直过量使用化肥，这种做法短期内可以提高农业产量，但长期过度使用不仅会降低土壤肥力，导致作物产量大幅下降，还会造成土壤变硬，破坏土壤团聚体结构，不利于土地的周期性利用。此外，为了避免病虫害对农产品的损害，经常使用化学农药，而化肥农药的长期过度使用会改变土壤和水质。不可降解塑料薄膜在农业生产中也有广泛的应用。由于土地对膜的降解效率低，大量的膜被弃置到土壤中，造成土壤结构被破坏，阻碍植物根系的生长和吸收水肥的能力，是农业生产过程中严重的白色污染。

（2）农村工业生产污染

攀西民族地区工业虽然相对落后，数量较少，但各种矿产资源丰富，采矿和矿石粗加工工业已成为该地区重要的工业类型。攀西民族地区农村的工业生产污染主要是由地方政府通过发展一些采矿和矿石加工企业，吸引高污染、高耗的大型化工企业来促进地方经济发展造成的。这些企业在生产工业产品的过程中，会排放大量的固体废物、化学气体和废水或释放大量的有害气体。这些气体废弃物中所含的有毒化学物质和重金属会破坏土壤质量，造成土地污染，在雨水的溶解下被冲刷到地下或流入周围河流，污染水质或空气。这些废弃物挥发出的有害废气中含有二氧化硫、二氧化氮等有毒气体，污染周围大气，产生酸雨或对人体呼吸系统造成严重危害，严重影响农村地区空气质量。大量工业废水未经专用污水处理设施直接排入河流，污染农村河水和地下水，不仅给农业灌溉带来极大危害，还污染人畜饮用水。

（3）农村生活污染

在攀西民族地区的大部分农村，居民的环境保护意识不强，自我保护意识不到位，导致农村生活污染严重。一方面，由于人口众多，每天产生大量的生活垃圾，包括厨余垃圾、塑料垃圾、纸屑、农药瓶等；另一方面，外部城市污染也转移到了农村。寻找新垃圾填埋场的城市已经把目光投向了附近成本低、管理松散的农村地区。此外，攀西民族地区农村经济发展相对落后，环保基础设施相对落后，缺乏专门的垃圾收集和处理系统，导致农村生活垃圾无法得到及时有效的处理。这些情况导致农村生活污染严重，固体垃圾随意堆放，占用大量耕地，降解后产生和传播有害细菌，甚至污染土壤和水源。

（4）农村生态破坏问题

攀西民族地区在大力发展经济的过程中，为满足自身利益而过度开垦土地、过度开发资源，不利于生态环境的自我修复。随着新城建设的加快，大量人口进入城市，当地出现了环境污染、水污染严重、生态失衡等诸多问题。攀西民族地区在农产品生产过程中，化肥和塑料膜的过度使用及雨水的侵蚀，肥料进入水体，导致水体富营养化，水体成分被破坏。此外，一些地方仍存在大量露天采矿，造成水土流失严重，森林覆盖率低；水污染更加严重，饮用水源面临不同的威胁等。这些都是攀西民族地区农村水污染加剧的主要原因，不仅破坏了环境，而且当地人民的健康也受到了极大的损害。目前攀西民族地区的农业生产条件还比较落后，土地资源利用率不高。水质恶化突出，水环境持续破坏，自然灾害频发。攀西民族地区农村家庭长期靠柴火和少量低质煤生活，由此产生的高污染有害气体大量排放到大气中，导致大气污染严重。空气污染、水土流失对植被造成了严重破坏。在开发生产过程中，攀西民族地区农村进行了大量的森林开荒和荒地开垦，导致农业生产中生态屏障丧失，表层土壤有机流失严重，出现了荒漠化现象。水土流失造成土地荒漠化和退化，造成各种自然灾害。

6.4.1.2 攀西民族地区乡村生态环境问题产生的原因

（1）经济因素

攀西民族地区农村生态问题从根本上是由经济原因造成的，呈现出先天的缺陷和不正常的发展状态。进入新时代以来，如何改善和保护农村生态状况，促进当地经济社会可持续发展，已成为迫切需要解决的重大任务之一。第一，由于土地贫瘠，农产品产量和收入低，资金来源少，经济发展滞后于四川省其他地区，缺乏必要的技术投入和资金，农村环境保护缺乏先进的技术措施。第二，在资源开发过程中，忽视了可持续发展的原则，一味追求经济效益，对农业生态系统造成了严重破坏。第三，农村环境意识淡薄，生态环境被过度利用。第四，在传统的农业生产模式下，农民利用自然条件进行简单再生产的能力较弱，不能充分利用当地丰富的生物资源。农村地区的采矿和原油加工仍然呈现高消耗、高污染、低回报的特点，以牺牲环境换取最大利益。在这种情况下，农民的环保意识非常薄弱，增加了资源环境压力，导致自然资源逐渐枯竭，生态环境恶化，生态赤字扩大，生态效益严重受损。第五，在城市化的推动下，大量农民失去了土地，无法承担相应的社会保障责任。第六，在扶贫过程中，多地实施安置，居住集中，没有统一规划，城市化占用耕地，农村原有生存态势被破坏。

（2）文化因素

攀西民族地区农民对环境保护的重视程度不够，导致农村环境问题不断升级。农村教育不发达，长期以来保留了落后的文化观念。受"利益至上"理念的影响，地方政府只注重城乡经济发展，过度使用生态资源，许多城市高污染企业受到环保控制的限制，并向农村蔓延，导致攀西民族地区城乡环境问题不断恶化。农村居民文化素质低，生态环境保护意识淡薄。他们无法预见破坏环境的后果，也不了解破坏后对身体健康和生活环境带来的后果。当环境利益受到侵害时，他们不知道如何申诉，也不知道如何寻求帮助。

（3）社会因素

社会因素对攀西民族地区的生态环境有重要影响。一方面，攀西民族地区人口的增长导致其对资源的需求增加，对资源的过度开采造成了严重的环境污染。另一方面，攀西民族地区农业生产技术落后，资源利用效率低，生态环境保护水平低。此外，公众缺乏环保意识，导致人们忽视了环境保护的重要性和严格环保法规的必要性。为了改善攀西民族地区的生态环境，必须有效控制人口增长，使用先进技术和科学方法，提高资源利用效率，减少环境污染。同时，也有必要普及环保知识，增强公众的环保意识。此外，还要颁布和实施严格的环境保护法规和法律，加强环境监测，有效惩治污染环境的违法行为。只有采取有效措施，才能改善攀西民族地区的生态环境，为人民群众提供更好的生活环境。我们应该牢记，保护环境是我们每个人的责任，要以实际行动保护环境，创造美好未来。

6.4.2 构建攀西民族地区乡村生态环境保护体系

6.4.2.1 增强攀西民族地区乡村生态环境保护的使命感

攀西民族地区各级农业农村部门要深入学习贯彻习近平生态文明思想，切实把思想和行动统一到党中央决策部署上来，深入推进农业农村生态环境保护工作，提升攀西民族地区农业农村生态文明。要深刻把握人与自然和谐共生的自然生态观，正确处理"三农"发展与生态环境保护的关系，自觉把尊重自然、顺应自然、保护自然的要求贯穿到"三农"发展全过程。要深刻把握"绿水青山就是金山银山"的发展理念，坚定不移走生态优先、绿色发展新道路，推动农业高质量发展和农村生态文明建设。要深刻领会普惠民生原则精神，着力解决攀西民族地区农业农村非点源污染、农村人居环境恶劣等突出环境问题，提供更多优质生态产品，满足人民群众对美好生态环境的需求。要多措并举、综合施策，提高农业农村生态环境科学有效保护水平。要深刻领会用最严格的制度、最严格的法治保护生态环境的路径，实行最严格的水资源管理制度和土地保护制度，为子孙后代留下沃土良田、蓝天碧水。

6.4.2.2 构建攀西民族地区乡村生态环境保护的制度体系

贯彻落实中共中央办公厅、国务院办公厅印发的《关于创新体制机制推进农业绿色发展的意见》，构建攀西民族地区农业绿色发展制度体系。落实农业主体功能区制度，建立农业生产力布局、轮休和农业节水高效制度，建立农业产业准入负面清单制度，因地制宜制定禁止和限制发展产业目录。推进工业和城市污染向农业转移防治机制，构建农业农村污染防治体系，加强农村人居环境整治和农业环境突出问题治理，推进农业人员减员、清洁生产、资源化利用、产业生态化。加快填补攀西民族地区农业农村生态环境保护空白。完善以绿色生态为导向的农业补贴制度，推动财政资金向攀西民族地区生态环境投入倾斜，完善生态补偿政策。加大政府和社会资本合作（PPP）在攀西民族地区农业生态环境保护中的推广应用，引导社会资本投向农业资源节约利用、污染防治、生态保护修复等领域。加快培育新型市场主体，采取政府统一购买服务、企业委托承包等多种形式，推动建立农业农村污染第三方治理机制。

7 攀西民族地区乡村文化振兴

攀西民族地区实现乡村文化振兴，是落实乡村振兴战略的必然要求，坚持物质文明与精神文明齐头并进、繁荣昌盛的农村文化，养成文明乡风、良好家风和淳朴民风，提升攀西民族地区居民的精神风貌，持续提升攀西民族地区乡村社会文明水平，焕发乡村文明新风采。乡村文化振兴是攀西民族地区决胜乡村振兴的必然要求，实现攀西民族地区农业和农村现代化这一伟大历史任务，就是要把攀西民族地区新时代乡村振兴工作做得更好。

7.1 民族文化振兴内涵

7.1.1 文化

7.1.1.1 文化的内涵

文化作为一个集合的概念，是人类在社会实践过程中所获得的物质和精神生产能力的复杂总和，是人类所创造的物质和精神财富。英国学者泰勒认为，文化是由知识、信仰、艺术、道德、法律、习俗以及人类在社会中所形成的一切能力和习惯构成的。文化可以分为狭义和广义两种。广义的"文化"是指人类在生存、繁衍、发展和社会实践过程中所创造的物质财富和精神财富的总和。它是人类在生活、生产和生存的实践活动中创造的各种形态的事物所构成的有机综合体，标志着某一社会区域物质文明和精神文明的发展水平，人们的价值观念和行为规范，以及特定的组织结构和生活方式。狭义的"文化"是指与之相对应的社会意识形态（政治、法律、知识、信仰、艺术、道德等）以及各种社会制度和组织结构（如政府、政党、社团、法院、学校等）。司马云杰认为"文化乃是人类创造的不同形态的特质所构成的复合体。"① 章海荣在《旅游文化学》中把文化存在的形态分为：智能文化、物质文化、规范文化和精神文化②。

　　文化作为一个范畴，始终与人类活动形成的纯粹自然世界紧密相连，自然世界带有人类活动的印记，因而能够被纳入文化视野。文化的广义定义涵盖了上述所有内容。人类社会的自然加工和创造活动不是单纯的生物的、物理的，而是社会的，必然反映人的思想，揭示人的力量的本质。在这种情况下，自然成了文化的对象或载体，自然本身也被赋予了文化内涵，即具有一定的文化意义。因此，文化的本质是自然的"人性化"，即人的主体意识的物质化。从某种意义上说，文化具有客观性和主观性。文化主体——人，不仅属于物质世界，更重要的是，人作为一种类似主体的物质存在，具有思想和价值，始终存在并处理着自己的价值目标、需求和审美趣味，并据此改造客观世界。因此，文化不仅包含自然，还包括人文、艺术、科学技术等因素。因此，文化具有广泛的外延，其内涵十分丰富。人类社会经历了漫长的岁月，不断进化。人类社会的进化和发展是一个不断适应和改造自然世界以满足其需要并不断完善自身的过程。这是人类进步的过程，其特征是自我认知的增强，改造自然世界的能力和将自己的认识应用于外部世界的能力的增强。人们通过在实践中对客观对象的重新认识，获得新的知识，最终成为文化。文化的一个重要特征是民族性。在改造自然的过程中，人们形成了不同的民族，外化的本质是民族的核心力量，而文化则突出了这一核心力量。文化是一个民族创造力的象征，它既表现在创造的过程中，也表现在创造的结果中。甚至文化的民族性也以一个共同的本质为中心，即人类对真、善、美的渴望状态。因此，文化既是一种精神现象，也是一种社会存在，反映了人们的生活和精神状态，表达了人们对现实世界的认识和理想的目标和行为模式。文化体现了人的价值和尊严，是一个美好的社会，揭示了人们对自由、财富、权力、幸福的追求，以及和谐美好的愿望。同时，文化也以自己独特的方式表达着人们对自然、社会和自我的理解和认同。因此，文化具有象征性、民族性、时代性、整体性和价值多样性。

　　文化是以民族为基础的。在这个意义上，"文化"的概念既包括物质层面，也包括精神层面，具有历史性和时代性的特征。文化作为人类社会

---

① 司马云杰. 人类社会学 [M]. 济南：山东人民出版社，1987：11.
② 章海荣. 旅游文化学 [M]. 上海：复旦大学出版社，2004：81.

适应自然、改造自然的产物，其不是个人行为的结果，而是一个社会群体的结果。不同的社会群体也创造了不同的文化，因此文化与民族是不可分割的，具有典型的民族特质。文化传承不仅包括文化本身的传承，也包括其他文化的传播，这两者都属于文化延续的范畴。文化传承是以一定的制度规范和规则为基础的，包括语言、文字、信仰等。文化传承是以符号和身份来传递的，是上下两代人之间传递和接受文化的过程。传承过程通常受到生活环境、文化背景等因素的制约，因此文化传承是一种强制性的、定型的需要，最终形成一种文化传承机制，使人类文化具有历史稳定性、完整性、延续性等特征。

前文分析表明，文化是人们在长期的生产生活中积累和创新而形成的，它没有固定的形态，随着人们的实践而发展和变化。在这个过程中，人与环境的互动以及由此产生的新事物都将成为文化的一部分。具体来说，文化是物质文化、制度文化和精神文化的复杂统一。

6.1.1.2 民族文化

民族文化就是各个民族的祖先为求生存而不断调适、不断适应、改造自然生态环境的产物，其被该民族多数成员普遍接受、共享、深层认同、保持和世代传承。

民族文化是指在不同历史时期形成的，以一个国家或地区为主体，具有鲜明民族特色的文化体系。民族文化在文化的地域性和特殊性方面更加突出。它源于一定的地理空间，为一定的民族而发展。它是某种民族思想、感情、价值观念、生活理想、审美喜好、生活方式、智力水平和文化精神的融合。它是世界文化的一部分，世界文化包括各民族文化，是各民族文化的总结和归纳。

民族文化可分为表层文化和深层文化。它的外在表面是我们能直接观察到的服装、饮食、建筑、语言和文字、工艺和艺术、生产和生活方式；它的内在深度是通过对各种具体事物的分析而产生的民族性格和情感体验。其内在深度体现在民族心理、民族情绪与民族信念、民族意志与民族自尊等关系上，需要我们仔细观察、理性把握。在民族意识中，它是最高的、最高贵、最神圣的文化。

民族文化的外在表面与内在深度是紧密相互依存的关系。在这个过程中，人与环境的互动以及由此产生的新事物都成了文化。因此，理解一个民族的文化不应局限于其表面的文化，更应深入挖掘其深层内涵。民族文化是一个历史范畴，它随着社会生产力水平的提高而不断发展，为自身的生命力提供动力。一个民族要在世界中独立，不是依靠其外在的表面文化，而是依靠其自身的精神本质，这种精神本质反映了民族生存的智慧，是通过自身的物质形式和自身的传承而形成的。

"民族文化是各民族在长期的发展过程中所形成的，包括建筑、饮食、服饰、娱乐、节庆等物质文化，也包括传统习惯、礼仪、宗教、公共道德和价值标准等精神文化和制度文化。"① 民族文化是在一定地理环境中积累形成的物质文化精神文化和制度文化的总和，具有民族的特点。由此看来，民族文化是一个由表层结构和深层结构组成的有机整体。从这个角度看，民族文化的基本构成是物质文化、制度文化和精神文化。其中，最重要、最有特色、最容易理解和接受的是物质文化。物质文化，是精神文化的外在表现，属于民族文化的表层；制度文化是指一个民族共有的习惯性偏好、行为习惯或习俗、制度；精神文化的主要内容包括民族意识、民族性格、文化心理、科学哲学、价值观念、伦理规范、审美趣味、文化财富与传统、文学、经典、宗教信仰等，为民族文化提供了深层结构②。

7.1.2　攀西民族地区民族特色文化的传承与保护

在经济全球化进程中，经济交往过程中也存在文化交流和文化渗透的现象。民族文化不可避免地会受到外来文化的影响，外来文化又会冲击民族特色文化。在漫长的发展过程中，外来文化对民族文化的影响越来越大。因此，攀西民族地区民族特色文化的传承与保护变得日益紧迫。

攀西民族地区经济社会基础薄弱，民族众多，以彝族为主。其他少数民族的人口都比较少。彝族文化是这一地区的主要特色，但攀西民族文化的保护一直不太成功，充满了危机。当前，在全面推进中国特色社会主义现代化进程中，切实保护和传承民族民俗文化显得尤为重要。传统的保护措施已不适应新形势的要求，有必要在文化产业领域寻求具有攀西民族地区特色的文化保护与传承新途径。

7.1.2.1　攀西民族文化传承与保护存在的问题

攀西民族文化是攀西民族地区人民长期实践的产物。在漫长的历史进

---

① 刘海洋. 文化变迁视角下的民族旅游产品开发研究：以吉林省伊通满族自治县为例 [J]. 满族研究, 2015 (2): 93-98.

② 刘海洋. 文化变迁视角下的民族旅游产品开发研究：以吉林省伊通满族自治县为例 [J]. 满族研究, 2015 (2): 93-98.

程中，它随着社会的发展演变成一种具有自身特点的独特文化体系。在过去的很长一段时间里，由于生产力水平低，受地理环境的制约，攀西民族地区的人民处于相对孤立的状态，高高的山脉和极其困难的交通直接阻挡了异质文化对他们的冲击，这使得他们很容易保持生活的独立性和文化的独特性。在历史发展过程中，当地形成了独特的民族语言、民俗文化和相应的宗教习俗。攀西民族地区独特的地域环境在客观上对不同的文化起到了保护作用。新中国成立以来，特别是改革开放以后，随着攀西民族地区人民活动范围的扩大，物质、交通、信息条件的改善，攀西民族地区民族文化的地域特色逐渐被其他文化渗透。在这种情况下，原有的地域文化失去了明显的特征，形成了"你在我，我在你"的复杂体系。

在现代化进程中，外来文明的冲击给民族地区的文化带来了严重的危机，因此如何保护攀西民族地区民族文化成为迫切需要解决的问题之一。攀西民族地区在文化传承与保护方面面临着困境。一方面，要大力发展经济，实现攀西民族地区农村的振兴；另一方面，应该保持攀西民族地区的特色文化。从攀西民族地区近年来的实践来看，在全国其他省份的帮助下，虽然其经济发展较快，脱贫攻坚任务已经完成，但社会效果并不理想。随着经济的发展，价值观也发生了变化，这直接关系到攀西民族地区民族文化的保护和传承。

"文化全球化和文化产业化的趋势正在日益明显地表现出来。""民族文化资本化的行为并不由于有所谓传统文化丧失的危险的存在而停止……现代社会已经进入了一个经济支配社会的时代，或者说，是一个经济资本支配了社会的时代。而这样的经济是资本原则所确立的。资本泛化扩及了社会生活的各个层面，民族文化资本化也正是这样一种影响下的结果……伴随西方经济强势的逐步形成，西方文化的强势地位也得以实现。"① 在外部强大文化的影响下，攀西民族文化的危机进一步加剧，尤其是一些急功近利的行为，使得攀西民族地区的文化特色逐渐失去了原有的真实状态和文化内涵。"文化全球化、文化产业化的趋势日益明显。"近年来，随着医疗保健产业的兴起，攀西民族地区逐渐成为热门旅行目的地，一些人利用"假民俗"来获取商业利益。在此背景下，很多人将目光投向了传统旅游资源中的非物质文化遗产，并将其作为一个产业进行管理和运营。显然，

① 陈庆德，马种炜. 民族文化资本化 [M]. 北京：人民出版社，2004：63-64.

这种所谓的"发展经济"对攀西民族地区民族文化造成了极大的伤害。

7.1.2.2 民族特色文化传承与保护的机理

（1）动态保护

民族文化的特点是动态的，承载着浓厚的地方气息，活跃在各民族的物质和精神生活中。旅游业作为一种产业，其目的是满足人们的精神需求。以往对攀西民族地区特色的保护主要是静态的，往往采用修建博物馆的方式来展示其特色。这种传统的保护模式已经不能满足现代社会对文化多样性和独特性的追求。在近年来的文化保护工作中，出现了由静态保护向主动保护转变的趋势。目前，已采取若干保护措施，如设立特别保护区，设立宣传机构，开展各种活动。两种保护方法在保护技术和管理方法上存在较大差异。从理论上讲，只有将传统文化融入现代社会，才能产生持久稳定的生命力和吸引力。民族传统文化只有在当地人民的日常生活中扎根，才能赋予生命力。民族文化的特点是动态的，承载着浓厚的地方气息，活跃在各民族的物质和精神生活中。因此，民族文化保护不能停留在"静态"的层面，而应该从动态的角度来考虑。许多民族特色文化仍然在人们的生产生活中发挥着重要作用。它要求民族文化保护不能是静态的，而是动态的，是不断发展变化的，是富有生命力的。因此，研究如何积极保护攀西民族地区的民间传统文化，使其成为我们当下的宝贵财富，对于维护攀西民族地区社会和谐稳定，促进攀西民族地区经济快速健康发展具有重要意义。只有生活和习俗才能延续民族特色；没有生活和习俗，任何特色文化都将成为历史遗迹，失去其生存意义。

民族特色文化所具有的时代性、创新性，就决定了它的保护不能是封闭的、守旧的静态保护，而应是一种开放与进取的动态保护。

（2）整体性保护

民族特色文化是整体性的，并非单一存在，由无数种特定文化事项、文化因子组成。因此，加强特色文化的传承与传播对于促进当地社会经济发展具有重要意义。要取得较好的保护效果，就必须尊重民族特色文化所固有的丰富性、各种文化因子之间的内在关联和生命特点，总体上对它所具有的内容与形式进行保护。只有在此基础上，才能更好地实现对民族传统文化的有效保护与传承。既保护民族特色文化本身形态与内蕴，同时也要保护好这些文化赖以生存的东西、融合的生存环境。

攀西民族地区民族特色文化与其所处的自然、社会、生态、人文环境交织在一起，若仅重视特色文化本身的保护，割裂了其所处环境，则保存下来的文化，是残缺的。因此，要实现当地文化保护和传承，就必须重视对本地自然环境和人文生态系统的保护，使之既能满足人们精神需求，又能保持生态平衡，从而推动整个区域经济的和谐健康发展。近年来，在攀西民族地区文化产业尤其是民族文化旅游迅猛发展的同时，大批游客涌向攀西民族地区，对其本已薄弱的生态环境造成了严重的冲击，给当地的文化生态同样带来了损害。虽然我们也已看到，攀西民族地区的地方政府重视自然生态与文化生态的保护，但文化的整体性没有得到很好的保护。从某种意义上说，这也说明，对于一个地区而言，保护的重点不是文化本身而是文化生态系统。在保护和传承文化的同时，我们经常把保护对象逐一分解，把它从攀西民族地区居民总体生活中分离出来，没有思考这些文化生命发展的历程与趋势，也没有注意到它和攀西民族地区生态环境之间的内在联系。因此，需要从宏观上思考如何协调好各个层面关系，才能使文化保护真正成为一个系统工程，实现整体性保护。实行整体性保护就是要全面考虑到政治、经济、文化、社会和其他方面要求，通过顶层设计和各方专项规划，把攀西民族地区特色文化的保护置于攀西民族地区乡村振兴的大背景下及可持续发展与繁荣等高度与范畴来思考，融入攀西民族地区的经济社会发展目标，启动攀西民族地区的居民参与，在保护利用过程中、在继承和创新中寻找一个平衡点，不但保护文化本身，还要保护生活在文化中的人，为攀西民族地区特色文化可持续发展创造条件。

（3）创新保护手段

汤因比认为："文明是一种运动，而不是一种状态，是航行而不是停泊。"① 文化要创新，才具有文化生命力，创新不是割断民族文化传统，而在于振兴文化。在当今全球化背景下，文化创新成为时代主题之一。作为一种创造性的文化行为、形态，创新既包括理论上的突破、思想上的飞跃，也包括实践中的探索，它要求文化必须适应时代和社会进步的需求而不断创新。在费孝通看来，文化要发展，不能脱离传统和创新。"文化的生和死不同于生物的生和死，但有时又有相同的规律。它们都要有自己的基因，也就是种子。就像生物学里面要研究种子以及基因一样，文化里面也要研究这个种子，怎么才能让这个种子一直留存下去，并且要保持里面

---

① 汤因比. 文明经受着考验 [M]. 沈辉，赵一飞，尹炜，译. 杭州：浙江人民出版社，1988：47.

的健康基因。脱离了这些就不行，种子就是生命的基础，没有了这种能延续下去的种子，生命也就不存在了。文化也是一样，如果脱离了基础，脱离了历史和传统，也就发展不起来了。因此，历史和传统就是我们文化延续下去的根和种子。但是，一种文化只有种子还不行，文化还要在新的条件下发展，要适合新的需要，只有不断创造，才能赋予传统以生命。这样，其生命也才会有意义。"① 文化基因不仅是要继承的，还要扎根于时代土壤，使其具有时代特色，这样文化才能焕发生命活力。

"每一种文化都不能脱离时代性的规定，不能与世界文化的大时代相违。"② 在人们社会实践日益深化的今天，时代在转换、岁月在流逝、空间在拓展，民族文化的变迁是必然的，包括内容与形式两个方面，还存在质与量的关系。民族特色文化以保留已有特色文化内核为前提，还要不断汲取其他文化中的精髓，不断地融合、更新与创新，是民族文化本身发展与革新的必然要求，也是一个民族文化生存的普遍规律，由此，特色文化变化，就是民族文化生命力的体现。从这个角度来说，只有把民族特色文化作为一个整体来对待，才能实现民族性与时代性的融合，才能够真正体现出民族文化的独特价值。柏克认为：一个国家若没有改变的能力，也就不会有保守的能力。没有这种能力，它将不免冒着一种危险，即失去其体制中它所最想保存的部分③。民族文化同样如此，一个民族即民族文化要能够有效应对环境变化，并能够获得安身立命的精神家园，就必须在原来的文化基础上进行不断的文化创新。

民族特色文化，是具有生命的体系，需要持续吸收新鲜血液，以维持它的发展的生命活力。只有这样，才可以使我们的文化适应现代生活需求，才能更好地体现出自己的民族特色和魅力。"没有文化创新就不会有文化变迁。没有文化创新群，就不会实现全面的文化变迁或文化变革。文化创新是诸多的文化变化的因素和条件的汇聚，这些因素和条件包括文化传播、文化发明、文化发现，以及文化变迁的不同类型，即无意识文化变迁和有意识文化变迁。"④

① 方李莉. "文化自觉"思想的提出：费孝通先生晚年跨越的最后一重山 [N]. 中国文化报，2010-11-26.
② 何星亮. 非物质文化遗产的保护与创新 [N]. 光明日报，2005-08-05.
③ 柏克. 反思法国大革命 [M]. 张雅楠，译. 上海：上海社会科学院出版，2014：106.
④ 曾小华. 文化·制度与社会变革 [M]. 北京：中国经济出版社，2004：62.

以维护民族传统文化内核为前提，怎样才能更好地发扬民族特色文化，不断开发、创新，使它焕发出生命的活力，让它在新时代换新颜、与当代接轨，这是攀西民族地区民族文化的一大任务。因此，文化创新是民族地区经济发展的不竭动力。近些年来，部分民族特色文化与现代文化实现了全面对接，比如《印象·刘三姐》等民族文化产品，又比如《云南映像》，这些文化产品用民族特色的文化元素作为材料去粗取精，符合时代审美，满足大众需求，立足于维护民族传统文化内核，借助现代创意，注入时代新元素，打造民族文化精品，对民族文化艺术形式进行革新，为民族特色文化注入新的生机。

（4）坚持文化自觉是民族文化保护与传承的原动力

民族文化活的记忆是民族文化的魂，是维系民族存在的生命线，也是民族文化认同的重要标志。为此，应坚持传承与发展相结合，注重民族性和时代性相统一，继承和借鉴并重，不断创新民族文化形态，实现特色鲜明、内涵丰富、富有个性、充满活力的现代化建设目标。所以，文化认同与文化自觉构成了民族文化传承和保存的根基。

费孝通认为："文化自觉是指生活在一定文化中的人对其文化有'自知之明'，明白它的来历、形成过程。文化自觉是为了增强对文化转型的自主能力，取得为适应新环境、新时代而进行文化选择时的自主地位。"[1]"文化自觉的要义是民族意识，任何民族都应该有一个清醒的自我。"[2] 一个民族，若多数居民对该民族文化失去记忆与意识，则该族群的文化与精神内核将荡然无存。民族文化只有在不断发展变化中才能保持其生命力。

在现代社会里，文化传承是每个民族都会面临的问题。文化认同应建立在文化价值的基础之上，必须通过民族文化产业的发展，正是文化物化使攀西民族地区居民从发展民族文化中获得了实际经济利益，以全新的视角对攀西民族文化进行了价值再造，由此形成了具有高度民族文化自信的文化，调动了攀西民族地区群众保护文化的积极性与积极性。一是要求必须尊重攀西民族地区群众的文化创造力与劳动成果，明确攀西民族地区人民在民族特色文化发展中的主体地位，要让攀西民族地区人民成为民族文化发展的主人而非旁观者；二是协调好民族文化中多重利益主体之间的关系，维护攀西民族地区群众的文化权利，为保护与传承文化提供了不竭

---

① 费孝通. 对文化的历史性和社会性的思考 [J]. 思想战线，2004（2）：1-6.
② 唐骅. 当代视觉艺术的文化品格 [J]. 文艺理论与批评，2008（3）：116-122.

动力。

"认知、理解和诠释自己的民族文化历史，联系现实，尊重并吸收他种文化的经验和长处，与他种文化共同建构新的文化语境。"① 一个民族的文化发展，它的主体应该是该文化中的人，只有大多数人都积极主动，自觉地投入对这一文化历史与传统的保护与继承中去，这一民族文化才是有生命力的。同时，文化自觉需要全社会的努力，需要社会成员共同参与，激发起包括政府、传承人、保护工作者及全体民众在内的全民族的文化自觉，形成整个社会认同和文化保护的合力。

7.2　攀西民族地区文化产业发展与民族文化保护及传承

攀西民族地区文化产业发展与民族文化保护和传承是攀西民族地区民族文化发展繁荣的重要方式。文化自觉是民族文化建设的内在要求。过去在民族文化的保护与继承中，往往把文化产业同文化的保护与继承相对立，就其内在机理而言，它们之间存在内生互动关系，具备协调共赢机制。

7.2.1　攀西民族地区民族文化保护和传承是民族文化产业可持续发展的前提和保障

7.2.1.1　民族特色文化保护与传承可以创造多种价值

保护和保存民族文化不仅是文化事业的一部分，而且可以带动文化产业的发展，创造产业价值。文化保护和传承的价值创造分为直接贡献和间接贡献，直接贡献更多地体现在文化保护的附加值上，间接贡献更多地体现在经济效益和社会效益上。文化产品和文化活动是民族地区经济发展的重要组成部分。民族文化的保护和传承虽然是文化事业的一部分，但其在文化产业中的间接效益是显著的。文化与其他产业相结合，可以促进文化产生更大的价值，特别是以文化为主导的现代服务业，两者相结合可以为民族地区经济培育新的增长点，对于促进民族地区经济快速发展具有重要意义。

---

① 费孝通. 对文化的历史性和社会性的思考 [J]. 思想战线，2004（2）：1-6.

文化贸易以其独特的优势日益受到重视。以民族文化遗产为核心的文化贸易服务，随着经济社会的发展，其内容和范围越来越多样化，经济链条效应日益突出。目前，中国多地建立了各具特色的民族文化产业园区，并形成了一定规模。攀西民族地区民族博物馆成为外地游客参观、休闲的场所，带动了大量的旅游消费。它不仅传播了攀西民族地区民族文化，而且促进了攀西民族地区旅游业和保健产业的蓬勃发展。同时，依托当地资源，建设有特色、有功能的民族博物馆，开展各种活动，提高了人民群众对少数民族历史文化和生活习俗的认知，增强了民族团结意识。特别是在各大民族文化特色突出的地区建设生态博物馆，将其纳入攀西民族地区文化旅游的整体发展，促进旅游业、保健产业和民族手工业的发展，取得了良好的经济效益和社会效益。

发展民族文化产业，根本在于保护和传承民族文化。随着中国社会经济的不断发展，人们对物质生活的需求越来越大，这也对民族文化的生存和发展提出了挑战。攀西民族地区民族文化的保护与传承，可以使攀西民族文化特征更加明显，资源分化更加显著，开发利用价值更高，也可以避免文化发展中的破坏。当前，随着经济社会的快速发展和工业化进程的加快，传统农业逐渐被现代工业所取代。在自然资源日益稀缺、资源日益枯竭的背景下，转变发展方式、实现产业升级是我们的选择。旅游业作为一种新兴产业，具有带动就业的功能，同时也能促进当地经济社会的协调和可持续发展。攀西民族地区经济基础薄弱，生态环境脆弱，发展压力大，经济转型升级难度较大。以攀西民族地区的自然资源为依托，弘扬民族文化，大力发展民族文化产业、旅游、医疗卫生也符合可持续发展的基本要求。因此，旅游与文化产业的融合发展已经成为一种趋势，这也符合当前中国社会发展的需要，有利于解决"三农"问题，实现乡村振兴的目标。

攀西民族地区民族文化自身发展存在可持续问题，就必须充分考虑攀西民族文化的延续性与承接性，既需要对民族文化遗产持尊重、敬畏之心，也需要落实文化的保护与传承。因此，必须把文化资源作为重要战略资产，通过产业化方式进行有效开发利用。

保护民族文化是文化产业长远发展的基础。文化产业要实现可持续发展，就必须扎根于民族丰富的文化土壤中。旅游业作为一种新的消费方式，其发展得到了国家政策的支持和人们的广泛关注，而民族文化为旅游业提供了丰富多样的产品内容。在发展攀西民族地区文化产业方面，民族手工艺应体现攀西民族文化内涵，民族歌舞应体现生产、生活、精神文化习俗，民族保健项目的开发主要依赖于游客对攀西民族文化的体验需求。因此，只有从这些方面入手，才能促进攀西民族地区民族文化产业和产业集群的健康发展。广西漓江、云南丽江发展民族文化产业的成功案例都证明，在保护民族地区特色文化的基础上发展民族文化产业，走保护型发展道路，是实现民族文化产业和经济可持续发展的根本原则。

当前将民族文化作为文化产业资源进行开发利用，是保护民族文化的一种方式。攀西民族地区的民族文化保护真正需要解决的问题不是民族文化是否需要发展，而是在保持现有攀西民族地区民族文化、实现文化保护与产业发展良性互动的前提下，走工业化道路的同时，如何避免扭曲、庸俗化、同化或畸形变化、消解和消失。

7.2.1.2 民族特色文化保护的多种方式

在新时代，特别是在文化产业发展领域，我们不能保守，不能为了保护而保护，应积极探索保护新形式新路径。民族文化是人类历史文明的结晶，与生态环境密切相关。只有合理利用生态环境，才能更好地为人民服务。民族文化不应该被冻结或孤立在封闭的环境中，而必须被注入生命的活力。因此，要开发利用、继承和创新文化资源，就必须将民族文化融入其中。在这方面，创建一个生态博物馆可以说是保护民族文化的一种更好的方式。所谓生态博物馆，就是利用现代科技手段，对自然环境进行全面改造，使之成为人类社会生活所需要的新型博物馆。生态博物馆是相对传统的，倡导保护原生态的博物馆。所谓生态博物馆，就是研究和展示人类生存环境的场所，主要目的是保存和传播地方特色。就是把一个社区或某一地区作为博物馆，把各民族文化的特点以比较完整的文化形式保存下来，如实物展示、影像表演、视听储存等，反映出相对于特定人群的文化特点。它不仅可以保护文化遗产，还可以促进文化交流和旅游业的发展。特别是当地居民可以利用自然环境和文化资源吸引游客和保护文化资源，大力发展文化旅游和医疗保健产业，提高当地居民的生活水平及当地知名度。

文化的先进性是以物质生产力的进步为保证的。在现代社会，人们越来越重视文化遗产的科学开发和利用。随着文化产业的发展和文化市场的兴起，文化保护的方式必然会发生重要的变化。文化的传承与发展，离不开文化载体——文化产品的发展。文化产品的创造必须通过文化创意产业来完成。作为一种创造性的产品，它是一种创新活动。文化产业适应文化保护和文化创新的需要。如果创新做得好，不丢失民族文化的核心，那么文化产业确实可以成为保护文化的有效途径。

7.2.2　攀西民族文化产业发展是民族文化保护的内在需求和重要途径

7.2.2.1　产业化促进民族特色文化可持续发展

"任何一种文化现象，一旦在社会中失去功能，也就会自动消失。"① 当前中国特色社会主义已经步入新时代，随着各类交通设施设备的日臻完善，人与人之间的交流与日俱增，在攀西民族地区这片古老的土地上，焕发着勃勃生机。在现代社会中，人们越来越重视对文化遗产的科学开发与利用。"在全球一体化的时代，任何民族既立足在自己的经济实力里，也立足在自己独有的文化中。"② 攀西民族地区辖区面积大，交通不便，山区阻隔，零散特殊环境和狭小区域、小范围文化发展状况，使得地方文化生态脆弱。攀西民族特色文化多数遗存形态含混不清，它具有文化物种性、基因性等，更易受现代文化的消解。在现代化进程中，传统民族民间文化资源受到了不同程度的冲击与破坏。

就攀西民族文化本身而言，攀西民族地区民族文化与其他民族人民的生活密切相关。它是一种代代相传的传统文化表达方式。它在形式、构成和内容上经历了不断的演变、变异和发展。由于地理环境和历史变迁等因素，各民族之间在语言、习俗和生活方式等方面存在差异。文化的保护和传承与演变不是形式的恢复。保护就是继承它、促进它。保护应坚持整体性原则，使其既保持民族特色，又不失时效性。没有保护就难以发展，只有保护才能更好地发展。此外，没有发展，保护就失去了作用。因此，为了使传统文化得以延续和繁荣，必须合理地继承和弘扬。攀西民族地区特色文化的传承主要是通过口口相传来实现的，有的缺乏文字记载和传播载体，不利于与外界的传播和交流。同时，也存在一些文化资源的断裂和被外来文化同化的趋势。因此，只有将这些传统文化形式与现代经济相结合，才能更好地实现其价值。它要求我们不断创新，但也要保持特色，要与时俱进；否则，它就会失去其文化内涵。

---

① 何星亮. 文化多样性与全球化 [J]. 湖北民族学院学报（哲学社会科学版），2004（3）：1-4，21.

② 王治河，薛晓源. 全球化与后现代性 [M]. 桂林：广西师范大学出版社，2003.

推动文化产业的发展，必须对传统文化与现代传媒进行挖掘、梳理、结合。要确保攀西民族地区民族特色文化的传承顺利进行。通过攀西民族地区民族特色文化的产业化，可以增强攀西民族特色文化本身的生命力，加强对攀西民族特色文化的保护。同时，产业化还可以普及古老的攀西民族地区民族文化，从而达到规模化发展的目的，进而不断扩大影响，获得更广泛的推广，引起社会的广泛认可。这样可以扩大攀西民族地区民族文化的影响，保护攀西民族地区民族文化的公共基础。正如王明娟和孟贤惠所说："民族文化必须发展，才能更好地传承。"

7.2.2.2　民族文化产业发展对民族特色文化保护的多重作用

对民族文化的产业化开发，是攀西民族特色文化得以弘扬与光大的重要途径与保证。

（1）民族文化产业化可以为民族特色文化的保护提供经费支持

文化价值体现和保护的重要途径是发展文化产业。文化产业是一项复杂而庞大的系统工程。文化产业是利用文化资源生产文化产品，使文化价值得以体现和实现的过程。在文化产业发展过程中，要合理开发和利用民族民间传统文化。把文化看作一种资源，通过有效利用发展民族文化，从而发展民族文化本身。在文化产业背景下，对民族地区合理的文化开发与建设，可以充分挖掘其独特的民族文化内涵，并通过多种方式进行传播，从而更好地展现民族文化的特色与魅力。这样不仅可以对民族文化文物进行修复、整理和保护，而且可以为非物质文化的传承提供必要的资金。文化保护最重要的资金来源是文化产业带来的经济效益。一般来说，文化产业的附加值和效益都很高，不仅能很好地保护文化，还能带动当地经济的发展。因此，要实现这一目标，就必须加大民族文化旅游产业的发展，带动相关产业的繁荣，并在此基础上，促进旅游业的快速健康发展。随着中国文化产业振兴规划的颁布和国家文化产业战略的大力推进，为攀西民族地区民族文化复兴提供了国家政策支持，为当地民族文化复兴指明了方向。

（2）攀西民族地区民族文化产业发展为民族特色文化保护开拓了空间

攀西民族地区民族文化为攀西民族文化产业的发展提供了前提条件。将攀西民族地区民族文化转化为经济价值，使其成为文化产品和服务，本质上是传播特色文化，保护民族文化。民族性是民族文化的核心属性，只有充分尊重这一基本特征，民族文化才能持续发展，保持持久魅力。尤其在涉及核心层的文化产品中，如何直接有效地传播和推广民族文化显得尤为重要。攀西民族地区乡村振兴和农业现代化战略的实施，将直接促进攀西民族地区民族文化的宣传和交流，为民族文化的保护、传承和弘扬提供广阔的平台。通过产业带动、旅游推广等方式推广，成为具有强大影响力的品牌文化，从而带来巨大的经济效益和社会效益。在文化产业快速发展的今天，文化贸易空前活跃，文化产业将成为文化传播的主要有效形式。"任何文化精神的传播都必须找到相应的文化产品才能真正实现，文化软实力必须借助于特定的文化产品才能进行有效的传播。"① 文化产品是精神产品的一种，通过精神产品的物化，把精神上的事物变成物质产品是显而易见的，文化产品的交易，则不属于单一物质交易，也包含了对文化价值进行有效宣传。民族性是民族文化的核心属性，只有充分尊重这一根本特性才能使民族文化得以持续发展并保持长久魅力。"文化的全球性发展不光以文化作品、学术语境、思想范式等形式扩散，而且也应以产业化形态辐射。"② 当然文化产品是作为一种商品或者一种行业出现的，其生产与消费都不可避免地要按照市场规律办事，通过日益扩大的市场，发挥商品的内在价值，最大限度地发挥文化产品的价值。

攀西民族地区借助地缘、人文等优势，发展外向型文化产业，加大攀西民族地区在四川乃至全国市场中的民族文化产品与服务比重，它不但是攀西民族地区民族特色文化向全国传播的一条重要路径，而且还向外界宣传攀西民族的价值观，增强攀西民族地区经济和软实力是重要手段。

（3）增强攀西民族地区居民文化保护的自觉性和自信心

民族文化产业的发展是市场经济条件下文化事业的一个平台，它比文化事业的平台更广泛、更灵活。以共同的文化产品和文化服务为基础，培育和强化民族文化偏好和选择，共同的消费需求也孕育了共同的民族文化产品和服务。通过市场力量将民族文化元素融入各种产业活动中，形成强大的经济实力和竞争力，促进民族地区经济社会发展。将攀西民族地区的民族文化产品和服务发展到全国，可以通过消费者的传播，培养各民族之间的文化交流和认同。因此，通过大众传播媒介向社会普及民族文化资源，最终形成民族文化产品和服务体系，已成为实现民族地区经济增长、

① 贾磊磊. 中国文化软实力提升的策略与路径 [J]. 东岳论丛，2012（1）：41-45.
② 梁裴. 论全球化视野下的民族文化整合与发展 [J]. 广西民族大学学报（哲学社会科学版），2003（2）：77-81.

增强民族地区竞争力的重要手段。保护攀西民族地区民族文化是攀西民族地区居民的一项事业。文化产业的发展，使公众在消费文化产品时意识到文化的价值和保护的意义，从而意识到文化并积极维护文化。通过对文化产品和服务的投资和开发，提高当地居民参与文化建设的积极性。攀西民族地区民族文化产业的蓬勃发展，为攀西民族地区创造了巨大的经济效益，使居民重新审视民族特色文化在本民族发展中的意义，增强了保护民族特色文化的主动性和积极性。

如《印象·刘三姐》《云南映象》《丽水金沙》《勋巴拉娜西》及其他民族地区出现的以民族原生态为基础的生活、生产、歌舞、服饰等具有民族特色的文化产品，与现代舞台相结合，舞美创意，富有古朴和新意。这些优秀的民族文化产品，不仅有力地拉动了地方民族歌舞演艺的发展，还让当地民族见识到民族特色的文化魅力与价值，民族自豪感、自信心得到增强，从而强化了文化保护意识。同时，这也为我国其他区域民族文化产业发展提供了借鉴作用。

7.3 攀西民族地区文化振兴的实施路径

推动攀西民族地区民族文化的振兴，应从增强文化自信和文化自觉入手，强化农村思想道德建设，丰富公共文化产品供给，满足当地居民的精神需求，培养和发掘民族文化的人才、培养乡贤文化等。

7.3.1 提高攀西民族地区民族文化自信与文化自觉

攀西民族地区乡村文化振兴，首先要增强攀西人的文化自信和文化自觉，从民族文明发展史的角度认识攀西民族地区当下的乡村文化，并进行重建。攀西民族文明根植于农耕文明，攀西传统文化的主体根植于农村。在历史演变过程中，乡村逐渐形成了具有鲜明地域特色和民族特色的地域文化圈，并以自己的方式影响着整个攀西民族地区的发展。从几千年的古老文化积淀到院落村落的独特风貌；从丰富的民间节日的地方风味到丰富多彩的民间艺术；从耕读的家庭教育、父子孝道、家训到邻里守望、诚实礼貌，都给攀西民族地区民族文化贴上了鲜明的标签，携带了保持攀西民族地区文明活力的基因密码，展现了攀西人的智慧和精神追求。"今天当我们谈传统文化的时候，总是夸大传统文化的抽象概括性意义，而忽略这种文化所产生的历史条件和社会土壤，淡忘了这种传统文化的根基元素。"① "乡村文化是一个国家或民族长期积累的具有地方特色的物质文化遗产、非物质文化遗产及生活方式、价值观念和行为模式的总和。"所以攀西民族地区要复兴乡村文化，就必须对历史资源进行挖掘与总结，对乡村文化进行再审视，"乡村文化价值的重建，就是以现代人的视角、现代化的眼光对乡村文化的回望和致敬，是当代人对乡村文化的反哺与滋养。"② 只有这样，才能让人们认识到乡村文化的真正价值所在，从而实现"乡风文明"向"村容整洁"的转变。"如何让乡土文化回归并为乡村振兴提供动力，如何让农耕文化的优秀精华成为建构农村文明的底色，是摆在我们面前具有重要现实意义和深远历史意义的时代课题。"③ 攀西民族地区民族文化在我国优秀传统文化中占有重要地位，应关注原有乡土性文化，使攀西民族地区民族文化得以保存和自我更新，与现代文化要素相融合，赋予时代全新的内涵，使它在新时代显示出自己的魅力与风范，突出农村文化建设价值，与国内其他民族的文化交相辉映。

7.3.2　加强攀西民族地区农村思想道德建设

"农村加强思想道德建设，需要坚持教育引导、实践养成、制度保障三管齐下，采取符合农村特点的有效方式，深化中国特色社会主义和中国梦宣传教育，大力弘扬民族精神和时代精神。"④

发展和加强攀西民族地区农村党组织，发挥民族文化振兴的引领作用。党员群众代表是村民自治最重要的组织载体之一，也应成为乡村文化建设的主力军。党支部书记、村委会主任在农村处于"关键少数"地位，应带领村民践行社会主义核心价值观，提高攀西民族地区居民的思想认同。

要深刻发掘攀西民族地区民族文化中所蕴含的优秀思想观念、人文精

---

① 南方都市报. 传统木雕由潮州 90 后捶凿传承 时尚苗绣让现代绣娘留住乡愁 [N]. 2021-12-20.

② 南方都市报. 传统木雕由潮州 90 后捶凿传承 时尚苗绣让现代绣娘留住乡愁 [N]. 2021-12-20.

③ 南方都市报. 传统木雕由潮州 90 后捶凿传承 时尚苗绣让现代绣娘留住乡愁 [N]. 2021-12-20.

④ 新华社. 中共中央 国务院关于实施乡村振兴战略的意见 [N]. 2018-01-02.

神和道德规范。发挥它凝聚民心、教化群众、淳化民风的作用。所谓"天下之本在家",即"尊老爱幼、妻贤夫安,母慈子孝、兄友弟恭,耕读传家、勤俭家,知书达理、遵纪守法,家和万事兴等中华民族传统家庭美德,"为家庭文明建设提供了宝贵的精神财富。伦理道德、村规民约、风俗习惯在攀西民族地区乡村治理中起着举足轻重的作用,更是攀西民族地区发展乡村文化的重要途径。"传统的乡村文明是有纲领、有价值观基础、有内在灵魂的,其倡导孝父母、敬师长、睦宗族、隆孝养、和乡邻、敦理义、谋生理、勤职业、笃耕耘、课诵读、端教诲、正婚嫁、守本分、尚节俭、从宽恕、息争讼、戒赌博、重友谊等内容。这些乡风乡箴,均是从孝扩展到忠,从家扩展到国,是一个完整的文化谱系。"① 随着现代社会转型,传统乡规民约逐渐暴露出自身弊端。攀西民族地区应依靠民族的传统文化,发掘攀西民族地区乡村传统道德教育和乡规民约的资源,建构以攀西民族文化为依托的乡规民约与乡村道德体系,达到乡村自治的目的,法治和德治相结合,建构攀西民族地区农村良性发展秩序。

必须积极引导宗教适应社会主义的发展。攀西民族地区要加强对基层组织和村干部的思想指导,提高居民的思想认同。要做到这一点,就要因地制宜推进攀西民族地区民族文化产业发展,完善公共服务,提高农业效益,增加农民收入。党员和群众代表要成为乡村文化建设的主力军,党支部书记、村委会主任要做公正正直、廉洁公益的群众表率,践行社会主义核心价值观。充分发挥宗教界人士和信教群众参与经济建设的作用,在宗教影响较强的地区要注重引导。此外,攀西民族地区应强调宗教与文化的二重性,强化宗教与文化的积极因素,抑制宗教与文化的消极因素。鼓励人民热爱祖国,维护国家统一和社会主义道德,遵守国家法律法规,接受国家依法管理。

7.3.3 丰富符合攀西民族地区民族精神需求的公共文化产品供给

"多一个球场,少一个赌场;多看名角,少些口角。"② 攀西民族地区急需弥补文化短板,完善文化基础设施,为攀西民族地区居民提供更多更好的公共文化产品和服务,让健康的公共文化生活充实攀西民族地区居民的闲暇时光,通过文化实践丰富攀西居民的精神文化生活。文化供给要充

---

① 乡规民约与乡村振兴 [N]. 光明日报, 2018-05-02.
② 杭州网. 新时代的"枫桥经验" [N]. 2017-11-30.

分利用当地文化资源优势，注重内涵、质量和效果。因地制宜，实施民族文化工程，提高农村公共文化服务质量。结合当地传统民俗文化，构建彝族文化长廊。对闲置的传统老寺庙、老舞台进行利用和改造。与此同时，"一街一坊"的彝村舞台也随之建成。这些文化馆既有村史、村规，也有介绍，经常举办娱乐、宣传、仪式、集会、道德竞赛等活动，为彝族人民创造了一个集思想道德教育、娱乐娱乐、知识普及于一体的"活动天堂"。它们已成为当地新的文化地标，也是村民的精神家园。当地应通过开展各种群体性文化活动，将地方优秀文化资源融入社区居民的生活，潜移默化地影响他们的精神世界。

近年来，随着经济的发展，人们对精神文化的需求日益提高，在这个时候开展丰富多彩的文化娱乐活动显得尤为重要。有的地方乡镇通过举办歌舞竞赛、参加节日游艺、提倡体育健身，寓教于乐，让攀西民族地区居民在娱乐休闲的同时，受到良好的教育。地方戏成为攀西民族地区农村文化的主要载体，剧中人的语言、行为方式等，同样具有强烈的地方特色，它具有其他艺术门类无法比拟的亲民性和生动性，是老百姓的重要精神食粮，赋予乡村振兴以文化动能。

在攀西民族地区农村流行的大众媒介主要是电脑、智能手机与电视，现代媒介成为文化传播的主要载体，互联网普及率逐年上升。在 2016 年召开的网络安全和信息化工作座谈会上，习近平总书记指出："网络空间是亿万民众共同的精神家园。"党中央加大农村网络基础设施建设力度，铺好组织化的"信息公路"。同年 10 月，中央网信办、国家发改委和国务院扶贫办联合下发了《网络扶贫行动计划》，构建农村贫困地区网络扶贫信息服务体系等，并被列入全国精准扶贫计划体系。鉴于攀西民族地区农村文化信息量的严重不足，为了在攀西民族地区实现村干部和村民网上沟通，部分农村地区试着组建了以村民为主的 QQ 群、微博、微信公众号、App 等多种平台，这样不仅建构起党建统领、共同建设农村治理的新体系，也不断丰富着文化建设的内涵。

7.3.4 培育、挖掘攀西民族地区乡土文化人才

农村是文化资源的宝库，为了深入挖掘、继承、提升优秀传统乡土文化，进入新时代，应采取以下措施传承传统村落文化遗产：

一是保留有农耕特质、民族特色、地域特点的乡村物质文化遗产，加

大对攀西古镇、古村落、古建筑、民族村寨、家族宗祠、文物古迹、革命遗址、农业遗迹、灌溉工程遗产等的保护、建设力度；同时，加强传统村落生态环境建设和基础设施建设，使之更好地适应现代生活方式，实现可持续发展。2012 年以来，住房和城乡建设部评定了我国首批传统古村落，攀西民族地区也开展了传统村落的保护，目前，已有美姑县果觉乡古拖村、四季吉村、盐源县泸沽湖镇木垮村、攀枝花市仁和区平地镇迤沙拉村被列入国家级"中国传统村落名录"。

二是使活态乡村文化得以传承。对攀西民族地区的民间艺术、戏曲曲艺、手工技艺、民族服饰、民俗活动和其他非物质文化遗产等进行深入发掘，并将有效保护传承和妥善开发利用相结合。

三是加强对优秀旅游项目的开发。打造一批富有民族特色的特色旅游产品。这些地域特色差异化文化遗产，乡土风情浓郁，能提高当地文化品位、发展格调、知名度和美誉度，是攀西民族地区特色文化产业发展的主要资源，是增加农民收入的一条重要途径。

四是大力发展旅游休闲农业和民宿经济，以"农家乐"为载体，促进城乡融合发展。攀西民族地区以大力发展旅居康养产业为抓手，推动康养小镇的建设，带动 20% 以上的贫困人口过上了小康生活。

五是在旅游开发中加强对传统村落、民俗文化和历史遗迹的保护性利用。我们必须进一步搞活这些绚丽多姿的农村文化资源，把它变成一种具有质量和现代生活、与现代审美接轨的文化创意产业、特色文化产业、乡村旅居康养产业等。

造福乡民，无不呼唤文化人才。在新时代，应采取以下措施传承传统村落文化遗产。一是鼓励大学生村官、第一书记等驻村干部参与文化建设。要建立以高校毕业生为主的青年志愿者服务队，通过驻点服务带动基层村民积极参与文化生活。攀西民族地区政府相关部门要从文化支农的渠道搭建、内容引导、统筹文化组织上提供指导与协助，使他们能够更好地组织、协调农村文化活动。二是建立以政府投入为主，多方筹资为辅，多元化融资方式支持农村文化产业发展的长效机制。三是系统培育攀西民族地区"草根文化的团队"，给农村群众文化事业的发展带来新鲜血液。四是加强对少数民族地区的宣传力度，提高其社会地位与影响力。乡村文化建设绝不是单纯的投入，而是要到田野里去、在村落重拾文化发展内生动力，这就需要发挥农民在文化建设者中的主体作用，焕发出文化建设激情，加强文化建设的民族文化认同感。五是加强对优秀传统文化的保护利用工作，让更多的乡土文化走出家门走进农家庭院，融入人民生活。六是加强对优秀旅游项目的开发，打造一批富有民族特色的特色旅游产品。党的十八大以来，有关乡村文化建设的文件紧锣密鼓地发布，如《关于支持戏曲传承发展的若干政策》《重要农业文化遗产管理办法》《关于推动文化文物单位文化创意产品开发的若干意见》《中国传统工艺振兴计划》等，给那些乡土文化人才参与文化建设带来了空前的条件。应该予以鼓励、启发并引导农民从自己的实际情况和利益出发，自觉做具有本地特色的乡土文化创造者、传承者、爱好者、拥有者、经营者、管理者和传播者，探索培养地方文化人才的新途径，配合高等院校和文化企业的建设，有针对性地培养地方文化的急缺人才。七是要通过各种途径开展丰富多彩的校园文化活动，营造良好的文化氛围，提升学生对"非遗"保护的意识与能力。文化传承和创新，是教育的重要功能，"非遗"要纳入所在地学校教学体系，融进学生兴趣活动，有步骤地系统地宣传推广，寻求有效的传承之路，为文化遗产传承培养土壤和人才。同时，通过举办文艺汇演、文艺演出、科技培训等方式，提高广大民众对传统文化的认同感和自豪感。八是要在基层广泛宣传发动，把乡村文化振兴工作落到实处。更重要的是要通过政策引导，以企业参与、对口帮扶、社会合作的形式使企业家们、文化工作者、科普工作者、文化志愿者寄身乡村的文化建设，形成农村可持续发展的文化建设实力。振兴乡村文化，需要生力军。

7.3.5　培育攀西民族地区乡贤文化

所谓乡贤，主要指乡村中德行高尚，在当地具有崇高威望的贤达人士。在传统社会，乡贤文化是乡村人文精神和道德风范的集中反映。在宗族自治、伦理维系与乡土情感的唤起、保持集体认同感等方面都发挥着不可替代的功能，乡贤文化中蕴涵的文化道德力量在促进乡村文明发展中起着举足轻重的作用，所以，上至政府，下至社会，都要大力提倡乡贤文化的培养。第一，从加强组织领导入手，为乡贤提供良好的生存土壤，发挥其引领示范作用。第二，关注历史先贤，将攀西民族地区的乡贤故居、遗址等列入乡村文物保护范围，发掘地方乡贤故事，提升当地居民文化自豪感，传承先贤精神，继承良好的家风、乡风。同时也要注重发挥传统文化资源，通过多种渠道让更多的乡贤走进村社，宣传乡贤事迹，弘扬传统美德，为乡村建设增添光彩。第三，积极培养并努力成为攀西民族地区的新乡贤，培养新乡贤文化，引领乡村社会见贤思齐，见德思义，推动新乡贤向乡村振兴正能量转化。第四，鼓励社会各界关注新乡贤，发挥他们的示范作用。

攀西民族地区地方政府可以建立乡贤议事的平台，建立乡贤联络机制等，通畅乡贤和乡村信息互联互通，激发乡贤投身乡村建设内驱动力。在此基础上，还需加强对新乡贤的培养，提升其道德素质和能力水平。随着攀西民族地区城乡一体化政策的实施，乡村基础设施建设及人居环境得到了根本好转，这有助于留住本地的人才，并且促进脱离乡土的高素质人才从工作岗位上退休回乡，为攀西民族地区新乡贤文化的孕育提供了可能性，让攀西民族地区乡村文化在中国特色社会主义文化整体中充满生机与活力，让攀西乡村世界回归诗意栖居，成为一个美好的家。

2018 年"两会"期间，习近平总书记出席广东代表团审议，提及"逆城镇化"问题。这表明了中央对新型城镇化问题的高度重视。他强调，一方面要继续推动城镇化建设；另一方面，乡村振兴也需要生力军。要让精英人才到乡村的舞台上大施拳脚，让农民企业家在农村壮大发展。城镇化、逆城镇化两个方面都要致力推动。城镇化进程中农村也不能衰落，要相得益彰、相辅相成。这一论述为我国当前乃至未来一段时间内推进乡村振兴战略指明了方向。新时代正在有力地改变着乡村文明持续边缘化的局面。乡村是人类历史上最古老又最具生命力的地域单元之一，它承载着一个国家的政治、经济、文化等诸多方面。

攀西民族地区乡村文化振兴的情况如何，决定了攀西民族地区乡村振兴的成效。如何推进乡村振兴？一盘大棋，需认真进行顶层设计，它要求攀西民族地区的党和政府、社会、人民群众共同努力，要坚持踏踏实实、坚持不懈的工作作风，特别是引导攀西民族地区居民建立文化自信和文化自觉，成为创新乡村文化建设的骨干力量，以期达到文化自强的目的。只有这样，才能让广大人民群众真正享受到文化发展带来的幸福和快乐，从而增强对国家富强的信心，为全面建成社会主义现代化强国打下坚实的基础。

8 攀西民族地区组织振兴

2021 年 8 月，习近平总书记在中央民族工作会议上指出："加强和完善党的全面领导，是做好新时代党的民族工作的根本政治保证。"① 由于攀西民族地区的地理区位条件、经济发展程度与地域风俗文化的特殊性及历史性等，党组织的作用没有得到充分发挥，在乡村振兴实践、实现农业农村现代化的战略进程中，攀西民族地区农村基层党组织工作环境相对艰苦、承担的任务更为繁重。习近平总书记强调，"必须坚持党对民族工作的领导，提升解决民族问题、做好民族工作的能力和水平"②。习近平总书记的讲话为加强和完善党对攀西民族地区工作的全面领导指明了发展方向，对攀西民族地区以党建带动乡村振兴工作提出了明确要求。基层党组织是党和国家在农村开展各项工作的战斗堡垒，是实施乡村振兴战略的重要保障。攀西民族地区唯有发挥农村基层党组织领导核心作用，凝聚和团结各方面的力量，才能适应攀西民族地区条件特殊的现实状况，从而达到乡村振兴的目标。

8.1 组织振兴的内涵及意义

《中国共产党章程》《中国共产党农村基层组织工作条例》提出党组织体系的基本单元是基层组织。基层党组织是党和国家在农村开展各项工作的战斗堡垒，是实施乡村振兴战略的重要保障。党在广大乡村所建立的基本组织机构，就是乡村基层党组织，基层党组织是我们党在农村一切工作

---

① 以铸牢中华民族共同体意识为主线推动新时代党的民族工作高质量发展 [N]. 人民日报，2021-08-29.

② 保持加强生态文明建设的战略定力守护好祖国北疆这道亮丽风景线 [N]. 人民日报，2019-03-06.

和战斗力的根基所在，是我们党在新时代带领农业农村坚强战斗的堡垒，振兴基层党组织是实施乡村振兴的第一号工程。加强党对村级组织的政治领导，必须坚持党的领导，以党的政治建设为统领。在新时代，攀西民族地区实施乡村振兴战略，基层党组织必须发挥强有力的领导作用，主要是以全面从严治党统领攀西民族地区乡村振兴工作，具体来讲，就是要切合攀西民族地区实际，认真落实《中国共产党农村基层组织工作条例》，把攀西民族地区农村党组织建设成为宣传党的主张、贯彻党的决定、领导基层治理、团结动员攀西民族地区群众、推动改革发展的坚强战斗堡垒，从而使攀西民族地区农村基层党组织在农民增收、农业农村现代化发挥领导核心作用。

8.1.1 乡村基层党组织振兴的基本内涵

与振兴相对应的是衰微、衰退、衰败。乡村振兴是相对于乡村衰败、落后而言的。改革开放以后，我国经济社会发展取得了举世瞩目的成就，城市和农村都有了较快发展，但农村与城市相比，相对落后。鉴于此，党的十九大明确提出了乡村振兴的战略，把农业农村放在优先发展的战略地位，弥补乡村短板。当前，我国正处于推进全面建设社会主义现代化国家的关键时期，而农村基层党建工作则直接关系到农村社会治理体系和治理能力的整体水平。乡村基层党组织的振兴，所要突出的是乡村振兴，着重对以往乡村基层党组织的软弱、虚化问题进行矫正、整顿，解决边缘化衰微现象，让基层党组织真正成为引领乡村振兴发展的中坚力量。为此应提高农村基层党支部的战斗力，起到"领头雁"和党员先锋模范作用，增强乡村基层党支部书记的自身领导力，基层党组织公信力、组织力与战斗力、凝聚力与向心力，做到党组织多向农村倾斜、全方位振兴。

攀西民族地区拥有乡镇（街道）基层组织 364 个，行政村一级党组织 2 726 个，村（居）民小组 18 354 个；拥有党员 326 146 万名，其中少数民族 82 431 万名。农村党组织占比 11.26%，农村党员占比 23.02%。基层党组织对乡、村、社各类组织及一切工作实行全面领导。习近平总书记要求"采取切实有效措施，强化乡村基层党组织领导作用"。

基层党组织是我们党执政兴国的基础，而村级党组织是党在农村全部工作和战斗力的基础。在此情况下，农村基层党组织建设不断加强，搞活农村基层党组织是党在新形势下对农村基层党建工作提出的新要求，也是推动城乡统筹协调发展的必然途径。新时代乡村基层党组织的振兴主要表现在：

（1）要有素质高、人品好的"领头羊"人才。要有一支人数足够、战斗力强的党员干部队伍。因此，加强对攀西民族地区党员干部的培养选拔工作非常关键。党的领导是中国革命、建设成功的支柱，历史与现实的经验证明了这点，优秀的党员人才，就是党的社会主义革命、建设和改革胜利的主要依靠力量。在实施乡村振兴战略的新时代，攀西民族地区农村党组织必须坚强动力保证，必须不断有后备党员、青年人才进入党组织。

（2）攀西民族地区农村基层党组织熟悉党和国家政策，尤其是有关农业方面的政策，占有充足的经济资源和文化资源，对乡村尤其是攀西民族地区的资源禀赋、民族文化了如指掌，能充分利用资源禀赋，在所辖村社中形成了一定的政治领导力、社会的组织力、人才的吸引力、思想文化的引领力，以及为人民服务的力量。

（3）攀西民族地区农村基层党组织应实现对内的高效运行，对外的有效引领。为此，农村基层党组织要通过提升自身素质、加强制度建设以及提高党员队伍整体素质来促进其内部治理结构的优化。第一，内部高效运行是考验农村基层党组织在乡村振兴中发挥作用的关键，而内部的高效运行又以组织建设作为先决条件；第二，建立科学完善的制度体系，加强党内民主政治建设，提高党员素质水平。针对上述情况，一是要整顿当前攀西民族地区农村党组织的软弱涣散，加强自身组织建设和对党员的教育管理，使农村党组织的战斗堡垒作用得到真正的发挥；二是对基层党组织的战斗力进行矫正、整顿、恢复，较好地实现内部组织机构的良性运转。外在有效的领导，体现了内在高效的运作，实现外部对农村基层社会的有效领导和多方位的振兴是农村基层党组织振兴的试金石。

8.1.2　乡村基层党组织振兴在乡村振兴中的重要作用

习近平总书记指出，党政军民学，东西南北中，党是领导一切的。如何在农村实现党的领导，这是农村党组织的历史使命。在新时代，党领导中国特色社会主义现代化强国建设任务艰巨得多，对农村党组织也有更高的要求，要求农村基层组织"宣传党的主张、贯彻党的决定、领导基层治理、团结动员群众、推动改革发展"，以及"直接教育党员、管理党员、监督党员和组织群众、宣传群众、凝聚群众、服务群众等多重使命，完成新时代党交给我们的领导广大人民群众乡村振兴的使命，而攀西民族地区乡村振兴必须要先振兴攀西民族地区乡村基层党组织。

攀西民族地区农村基层党组织是攀西民族地区农村各项工作的组织领导者，更是党的各项方针政策的履行者、实践者。基层党组织处于整个国家政权系统中最基本的层次，在实际工作中，不仅应发挥总揽全局的作用，还要搞好各方面协调。在农村基层党组织同其他各类乡村组织（例如，经济组织、文化团体、社会群团等）之间的关系中，党组织起主导作用，对这些机构发挥辅导作用。因此，攀西民族地区基层党组织建设需要发挥其核心作用，也要注意处理好各种利益问题和矛盾纠纷，正确处理好攀西民族地区农村地区各方面发展的平衡关系，从而使整个攀西民族地区实现可持续健康发展。

攀西民族地区乡村振兴战略实施的政治保障与组织基础，就是农村基层党组织的振兴。在党的领导下，攀西民族地区基层党支部要发挥战斗堡垒作用、党员先锋模范作用及群众工作主力军作用，才能实现攀西民族地区乡村全面振兴目标。在此过程中，"五个全面"为其提供了坚实的思想武器、政策依据和制度保证。实施乡村振兴战略，总的要求就是要做到产业兴旺、生态宜居、乡风文明、治理有效、生活富裕。从具体工作看，"五个全面"中的任何一个都离不开组织领导。从"五大振兴"的内容上看，各有重点，互相联系，协同推进，共同服务于乡村振兴五大总体要求。其中，总体要求的治理有效是基础，直接对应着乡村基层党组织振兴。乡村治理的效能提升是通过基层党组织的制度体系建设来实现的，把党在农村的制度优势转化为实践优势，是基层组织作用的体现。乡村基层党组织振兴，为农村产业发展制定科学规划与顶层设计，为生态宜居提供体制机制保障，为乡风文明激活思想观念变革，为吸纳人才提供政策供给。总的来说，当地通过党建实现乡村基层党组织振兴，以组织振兴带动产业、生态、文化和人才的振兴，从而实现乡村振兴目标。

8.1.3　乡村基层党组织振兴的重要意义

在新时代推动乡村基层党组织的振兴，要加强党在农村的全面领导，强化农村党组织的战斗堡垒作用，加强党对农村工作的领导，组织全面实施乡村振兴战略，稳步推进农业农村现代化。

8.1.3.1　有利于发挥农村党组织的战斗堡垒作用及党员先锋模范作用

在新时代，乡村基层党组织的振兴必须先以当前基础组织的软弱涣散作为突破口，解决成员凝聚力和战斗力不强的问题，强化村级党组织建设，加强对农村党员尤其党员干部的教育管理，强化党员、党员干部服务农业农村的自觉性。首先，要发挥农村党组织的战斗堡垒作用，就要抓住全局，积极推进乡村振兴的新实践。要加强党的政治领导，把乡村振兴的精神落实到基层，把基层党组织建设作为改善民生的重中之重，把基层党组织建设作为治理的基础，保护群众的合法权益，解决乡民的实际困难，推动各项工作开展。其次，要发挥农村党组织的党员先锋模范作用，就要积极投身实践活动，彰显党员先锋模范的精神风貌。要深入乡村，以实际行动旗帜鲜明地发挥党员先锋模范的作用，积极开展政策宣讲、社会救助、民生服务等一系列活动，为农民解决实际困难，把宣传学习贯穿到乡村振兴的实践活动中去。最后，要发挥农村党组织的群众工作主力军作用，就要充分发挥基层党组织的作用，提高群众的积极性，加强与群众的联系，引导群众树立正确的价值观，倡导社会公德，把乡村振兴的理念贯彻落实到实践中去，发挥农村党组织的群众工作主力军的作用。

发挥农村党组织的战斗堡垒、党员先锋模范和群众工作主力军作用是实现乡村振兴的重要保障，也是基层党组织发展的重要任务。只有加强基层党组织建设，把宣传学习贯穿到实际活动中，把党员先锋模范的精神落实到基层，把群众工作主力军的作用发挥到位，才能实现乡村振兴的目标。通过教育管理全体农村党员，选拔培训党员干部，着力塑造一支思想牢固、业务能力超群、具有强烈服务意识的攀西民族地区乡村组织干部队伍，达到心往一处想、劲往一处使的境界，把党的政策和措施全面落实到攀西民族地区农村基层，激发攀西民族地区农村基层组织先锋模范作用，让全体党员，尤其是党员干部有责任意识、奉献精神，有效地服务攀西民族地区居民，密切干群关系。

8.1.3.2 有助于全面加强党的领导、巩固党在农村的执政基础

农村工作，是党和国家各项事业的根基，农村工作做得如何，关系到党和国家事业发展大局，所以，农村工作在整个党执政中具有举足轻重的战略地位。在党的领导下，基层党支部发挥战斗堡垒作用、党员先锋模范作用及群众工作主力军作用，才能实现乡村振兴目标。一是要加强党的基层组织建设，建立健全党组织制度，科学规范党组织建设，坚持以党章为根本，以党务公开为原则，强化党的领导、管理、服务，把基层党组织建设作为推动乡村振兴的重要保障。二是要优化党建环境，充分发挥基层党

组织的作用，把宣传学习贯穿到乡村振兴的实践活动中去。要加强基层党组织的建设，使其能够更好地服务群众，努力为农民解决实际困难，增强群众的参与意识，引导群众树立正确的价值观，把农村振兴的理念贯彻落实到实践中去，发挥农村党组织的群众工作主力军的作用。三是要深入实施乡村振兴战略，把乡村振兴的精神落实到基层，把基层党组织建设作为改善民生的重中之重，把基层党组织建设作为治理的基础，保护群众的合法权益，解决乡民的实际困难，推动各项工作开展。

要加强党的领导，巩固党在农村的执政基础，必须从加强党的基层组织建设、优化党建环境、深入实施乡村振兴战略等方面入手，从而有效提升党在乡村的执政能力和影响力，实现乡村振兴的目标。农村基层党组织处于党的肌体"神经末梢"地位，强化党在乡村的政治形象建设和执政能力建设，将有利于党组织的路线、方针和政策在农村的顺利推行，有助于疏通基层群众对利益诉求的上行渠道。加强农村基础党组织建设，凝聚农村基础组织力量，统一党员思想，不断增强农民群众对党执政的认同、支持和拥护，保证党同农民群众的血肉联系，稳固和扩大党执政的基础。

8.1.3.3 有利于实现脱贫攻坚同乡村振兴有效衔接

习近平总书记指出，没有农村的小康，特别是没有贫困地区的小康，就没有全面建成小康社会①。这是对农村全面建成小康社会的总的指导方针。一是要加强党的基层组织建设。基层党组织是推动乡村振兴的重要保障，也是实现脱贫攻坚与乡村振兴有效衔接的关键。要完善基层党组织建设，把宣传学习贯穿到乡村振兴的实践活动中去；要强化基层党组织的工作责任，努力为农民解决实际困难，增强群众的参与意识，引导群众树立正确的价值观；要加强基层党组织的服务能力，发挥农村党组织的群众工作主力军的作用，为农民营造良好的发展环境。二是要优化党建环境。要加强党的建设，充分发挥基层党组织的作用，把宣传学习贯穿到乡村振兴的实践活动中去，激发每个党员的热情和担当，推动党的建设进一步深化，为支撑乡村振兴和脱贫攻坚提供有力支持。三是要深入实施乡村振兴战略。要把基层党组织建设作为改善民生的重中之重，把基层党组织建设作为治理的基础，加强政策落实，精准施策，保护贫困群众的合法权益，解决乡民的实际困难，推动各项工作开展，让乡村振兴的精神落实到基

---

① 人民网. 习近平论全面建成小康社会：关键在于补齐"短板" [N]. 2015-11-11.

层，促进脱贫攻坚与乡村振兴的有效衔接。基层组织建设是党的建设的基础，也是脱贫攻坚与乡村振兴有效衔接的关键，我们要把加强基层党组织建设作为当前的重中之重，把党的建设摆在改善民生、实现乡村振兴的核心位置，在加强基层党组织建设的同时，把脱贫攻坚与乡村振兴的目标落实到基层。当前，攀西民族地区正处于精准脱贫与乡村振兴有效衔接决胜阶段，攀西民族地区发展不平衡问题十分突出，攀西民族地区民众对美好生活的向往不断提高，迫切需要加强农村基层党建引领作用。实现攀西民族地区乡村振兴，要有一个坚强的村级党组织，总揽全局，对各类资源进行调控和整合，协调人力、物力和财力，引领并带动所有攀西民族地区居民完成乡村振兴的目标，做到精准脱贫和乡村振兴的有效对接，打造美丽攀西，实现共同富裕。

8.2 攀西民族地区党建引领乡村振兴的实践探索

党的十九大报告中提出了"产业兴旺、生态宜居、乡风文明、治理有效、生活富裕"乡村振兴战略总体要求，明确农村基层党组织斗争"任务书"。攀西民族地区农村经济发展落后、生态环境脆弱，要实现农业农村现代化，必须走乡村振兴之路。攀西民族地区的农村基层党组织从实际情况出发，因地制宜，制定辖区内党建带动乡村振兴工作的具体步骤，为攀西民族地区乡村振兴做出了有益的探索。

8.2.1 党建引领做强旅居康养产业，促进农牧民增收

攀西民族地区产业振兴是乡村振兴的物质基础，产业振兴特别是发展医疗养老和党的建设是关键。攀西民族地区农村经济落后，生态环境脆弱。实现农业农村现代化，必须走乡村振兴之路。攀西民族地区是一个多民族地区，地貌丰富，风景秀丽，气候适宜，高原山地杂粮品质优良，品种稀少，民族文化和民俗产品独具特色。党的十八大以来，国家实施精准扶贫战略，为攀西民族地区经济社会协调可持续发展提供了难得机遇。这也对基层党的建设提出了更高的要求。脱贫攻坚实施以来，攀西民族地区基层党组织构建在产业链上带动农村产业（特别是卫生保健产业）蓬勃发展，成效显著。2020年，攀西民族地区实现精准脱贫，开启了脱贫与乡村

振兴有效对接的新征程。

8.2.1.1　大力发展特色农牧业、壮大产业链

攀西民族地区党组织要起带头作用，发挥领导作用。一方面，要团结牧民，引进农业企业，成立各类专业合作社，通过土地流转、股权经营、签单等方式，形成牧民利益联盟，聚焦攀西资源优势，打造特色品牌项目。另一方面，要在各种合作社、行业协会上设立党组织，利用好政治和组织优势，把党组织的优势和合作社的经济优势结合起来，把攀西民族地区资源的优势转化为经济优势，提高集体经济组织的管理水平。

8.2.1.2　以攀西民族地区文旅资源为基础促进产业融合

攀西民族地区党组织要发挥带头作用，大力发展牧养产业，创建牧养小镇。建立牧养合作社，挖掘攀西民族地区美丽的自然风光和浓郁的风情，开发攀西民族特色文化体验项目。以田园关怀为契机，因地制宜打造特色鲜明的"农家乐"住宿品牌，吸引游客到休闲农业基地和风景名胜区旅游观光。利用电商平台推广攀西民族特色农产品，扩大销售半径，促进攀西民族地区少数民族农民增收。

8.2.2　攀西民族地区党建引领绘就生态宜居新农村

攀西民族地区党组织在生态文明建设、保障国家生态安全屏障、推动攀西民族地区经济社会整体发展中发挥引领作用。攀西民族地区资源丰富，森林、草原、山地、河流等生态系统分布密集，是水系之源、生态屏障和自然灾害易发区。同时，由于历史和自然因素，生态环境严重恶化，水土流失面积不断扩大，生物多样性急剧减少。对此，攀西民族地区基层党组织应勇于承担攀西的生态实践，将攀民族地区的生态文明建设放在头等重要的位置。

8.2.2.1　党建带动攀西民族地区农村生态环境保护

生态文明建设是我国社会经济发展的重要支撑。要确保攀西民族地区的保护治理制度贯穿于环境保护治理的各个领域、各个方面的全过程。加强党对生态建设的领导，完善绿色发展机制，强化政府环境保护责任，推动形成人与自然和谐关系。攀西民族地区必须跟上国家治理体系建设和治理能力现代化的主要目标，要根据当地的具体情况，加强环境管理和保护。要坚持党建与环境治理制度相辅相成的关系，用党建制度推动业务落实，用严谨作风完成生态环境治理任务。

攀西民族地区农村基层党组织要始终把党建工作同人民对美好生活的向往结合起来，不忘环保初心，全心全意为人民服务，紧密联系人民群众。根据攀西民族地区的实际情况，以改善生态环境为抓手，将环境治理的相关内容纳入村规民约，将环境意识纳入村规民约，使之成为村民的日常生活规范。基层党组织通过定期或不定期的社区交流，可以有效解决攀西民族地区人民群众的需求，一是为群众反映问题、直接给出解决方案提供场所；二是把群众反映强烈的环境问题作为基层党组织的主要任务之一，在创造卓越、追求卓越的活动中推动环境治理深入发展；三是以群众形式参与村"两委"的活动，使攀西民族地区居民及时了解基层组织的工作情况，发挥典型示范和引导作用，鼓励乡贤和有社会责任感的个人加入环保宣教队伍，使管理主体向多主体联合治理过渡。

8.2.2.2 党建带动攀西民族地区农村生态环境治理

在攀西民族地区，农村生态环境治理应由党员干部领导。每个村社都成立了环境整治小组，定期检查影响村社生态环境的问题，特别是在旱季，人们被安排到山上巡视，发现并纠正存在的问题。党组织牵头实施并签订合同责任制开展宣传。坚持"预防为主"原则，加强宣传教育，增强公众参与意识，增强村民环保能力。党组织要利用攀西民族地区农村环境整治助力乡村振兴，早做有力举措，采取清理房屋、道路、河流等行动，合理利用农业生产废弃物，从根本上改善农民生产生活条件和农村生活环境，推动农村卫生整治整体改善，保护和治理好生态环境。

8.2.2.3 以党建带动生态特色产业发展

随着党的群众路线的深入贯彻和攀西民族地区生态经济的发展，发展生态特色产业已成为新趋势。生态特色产业的发展得到了当地政府的高度重视，政府制定了一系列发展政策和措施予以支持。第一，政府要加强党建建设，以党建引领生态特色产业发展。要按照党的全面工作要求指导生态特色产业发展，通过党员培训和党员组织等方式，组织发展生态特色产业。同时，也要发挥党建优势，引导生态特色产业发展，推动攀西民族地区生态特色产业发展。第二，政府还应加强配套政策建设，用政策支持生态特色产业发展。政府应制定一系列支持生态特色产业发展的政策措施，如税收优惠、技术创新、资本投入等，为生态特色产业创造良好的发展环境。第三，政府还应充分利用攀西民族地区的生态环境优势。攀西民族地区生物资源丰富，生态环境独特，为发展生态特色产业提供了良好的发展环境。因此，政府应充分利用当地的生态环境，推动生态特色产业的发展。第四，政府还应加强生态资源的保护。发展生态特色产业必须注重生态资源的保护，政府应明确生态特色产业发展过程中对生态资源的保护措施，以确保生态特色产业的可持续发展。

攀西民族地区生态特色产业发展要以党建为主导，地方政府也要加强配套政策建设，充分利用当地生态环境优势，加强生态资源保护，促进生态特色产业健康可持续发展。

8.2.3　党建引领，培养攀西民族地区乡风文明新风尚

攀西民族地区应以党建引领乡村文化建设。乡村文化建设是推动攀西民族地区乡村振兴的灵魂和保障。在本土文化的支撑下，建设具有本土文化特色的乡村社会，将传统农耕文化与现代生产生活相结合，形成具有本土民族特色的新型乡村小镇风貌，既能增强攀西民族地区村民的归属感，也有利于实现农民与农村的共同富裕。攀西民族地区的村落积淀了攀西人的精神追求和历史遗产。物质生活得到满足后，人们更注重精神享受。加强党的基层地方文化资源的开发利用，对于提高农民素质、增强凝聚力和战斗力具有重要意义。习近平总书记指出，要重视少数民族文化保护和传承①。因此，如何让当地村民在新时代获得归属感、认同感，进而实现对传统文化的继承与发展成为当前急需解决的问题。攀西民族地区农村基层党组织在形式上进行了积极创新，各种"铸魂"项目纷纷出台。

8.2.3.1　党建引领、文化唱戏、向民族底蕴要力量

攀西民族地区要用"党建引领、文化筑台、人民唱秀"的模式，把民族文化种在人民群众心中，增强人民群众的幸福感和获得感。对攀西民族地区村寨的修复和保护应采取"修旧如旧"的方法，注重文化遗产的传承。基层组织要开展节庆、旅游等多种活动，开展民族文化广场、特色文化展厅、文化墙等建设，深入挖掘少数民族文化亮点。开展各种节日活动，可以营造浓厚的节日气氛。组织"民族大团圆"等特色活动，既可以描绘扶贫和乡村振兴的成果，也可以展示民族风情。

8.2.3.2　党建带动感恩教育，增进团结凝聚民心

随着攀西民族地区精准扶贫任务的顺利完成，以及国家对昭觉县的批

---

① 习近平与中国文化遗产保护 [N]. 人民日报海外版，2020-05-19.

复，攀西民族地区农村基层党组织的艰巨任务依然存在。要把脱贫攻坚与乡村振兴有效衔接起来，党员干部要开展宣传活动，把脱贫攻坚的伟大成就作为生动教材，铸牢中华民族共同体意识。还要抓好宣传，通过"算、讲、说"国家精准扶贫投入和家庭福利两笔账，让群众了解党的政策和补贴。这将增加受益者的满意度，唤起攀西人民对党的热爱。

8.2.3.3 党建引领移风易俗、破旧立新崇尚新风

攀西民族地区党建一直积极贯彻"移风易俗、崇尚新风"的精神，大力推进新旧交替，使攀西民族地区人民摆脱落后，享受科技带来的现代文明。

为推动新旧转型，攀西民族地区党组织积极开展各种宣传活动，强调科技进步的重要性和与时俱进的必要性。同时，还应组织开展科技普及知识讲座、广场舞表演、歌舞表演等各种活动，调动群众积极性，推动新老改造。为推动新旧转型，攀西民族地区党组织积极实施"兴旧立新"战略，大力推进农村工业化现代化，积极推进现代农业发展，使攀西民族地区人民享受到工业化现代化的红利。攀西民族地区党组织还应积极实施"修德领文明"战略，积极开展宣传宪法法律精神、弘扬法治精神、倡导文明礼仪观念等各项活动，使攀西民族地区群众树立良好的道德风尚，保持健康和谐的风气。

在攀西民族地区党组织和攀西民族地区人民的共同努力下，攀西民族地区实现了一定程度的新旧转换，攀西民族地区人民普遍享受到了科技和工业化现代化带来的好处。相信在未来，随着攀西民族地区党组织的进一步推进，攀西民族地区的人民一定能够过上更好的生活，实现乡村振兴的梦想。

8.2.4 党建引领推进攀西民族地区治理有效促稳定

攀西民族地区实施乡村振兴战略，其基石就是要以党建为统领，实现有效治理。在实施乡村振兴战略过程中，基层党的建设与村民自治相结合，有利于激发群众内生动力，促进攀西民族地区农村社会和谐稳定。为了顺利推进脱贫攻坚与乡村振兴的有效对接，攀西民族地区农村基层党组织应不断强化与完善乡村治理与民族事务治理。

8.2.4.1 党建筑牢基层治理网络，带动攀西民族地区居民同频共振

建立和完善包括"村党支部加党员，加村民"在内的治理网络。为了有效防范不利于民族团结和农村社会发展的因素，攀西民族地区党组织建

立和完善了治理网络，包括"增加党员和村民"，让攀西民族地区人民明白，党组织是他们财富目标的领导者。与此同时，攀西民族地区党组织还探索召开攀西民族地区农村基层党组织和宗教团体领袖联席会议，在党的领导下开展宗教活动，以宗教解决矛盾，为乡村振兴服务。

8.2.4.2 党建引领，构筑和谐底线

为了在攀西民族地区实施乡村振兴战略的各项任务，加强民族团结具有重要意义。为此，攀西民族地区农村基层党组织应以党员干部、村干部、民族先进个人为主，形成解决生产生活中各种矛盾的调解队伍，遵循先"情"后"理"再"法"的原则，以血缘关系、宗族关系为纽带，在遵守国家法律的前提下，解决各种矛盾冲突。同时，还要注重培养基层党组织领导干部的法律思维，提高依法办事能力，提升党对农村工作的指导水平。针对攀西民族地区少数民族法律意识薄弱的现状，攀西民族地区农村基层党组织应建立法治教育室，定期开展公众法治教育，让攀西民族地区人民知法、懂法、守法。

8.2.5 组织振兴激活红色引擎

做好攀西民族地区的乡村振兴工作，关键是要做好攀西民族地区农村基层党建工作。由于经济、社会、宗教、文化方面的原因，攀西民族地区两委缺乏活力，许多乡村不设议事场所。部分村干部素质偏低，能力欠缺，严重制约了村务管理的科学性与规范性。"说的没人听，做的没人理会"等难点问题长期得不到解决。如何让广大党员干部真正成为群众的贴心人？习近平总书记指出，做好民族工作关键在党、关键在人。这就要求我们必须充分发挥党的领导核心作用，增强基层党支部的凝聚力战斗力，不断提高村级党组织的创造力、执行力和群众工作能力水平。

8.2.5.1 着力培育思想政治坚定、业务能力强的民族党员干部队伍

充分认识培养少数民族干部的重要性，围绕中心工作，完善培训内容，改进培训方式，优化培训队伍，切实增强教育培训的针对性和实效性。为此，有必要选择农村基层党组织的领导人。首先，这个领导人要对党忠诚，有带领攀西人民致富的意愿，有为人民服务的能力，必须了解民族政策。其次，要运用现代教育手段提高自身素质，这是提高党员整体素质和战斗力的重要途径。重视少数民族党员干部的选拔培养，努力建设学习型基层党组织。在加强党员教育中，要重视和改进传统的"一对一"党

建工作方式，利用网络技术更好地实现互动沟通。为此，我们应该利用远程教育终端、多媒体平台等手段进行研究。加强对民族地区党员教育的管理监督，提高党员干部素质。培养攀西少数民族党员干部学习汉语，培养汉族党员干部也要学好少数民族语言文字。

8.2.5.2　强化人力、物力、财力支持，构筑民族团结坚强堡垒

攀西民族地区地方政府应为农村基层党组织建设提供资金支持，为基层党组织高效运行提供资金保障。同时，农村基层党组织必须多方协调资金，为攀西民族地区农村党组织建设高标准活动场所，加大对村级组织活动场地的投入。严格财政管理，确保少数民族地区基层党组织有人事、有钱、有地方办事。

实施乡村振兴战略，组织振兴是前提。在乡村振兴过程中，有效的组织领导是必不可少的。同时，要注重培养基层党组织领导干部的法治思维，提高他们依法办事的能力，从而提高党对农村工作的指导水平。对于攀西民族地区来说，乡村振兴直接关系到第二个百年奋斗目标的实现。随着农业现代化和城镇化的快速推进，处于现代化进程中的攀西民族地区农村社会结构发生了巨大变化。乡村治理面临前所未有的考验。传统农村文化逐渐衰落甚至丧失，农村公共领域萎缩，基层党组织弱化。新时代攀西民族地区实施乡村振兴战略，重要的问题是如何实现攀西民族地区组织振兴，保持乡村社会有序发展。

8.3　攀西民族地区组织振兴面临的困境及缘由分析

在城镇化、农业现代化、市场经济改革的深度转型过程中，攀西民族地区的农村社会结构也在经历着"建构—解构—重构"的深度断裂，这给攀西民族地区的组织振兴造成了很大的困难。因此，要着力提高党在农村工作中的领导能力，加快构建"党委统一领导、政府依法管理、民主协商监督、基层组织具体负责"的农村基层党建新格局。为攀西民族地区的乡村社会寻求一条新时代的有效治理路径，实现攀西民族地区的乡村振兴，是我们在新时代面临的重大任务。

8.3.1 攀西民族地区组织建设面临的困境

8.3.1.1 乡村"空心化"导致攀西乡村组织主体的虚化

改革开放后，攀西民族地区的工业化、城市化、农业现代化取得了明显进展，越来越多的资源集聚在城市，包括人力资源、生产资料、生活资料等。这些资源的外流促进了城市经济的快速发展。然而，这些资源的外流导致支撑攀西民族地区农村可持续发展的资源短缺，尤其是人才的严重短缺。在劳动力转移过程中，一些人离开自己的土地去工作，而另一些人则选择留在家乡种地。这直接导致了攀西民族地区农村农业生产力的急剧减少，留下了老人、妇女和儿童，攀西民族地区农村的"空心化"现象越来越严重。在这种形势下，如何充分发挥农村组织的作用，成为一个亟待解决的现实问题。由于中青年和农村精英的大量外流，农村组织主体的虚拟化，甚至在村委会选举中缺乏合适的候选人，农村社会逐渐分散和削弱了农村组织主体。此外，由于农民工流动性大，很多人无法参加村民会议。由于参加会议的村民人数较少，村民会议有时无法召开，这是攀西民族地区乡村社会逐渐解体的结果。

8.3.1.2 乡镇政府在日常运行中财力支撑不足

在农业税费改革前，攀西民族地区的乡镇和全国各地的乡镇一样，主要依靠农业税收入支撑。改革开放后，随着经济的快速发展，农村社会发生了巨大的变化。随着农业税费改革的推进和农业税的取消，乡镇政府在日常经营和农村公共建设中失去了财政收入的主要来源。改革后，乡镇政府主要依靠上级政府对农村的转移支付获得财政收入。但攀西民族地区多为贫困地区，尤其是相对落后的昭觉、美姑、布拖等地区，县政府历来是"粮食财政"甚至"乞讨财政"。它们自身的财政已经无法满足自身的发展需要，很难再在维持自身运转的同时，真正补贴乡镇层面的财政缺口。2017年，攀西民族地区除西昌市和攀枝花市3区2县外，其余县均为贫困县，其中11个县为国家级贫困县。昭觉县成为全国最后一个摆脱贫困的县。在这两个地市，贫困县的贫困率几乎达到80%。脱贫攻坚任务十分艰巨。农业税改革后，这些地区农村政府财政的"空壳"现象更加严重，乡镇政府的日常运作十分困难。当财政收入的主要来源——农业税丧失，又没有新的渠道时，乡镇政府自身也陷入困境，对于农村建设，"有心无力"。

8.3.1.3 乡村自治模式面临困境

农业税改革后，攀西民族地区乡镇政府不再拥有征收农业税和乡村治理实物支付的权力。国家定期将补贴直接划入村民的银行账户，这不仅减少了村民和村干部在税收环节上的矛盾，也减少了他们之间的接触。由此也可以看出，攀西民族地区的农村自治机制还不完善，村民自治的意愿和能力还没有完全实现。这一制度的探索，是 1998 年《中华人民共和国村民委员会组织法》（以下简称《村民委员会组织法》）颁布实施后，中国乡村治理和民主建设的重要突破。但在实施和运行过程中，尚未形成一套完整的体制机制。此外，受历史文化因素的影响，攀西民族地区农村自治组织发展缓慢，农民自治意识没有得到充分激发。虽然多地村务公开，村民大会定期召开，但由于监督机制的不完善，这些民主监督和村民自治往往偏离了村自治的核心，大大减弱了自治的效果，在乡村治理中并没有发挥实质性作用。传统的农村自治处于困境，而在农业税时代逐渐松动的干群关系，也在一定程度上对农村自治产生了负面影响。

8.3.1.4 乡镇治理组织架构主体职责不清

《村民委员会组织法》规定：人民政府对村民委员会的工作给予指导、支持和帮助。在当前攀西民族地区乡村治理的现实中，乡镇党委、政府与村党支部、村委会的组织主体关系不明确，存在职责混淆，工作中缺乏协调配合的情况。在这种情况下，如果村级权力仍然掌握在少数人手中，就会发生严重的腐败。一方面，村委会作为乡村治理的主体，既是村民的代表，也是镇政府管理村社的代理人。因此，乡镇政府作为国家权力机关，必须立足于上级政府行使权力。虽然法律没有规定乡镇政府与村委会之间存在行政隶属关系，但在实践中，乡镇政府往往采取行政命令直接控制农村社会，垄断农村自治事项，存在职能上的"越权"现象。同时，由于权力集中，城镇缺乏有效的监督力量，容易发生官僚主义行为。另一方面，村级党政关系的紧张程度直接影响着乡村治理效率最大化的实现。由于乡镇政府的高度集权，村干部的权威难以得到有效维护。当村党支部直接介入村社管理时，与执行机构村委会的冲突和纠纷是不可避免的。当前，攀西民族地区农村干部既要维护村社稳定，又要发展农村经济，带领人民群众实现乡村振兴。因此，村干部的预期作用与实际发挥的作用存在一定差距，部分村干部的动员整合能力逐渐减弱。这些问题增加了攀西民族地区乡村治理的成本，降低了治理的有效性，阻碍了攀西民族地区乡村治理的现代化进程。

8.3.1.5 攀西民族地区农村公共产品供给陷入困境

在取消农业税之前，攀西民族地区的乡镇政府在农村提供公共产品方面处于绝对的主导地位。农村提供公共产品的资金主要有三种来源：国家财政拨款、乡镇自筹资金和农民自留资金。其中，农业税的征收是最重要的渠道。税制改革前，根据村民的公共物品需求，制定了各种税收征收标准。只要税收及时征收，公共服务供给的资金来源就可以基本保持。由于税改的影响，农村社会发生了巨大的变化，农村社区出现了新的利益群体——村委会成员，他们以各种方式参与公共事务决策。村民们也有机会表达自己对公共产品和服务的真实需求，即"花自己的钱办自己的事"。这一制度安排保证了村级组织能够及时、充分地为村民提供公共产品或服务。但是，在新的农业税制度下，政府对乡镇的财政拨款主要基于当年的预算。在这种情况下，村民们很难表达自己真实的喜好和需求。因此，村民的真实需求与商品和服务的供给不匹配之间出现了尴尬的局面。取消农业税将大量财政资源转移到农村两级政府，使乡镇财政能够提供相当数量的村级公共产品。取消农业税后，村干部与村民的关系日益松散，只有通过上级拨款的导向，才能发展村社公共产品的供给和基础设施的建设。但政府无法全面了解农村公共产品的供给情况和需求状况，导致资金转移过程中出现部分公共产品项目重复，部分农民对公共产品和基础设施的需求较农业税改革前不足。这些问题不仅影响着攀西农村基层组织的绩效，也制约着乡村振兴战略的实施。财政能力不足的地区无法满足农村公共产品和服务的需求，导致农村硬件设施不足，公共服务发展滞后，这必然会影响到攀西民族地区组织治理水平的提高。

8.3.2 攀西民族地区组织建设困境的缘由分析

8.3.2.1 城乡经济发展差异导致精英等资源流失

改革开放后，攀西民族地区农村经济取得了明显的发展，但原有城乡二元结构带来的问题依然存在，城乡差距很大。究其原因，在经济转型过程中，由于制度安排的缺陷和政策导向的偏差，组织建设和发展过程经历了"滚入"状态。攀西民族地区农村的村集体经济还没有得到很好的发展，越来越多的村民倾向于涌向城市寻求更好的发展机会。因此，如何解决这一矛盾已成为一个迫切的现实问题。伴随着攀西民族地区农村剩余精英人才资源和物质资源的不断流失，在促进城市经济发展的同时，也带来了治理主体虚拟化和物质资源短缺的困境。在这种形势下，攀西民族地区部分村社出现了新的社会矛盾和冲突。由于人力资本投入不足，部分农村精英逐渐从农业向非农产业或其他产业转移。

8.3.2.2 乡村"空心化"致使传统组织建设日渐式微

在攀西民族地区的农村发展过程中，提倡农村向城市的过渡与发展。农村城市化通常是农村人口和各种资源要素在城市中心的聚集，也是攀西民族地区农村发展过程中由传统向现代转变的乡村发展理念和途径。然而，在这一转变过程中，由于中央政府的宏观理念，地方层面可能会出现政策执行偏差。由于城乡二元结构体制，土地制度改革不完善，农民外出务工经商，从而形成"空巢"社会问题。近年来，攀西民族地区不少农村出现了严重的人口和资本外流，导致农村"空心化"。这种现象与国家的宏观政策取向密切相关。在攀西民族地区，青壮年一般先进城打工，然后家庭重心分批从农村转移到城市。在这一过程中，出现了大量的留守儿童和老人，"农民工"潮是城市的普遍现象。攀西民族地区农村留守成员以老弱病残为主，资本外流也较为严重。传统的农村自治逐渐瓦解。在费孝通先生的《乡村中国》中，传统的乡村社会主要以亲属和宗族为基础。在这样的格局下，攀西民族地区乡村的管理主要由名门望族、乡绅等地方领袖主导。除法律治理外，更多的日常治理是基于传统的社会规范。在攀西民族地区推进农村城镇化的过程中，传统的乡村治理平衡在一定程度上被打破。一方面，农村人口的外流导致了传统农村宗族的逐渐解体。另一方面，人口的外流意味着乡村精英治理的空缺，而人才的外流又导致了资本的外流，使得农村吸引投资的难度越来越大。传统民族文化的弱化和人口、资本外流导致的农村"空心化"，最终导致了传统乡村治理模式的逐渐衰落。

8.3.2.3 乡镇政府财权、事权失衡致使其日常运转困难

税费改革后，中央和地方税费种类重新分割，地方税种来源零散、不便于收取，符合城乡一体化战略要求，能实现乡村社会经济结构优化与协调发展。中央收归为主要和集中的税费，最初目的是"倒逼"乡镇政府精简机构、裁撤冗员、提高效率，但是没有全面顾及税费改革配套的所有财政体制改革乡镇一级政府日常运行经费，乡镇政府经费从"向下汲取"变为"向上汲取"，财政资金有迟滞性。乡镇政府给工作人员发工资本来就困难，对日常作业的操作就更显得心有余而力不足，如何有效维护和促进

村民自治成为重要课题。因乡村事权不断下放，乡镇一级政府资金不足，承担较多乡村事务，受财权和事权不平衡双重压力约束，乡镇政府经营难。

8.3.2.4 乡村组织结构的制度性缺陷，维权渠道不畅通

就乡村治理组织而言，首先，组织管理结构意味着乡村治理权力的产生、运行和变迁。具体来说，乡村治理组织是通过一系列制度进行规定的。其次，制度规范是乡村治理运行的必要条件。最后，乡村治理的主体是农民，农民的行为受到国家意志的支配，同时也受到社会环境的约束。从乡村治理组织来看，乡镇政府是基层政府，职能转变不够彻底，农村党支部和村委会的作用没有得到充分发挥，存在"越权"和"缺位"现象，在很大程度上影响了乡村治理的有效性。

8.3.2.5 村民缺乏利益表达渠道，公共产品供给不匹配

农村公共产品供给不匹配主要表现为上级部门提供的公共产品和服务与村民实际需求匹配度不高。主要原因是 2006 年 1 月 1 日取消农业税后，农村公共产品的供给主体由乡镇政府向上级政府转移，县政府按预算向农村提供公共产品，以及乡镇政府由农村公共产品的提供者向接受者转变。

攀西民族地区乡镇政府存在感减弱，农村公共产品供给出现实质性困境。从国家政治发展的角度看，乡镇政府是一种特殊类型的政治组织。在农业税取消前，攀西民族地区的乡镇政府更多地体现了村民利益的偏好，村民的需求多由村干部向一级镇政府表达，在维护上级政府与村民的关系中起着关键作用。在实践中，农村公共产品存在供需脱节的问题。由于公共产品的性质，村民难以依靠自身力量满足需求，"搭顺风车"的情况时有发生。在现行体制下，农村公共产品也面临供给不足、配置不准确等现实问题。这一现象反映了乡镇政府权力弱化下潜在的社会问题。

8.4 攀西民族地区组织振兴的实施路径

本节通过对攀西民族地区的困境及成因分析，提出了以下实现路径：重构农村社区，提升农村吸引力，引导人才回流；调整中央和地方财政事权和事权，完善乡镇财税制度；优化财政转移支付结构，建立城乡统筹发展机制；构建多主体治理模式，积极形成合力；加强基层组织领导，促进

基层民主发展；加强干部队伍建设，充分发挥领导班子的核心作用；推进农村社会管理体制改革，创新乡村治理理念，形成"治理与融合"的乡村治理体系；完善乡村治理体制机制，畅通公众参与治理渠道；增强农民自身"造血"能力，进一步实现资源与农民的直接对接。

8.4.1 加强攀西民族地区基层党组织建设

攀西民族地区基层党组织建设是落实新时代中央和省农村政策的重要力量，是做好"三农"工作的重要保障。在新时代，巩固和加强党在农村的执政基础至关重要。攀西民族地区基层党组织对农村工作的把握，直接关系到农村社会的稳定和发展，也是乡村振兴的根本保障。因此，攀西民族地区基层党组织是党的在攀西社会基层组织中的堡垒，必须加强而不是削弱基层组织建设。只有充分发挥基层党组织的领导核心作用，才能确保攀西民族地区乡村振兴目标如期实现。加强攀西民族地区基层党组织建设，既要开展党风党纪建设，又要为基层党组织建设提供物质和人员保障。

8.4.1.1 加强组织振兴的物质支撑

为了促进攀西民族地区的乡村振兴，迫切需要充分发挥政府投资的主导作用，尽快建立多元的乡村振兴投入保障机制。具体而言，应在以下两个方面做出努力。一是为基层干部提供适当的物质支持。2008年中央一号文件提出探索建立农村基层干部激励保障机制，逐步完善和落实村干部薪酬和相应的社会保障制度；2009年中央一号文件再次强调，村干部基本薪酬确定不低于当地农村劳动力平均收入水平，逐步解决村干部养老保障问题，稳定农村基层干部队伍。二是为攀西民族地区基层党组织提供物质支持。2013年中央一号文件指出，健全村级组织运行和基本公共服务经费保障机制；2014年中央一号文件再次强调，要建立稳定的村级组织运行资金保障机制。从完善财政保障机制到建立明确的制度保障，这是中央对基层党组织建设大力支持的结果，也是重视基层党组织建设的表现。

8.4.1.2 强化组织振兴的人才保障

基层党组织要不断充实中青年人才，这关系到基层党组织运行的长效机制，关系到基层党组织在农村工作中的胜任能力，更直接关系到乡村社会的治理。在全面从严治党的新形势下，如何培养一支优秀的农村基层干部队伍，是摆在各级政府面前的一项重要任务。目前，攀西民族地区农村基层人才队伍建设取得了很大成效，但也存在一些不可忽视的问题。由于历史等原因，攀西民族地区的人力资源相对匮乏，尤其是基层领导干部。如何有效发挥这些人才在农村基层党组织建设中的作用，是摆在我们面前的重要问题。为此，一是扩大基层党组织人才来源，重视知识青年、退役军人、返乡农民工、发家致富的农村领军人物，甚至在大学生"村官"中培养选拔村级组织骨干。二是完善农村基层党组织人才培养体系，为基层建设提供有力支撑。青年人才的丰富直接关系到基层党组织的可持续发展，多领域选拔青年人才有利于基层党组织顺利完成各项任务。据此，必须把创新创业作为解决人才短缺问题的根本途径，通过各种手段提高大学生"村官"的素质和能力。吸引大学生下乡就业创业，使大学生"村官"政策更加规范化、制度化，确保大学生"村官"能进能出、能用能留、想走就走；同时，鼓励高校毕业生回乡创业，带动地方经济发展和维护社会稳定，为农村基层党组织注入新鲜血液。三是注重加强基层党组织培训学习，建设高素质基层干部队伍，特别注重提高基层干部能力。只有不断提高基层干部素质和水平，才能真正发挥党支部在乡村治理中的核心作用。一个优秀的基层党组织，往往能实现村社的有序发展，这是中央多年来整顿基层党组织的成功实践经验。因此，要不断加强攀西民族地区基层党组织干部的培训学习，以提升基层党组织的战斗力。

8.4.2 加强干部队伍建设，发挥领导班子核心作用

党的十九大报告强调："建设高素质专业化干部队伍注重在基层一线和困难艰苦的地方培养锻炼年轻干部。"[①] 人才队伍在攀西民族地区农村发展中存在不足，人才是破解"三农"难题的关键。因此，在组织振兴中，要培养造就一支"懂农业、爱农村、爱农民"的"三农"工作队伍，提升攀西民族地区乡村干部的素质和战斗力，为脱贫攻坚与乡村振兴有效衔接，农业农村现代化提供坚实的人才保障。

8.4.2.1 党的领导为乡村治理现代化提供根本保障

加强攀西民族地区干部队伍建设，特别是把提高党的干部素质作为重中之重，发挥党支部在一切农村工作中的核心领导作用，才能真正发挥党组织在农村基层治理中的政治核心作用和堡垒作用，促进农业农村事业的

---

① 于静波. 从四个方面建设高素质专业化干部队伍 [N]. 学习时报，2018-03-21.

顺利发展。当地通过公开选拔，选拔出群众拥护、办事公正合理、能带领农民致富的优秀党员，送到农村党组织，并对干部进行相应的教育培训，准确定位阵地，有效解决农村农民存在的实际问题，带领人民群众共同富裕，对推动攀西民族地区农业农村事业的发展发挥重要作用。

8.4.2.2　理顺权力配置关系，实现乡村治理现代化势在必行

在多主体共治格局下，要厘清乡镇政府、村党支部、村委会关系，明确各自权责范围，为振兴民主合作社和乡村治理营造和谐有序的环境。一是明确乡镇政府与村支部、村委会的权责界限。从法律上明确乡镇政府和自治组织的职责范围，明确了乡镇政府指导村委会工作的范围和方式，改变了以往指挥式或直接控制式、垄断农村事务的做法。实行"三定一奖"责任制，落实上级对基层的要求，建立相应的奖惩制度，调动村民参与村社管理的积极性。二是要明确两个委员会的职能关系，党支部不能取代政府，村委会的工作不能与党支部分离。三是加强教育培训，提高村民素质，增强公众参与意识。通过宣传教育，两个部门的干部明确了职责，使其拥有的权力和履行的职能相对应，为完善乡村治理创造了条件。

8.4.3　积极发挥基层组织领导核心作用，建构多元主体共治格局

"治理是政治国家与公民社会的合作、政府与非政府的合作、公共机构与私人机构的合作。"① 随着国家治理体系和治理能力现代化的加快和社会治理体系的创新，也要逐步形成与治理现代化相适应的乡村治理体系和乡村治理格局。在这一过程中，如何建立符合农村实际的新型农村治理模式，是一个亟待解决的问题。在过去，中国的乡村治理主要由乡镇政府和村支部组成。在传统本土文化的影响下，这种治理模式具有一定的合理性和可行性。振兴组织，实现乡村治理现代化，需要打破现有治理模式，形成"主体多、方向一致"的合作治理格局。其中，农民和新农民是核心要素。根据攀西民族地区农村经济社会关系的特殊性，将农民、新型农民合作组织、其他农业社会组织、农村企业等纳入乡村治理体系，探索一条党组织主导、参与式乡村治理之路。

8.4.3.1　重塑乡村共同体、增强村社自身吸引力、引导人才回流

长期以来，中国农村建设只强调"城镇化"这一单一的发展理念，但

---

① 李发戈. 宪政背景下政治国家与公民社会的关系 [J]. 中共成都市委党校学报，2008 (1)：33-35.

这一理念导致农村"空心化"现象越来越严重。因此，在攀西民族地区乡村发展与振兴过程中，有必要重新重视乡村文化与魅力建设，引导攀西民族地区农村人口回流。攀西民族地区地方政府要进一步加大农村特色产业发展力度，提供条件，吸引有资质、有能力的绿色环保企业入驻攀西民族地区农村，并对相关企业提供政策和资金支持，大力鼓励攀西民族地区乡村品牌发展，把村民利益和农村发展效益有机结合起来。同时，加大对攀西民族地区民族文化的宣传推广，进一步加强攀西民族地区乡村景观建设，只有从发展效益和攀西民族地区民族文化出发，从根本上提高村民对家乡的认同感，才能真正从自身的乡村发展中获得实实在在的效益和价值，从而重拾乡情，重燃乡村风貌，重塑乡村共同体。

8.4.3.2 做实攀西民族地区村民自治建设

自 2005 年以来，农村自治建设已成为基层民主治理的重要载体，其在中央"一号文件"中出现了 9 次。当前，攀西民族地区村民自治已经成为居民政治生活的一项基本权利，成为居民创造幸福生活的制度平台，更加需要重视完善农村自治建设。首先，乡村自治建设要在基层党组织的领导下进行。但这并不影响乡村自治在基层社会治理中的民主治理功能。受益于乡村自治建设，乡村社会治理实现了由乡村基层党组织单一治理向多元治理的转变，这将极大地促进乡村社会事业的繁荣发展。其次，乡村自治的建设极大地促进了乡村社会的民主化进程。由于村委会成员由群众直接选举产生，村委会干部需要对村民负责。中央"一号文件"多次提出要发展和完善以村党组织为主导的民主自治制度，这是对乡村自治能够保证群众民主治理的肯定。最后，乡村自治建设创新了乡村社会治理机制。2014—2018 年的中央"一号文件"连续五年提出，完善和创新了以村党组织为主导的充满活力的乡村自治机制，在有实际需要的地方开展以村小组或自然村为基本单位的乡村自治试点实践。当然，从攀西民族地区民族自治地方村民自治的形式来看，将村委会下放到自然村或村民小组，可能更适合自治，更有利于调动群众参与村民自治的积极性。明确规定村民自治建设可以下放到自然村或村民小组等较小的治理单位，也是攀西民族地区民族自治地方基层治理的创新。探索不同条件下村民自治的有效形式，将是今后攀西民族地区民族自治地方村民自治发展的方向之一。

8.4.3.3 攀西民族地区的农村社区建设

总之，随着攀西民族地区民族自治地方社会治理水平的不断提高，应加快农村社区建设。这是适应农村社会管理和服务发展新变化的需要。攀西民族地区民族自治地方农村社区建设不仅是为了农村社区与社会的融合，也是为了城乡和整个社会的融合。这体现了攀西民族地区民族自治地方农村社会组织的转型，以及整个社会整合机制的转型。当前，我们正处于社会转型时期，存在着各种复杂矛盾。这些问题与国家政策、制度、法规密切相关。因此，有必要加强对社区建设理论的研究，积极探索适合当地实际情况的社区管理模式。近年来，攀西民族地区民族自治地方农村社区建设经历了以下三个阶段：一是开展城郊农村社区建设试点，探索农村社区管理和服务创新；二是在有条件的农村社区进行建设试点和推广；三是深化农村社区建设，即完善多元治理的农村社区建设。2008年中央"一号文件"提出创新农村社区管理内容和服务模式，服务功能是农村社区区别于传统乡村治理的最大特征。因此，攀西民族地区民族自治地方农村社区建设的重点应放在服务功能上。农村社区建设将导致农村社会治理向注重服务的模式转变。乡村社区建设顺应了攀西民族地区农村居民从传统生产社区向生活社区转变的趋势，郊区乡村社区建设的探索也是城市化进程中对管理和服务的需求。农村社区建设带来的服务管理模式，也是攀西民族地区民族自治地方农村社会治理机制的创新，将对农村社会的有效治理发挥新的积极作用。

8.4.3.4 形成了以党的领导"三治结合"为核心的攀西民族地区农村治理新体系

随着乡村社会的不断发展和乡村治理环境的变化，必须突破和创新相应的乡村治理思维和理念。乡村治理要以党的领导为前提，"三个结合"，形成以党组织为主导的乡村社会治理新体系。要实现从"政"到"治"、从"集中"到"分权"的转变，要以法治为基础，以德治为核心，推动基层自治健康发展。法治建设不仅是依法治国的组成部分，也是国家治理体系建设的重要内容，还是国家治理体系建设的重要环节。在实施乡村振兴战略的过程中，要以法治推动基层组织改革。党的十九大报告要求"全面依法治国"，这也涵盖了农村地区。加强基层法律服务队伍建设，完善法律法规体系，推进农村法治建设。通过完善农业农村立法，加强公平执法和司法制度，加强法律监督，调动全民守法积极性，提高干部群众的法律素养和法律意识，避免农村管理的"家庭势力"和"经验管理"。同时，要建立有效的监督机制，确保法律在农村社会生活中得到充分落实。领导干部要带头运用法律手段解决乡村治理过程中的各种矛盾和问题,在农村工作中落实法治理念,真正做到用好,带动一个村。近年来,攀西民族地区各级组织高度重视村干部工作,坚持把村党组织书记的选拔、使用和管理作为抓好基层党建工作的关键。在实践中,注重充分发挥党支部书记的领导模范作用。基层党组织的功能和作用非常明显,村支部书记真正发挥了"带头作用",村党组织得到了居民的高度肯定。在此基础上,结合攀西民族地区的实际情况,探索和创新村级集体经济发展模式,通过多种形式,打造"强村富家创业共享"平台。一是加强培训教育。注重领导干部的能力培养,实现全日制管理,采取系统轮训、专项培训等,注重金牌培训,全面提高基层党组织领导干部率先致富的能力、领导致富的领导能力,做好群众工作。二是建立考核机制,完善激励机制。充分调动广大村民参与现代农业农村建设的积极性,形成人人关心现代农业农村建设、共同致富的良好氛围。此外,对做好工作的村干部给予各种奖励,注重政治建设、精神建设和物质建设。在机制创新中探索建立以党员为核心的基层组织建设新模式,形成上下联动、内外协调的良好互动。实施"头雁培育"工程,打造一支羽翼丰满的攀西基层党组织书记队伍、基层党建工作的创造力,增强了向心力和战斗力。

8.4.3.5 完善乡村治理体制机制,畅通群众参与渠道

建立符合当前经济社会条件的乡村治理机制,是乡村治理现代化的制度保障,保障农民在乡村治理中的选举权、参与权、监督权、知情权,是缓解基层政府与农村居民矛盾的必由之路。提高农村治理现代化水平,必须立足于农村内部制度改革,尊重村民的民主权利。

在当前形势下,中国农村民主建设存在诸多问题,如公共权力在农村缺乏有效的监督和约束、农村基层组织职能弱化等,这些问题导致农村公共事务管理出现空缺或过剩现象。在新时代,传统的乡村治理模式已不能满足人民对美好生活的追求,也不能适应现代社会发展的需要。推进农村治理现代化势在必行,必须以转变农村内部制度为基础,尊重村民的民主权利。村民代表会议制度的改革,可以进一步促进村民直接行使民主权利。我们应该着重从三个方面提高村民的自治权。一是规范民主选举,突出村民选举权。选举要坚持民主、公开、平等、公正的原则,避免贿选和暗箱操作。完善民主管理制度,保障村民的参与权利。在群众中宣传农村自治的精髓,全村共同制定自治条例和村民大会,培养村民的自治意识。

二是规范民主决策机制，确保决策权的落实。村民委员会要定期召开，涉及农民利益的重大事项由群众通过民主协商日和民主听证会决定。三是提高村务公开水平，加强民主监督。村务公开，特别是财务公开是民主监督的前提，利用公告栏和村民会议进行真实全面的公开，让村民知道；畅通村民利益表达机制，干部要经常向村民汇报工作，接受村民提出的意见和建议，积极解决村里的矛盾和问题，确保农村社会稳定发展。

8.4.3.6 加快攀西民族地区经济发展，夯实治理现代化的经济基础

党的十九大报告提出要"坚持农业农村优先发展，建立健全城乡融合发展体制机制和政策体系"。乡村治理困境的根源在于城乡二元体制结构，城乡发展融合不足。加快城乡一体化进程，有利于缩小城乡基础设施差距，使物质和人力资源合理流动，促进现代乡村治理的实现。"自治"与"法治"的有机结合，是现代国家对乡村治理提出的必然要求，也是推进城乡一体化的重要内容。只有农村经济真正发展起来，农民富裕起来，乡村治理现代化有了坚实的物质基础，农民才能共同享受现代化带来的红利。因此，有必要加大对攀西民族地区农村经济发展的政策支持，不断推进攀西民族地区城乡一体化发展。一方面，要发展攀西民族地区农村集体经济，以深化土地制度改革为基础，发展农业规模化和专业化经营；完善权力，明晰产权，使攀西民族地区人民依靠"两都"，提高财产性收入，加快攀西民族地区农村集体经济积累，构建农村有效治理的权力机制。同时，要加强对村级自治组织和基层组织干部的培训，提高他们的能力和素质。另一方面，在攀西民族地区乡村治理中实现公共产品的有效提供。增加公共产品供给，完善攀西民族地区农村基础设施建设。坚持公平公正分配原则，实现农村公共产品供给方式的转变，构建均衡有效的农村治理机制。此外，要积极推进基层民主，建立村民自治制度，促进农民参与农村社会事务，使乡村治理更加多元化、民主化，增强群众参与乡村治理的积极性和主动性。要坚持"绿色发展"思想，优化农村资源配置，推进农村自然生态和绿色生态建设和保护，促进农村可持续发展，实现乡村治理效益最大化。

9 攀西民族地区乡村振兴政策供给与推进路径

强化相关政策供给，是乡村振兴战略顺利实施的重要保障。同时，要清醒地认识到，乡村振兴战略不可能在短期内完成，必须经历一个长期而艰难的探索过程。当前，中国正处于工业化中后期转型的关键阶段，在经济增长方式转变、产业结构优化升级等方面面临一系列新问题。因此，在乡村振兴的过程中要锻炼耐心，不能超过发展阶段。必须统筹谋划、典型带头、有序发展。

9.1 乡村振兴战略的政策支持

乡村振兴战略实施的政策支持包括户籍制度改革政策、乡村振兴的人才支撑政策、乡村振兴的用地保障政策、多元投入的保障政策和金融支农政策等。

9.1.1 乡村振兴人才支撑政策

针对攀西民族地区人才资源匮乏的现状，要采取更主动、更诚恳的态度，更有效地制定人才政策，促进攀西民族地区农村人才振兴，使各种人才能在攀西大地上的农村大施其能，大显身手。

9.1.1.1 培养新型职业农民

探索建立新型职业农民制度，培养热爱农业、擅长经营的新一代职业农民，完善农业从业人员结构，这既是攀西民族地区对新型职业农民群体的现实需求，也是实施攀西民族地区乡村振兴战略的重要举措。在新时代，如何正确把握攀西民族地区实施乡村振兴战略的新需求，明确新型职业农民的培养目标，依靠服务质量发展农业，依靠绿色发展农民，依靠品牌做强农民，关注乡村振兴对人才的需求，都是攀西民族地区亟待解决的问题。这也是所有培训机构应该承担的共同责任。这就要求我们在定位上坚持一体化，面向需求和问题定位，加强需求分析和研究内容设置，提高培养工作的针对性、规范性和有效性，并加强过程管理，加强规范建设，注重标准化培训。要加大政策支持和服务力度，提高服务质量，加强队伍建设和培训，提高技能水平。

（1）抓住乡村振兴的历史机遇培养农民的自我发展能力

攀西民族地区的区域不平衡和发展不足问题更加突出。目前，攀西民族地区606万人口中，80%是农牧民。只有提高农村居民的收入和生活水平，才能真正实现农村的发展，提高我国发展的整体质量。提高农民素质，培养农民自身发展能力，为攀西民族地区基础设施振兴奠定基础。为此，要充分尊重农民的主体地位，让农民以乡村振兴为己任，充分发挥农民的主动性、创造性和智慧，让农民在乡村振兴过程中有获得感。

要抓住攀西民族地区乡村振兴战略历史机遇，重视农业农村发展。攀西民族地区党委和政府必须优先解决"三农"问题。要把乡村振兴放在首位，把农业农村建设放在优先位置。攀西民族地区乡村振兴能否成功，在一定程度上取决于如何处理好工业、农业和城乡之间的关系。工业化和城镇化是经济社会发展的两大动力。在欧洲的发展过程中，一些国家在工业革命后实现了现代化，农村地区经历了衰落。后来，这些国家加大了对农业和农村的投入，认识到了城乡的功能互补，提高了农民的自我发展能力。

在相当长的一段时期内，攀西民族地区的地理位置、历史、交通及其他因素导致了农业农村基础薄弱，内生动力不强，和内地的差距是显而易见的，其中重要的原因之一，就是农牧民的主体性没有充分发挥出来。农村发展落后问题越来越突出，制约着整个攀西民族地区的发展。城乡全面协调发展是实现乡村振兴最直接、最现实的途径。要有活力的产业、宜居的生态、风土人情、有效的治理、富裕的生活。实施乡村振兴需要政府主导和社会参与，形成全社会关注的合力。为此，要深刻认识优先发展农业农村的战略意义，加快现代农业农村建设，发展具有前瞻性的农业产业，使农业成为与时俱进的产业，使农民成为人们向往的职业，使农村成为人们向往的天堂。

充分发挥农牧民主体地位。培养攀西人的自我发展能力，充分发挥他们在乡村振兴中的主导作用，必须坚定依靠农民，尊重农民，调动他们的积极性和主动性。这将使攀西人民不仅是乡村振兴的参与者和建设者，而且是受益者。要把攀西人民的主导作用和政府的领导作用结合起来，充分尊重攀西人民的意志，激发攀西人民的内在活力，教育引导攀西人民以自己的力量发展农业。建立全面系统的农民专业技能培训机构和平台，可以培养一大批"地方专家"和"人才农民"，使农民具备相应的农业专业技能和技术，农业生产经营收入成为主要收入来源。新型职业农民可分为三类：生产型职业农民、技能型职业农民和服务型职业农民。明确新型农民的职业定位，可以更广泛地促进劳动力资源的优化配置，促进攀西民族地区农业和农村的可持续发展。

农民是培育新型农业经营主体的主体。政府政策支持的重点是培育新型职业农民，培养一批有文化、有技能、有技能、有创新能力的职业农民，为乡村振兴提供坚实的人力资源。要按照建设现代农业产业体系的总体要求，加大农村人力资源开发投入，搭建培养职业农民教育平台，建立多层次、多形式、高效的教育培训体系、农业科研院所等。攀西民族地区各级党政部门要为新型职业农民培育提供良好环境，提供政策供给、信息咨询、技术、业务指导和资金支持，使其全面认识和适应市场，以市场为本。

（2）更新观念、确定目标、健全管理服务体系

实施乡村振兴战略，培育新型职业农民、创新实践、学与用"三个理念"必须扎根基层。围绕目标导向、需求导向、问题导向的目标，建立完善的组织、管理和服务体系，增强新型职业农民培训的针对性、协调性、灵活性和专业性。首先，要强化培育新型职业农民观念，培育新型职业农民。坚持政府的主导作用，完善政策支持机制。根据攀西民族地区新型农民培养实践的发展，要创新，加强培训理念与整个培训环节的结合。要在这一理念指导下，推动全面建立职业农民制度，全面提高攀西农村人口素质、生产能力和管理水平，把农民变成真正有吸引力的职业，把农业变成有发展前景的部门，把农村变成知心之地。在此基础上，还应通过完善相关政策机制，加大新型职业农民培训力度，提高其综合素质。其次，要加强新型职业农民的定位。根据对现有相关政策文件的分析，必须高度重视培育新型职业农民这一重要历史任务，从国家层面予以战略重视。从攀西

的社会经济发展来看，要做好扶贫与乡村振兴的衔接，培育新型职业农民是一条重要路径。加强对乡村振兴的人才支撑，培养一批文化素养强、技术水平高、经济实力强的新型职业农民，是攀西民族地区实现乡村振兴的关键。最后，加强对新型职业农民的培训和管理服务。要坚持走提升内涵的道路，通过创新教育教学机制、完善人才培养模式、优化育人环境，加快新型职业农民队伍建设步伐，不断增强新型职业农民在本地区生长发展的内生动力。加强对新型职业农民的培训和管理服务。在国家政策的支持下，依托现代远程教育手段，构建了以政府为主导、多方参与、协同推进的新型职业农民培养工作体系。要根据攀西民族地区乡村振兴人才的实际需求，以及学校培养新型职业农民的能力，提供更好的保障条件、更高质量的帮扶服务、增强新型职业农民培育组织的专业性等，使其具有灵活性和实用性。

（3）创新职业农民培育的机制体制

攀西民族地区乡村振兴和实现农业农村现代化，必须把农业发展放在优先发展的战略位置，使各类农业人才在攀西农村充分发挥自己的才能、技能，形成农村人才、土地、资本、产业一体化的良性循环，建设一支懂农民、爱农民、尊重农民的队伍。目前，中国初步建立了国家主导、地方政府组织实施、社会力量广泛参与的多元化农村人才培养体系，但各地差异较大。这就要求我们创新攀西民族地区农村人才培养体制机制，着力培养人才、吸引人才、留住人才、使用人才，把人才作为攀西民族地区实现乡村振兴战略的内在动力。

第一，发掘本土人才。要充分挖掘攀西民族地区本土农村人才潜力，促进农村人才繁荣，并做好本土人才的选拔和培养工作。同时也要注意如何留住引进的人才，把优秀人才吸引到基层。这就要求我们不仅要关注外面的世界，而且要善于发现脚下的人才，为当地培养人才。要加大对当地农村人才队伍的宣传力度，加强对当地农村人力资源的开发和培训，增强为经济社会服务的意识。一方面，鼓励攀西民族地区各类人才数据库建设，给本地人才发展空间；另一方面，要加强新型职业农民培养和创业动力，促进地方科技人才向乡镇流动，提高农村人才队伍整体素质，为推进社会主义新农村建设奠定坚实基础。要构建长效机制，全面激发当地农村人才的创新精神和创新能力，充分发挥攀西民族地区农村人才优势，让人才脱颖而出，让农村更具吸引力，为农业农村可持续发展注入新动力。同时，还应通过加强攀西民族地区农村基础设施建设，如农村教育、就业、医疗、基础设施、人居环境等，改善当地农村人才的成长环境，改善和升级农业农村投资环境，加快农业农村基础设施建设的投入，促进城市对农村的支持，落实工农业回报激励政策，突破农村公共服务和社会事业瓶颈，实现城乡公共服务、社会事业一体化，为乡村振兴提供人力支撑。

第二，筑巢引凤凰。要推动攀西民族地区乡村振兴，就必须引导、鼓励和支持乡村精英回流，让他们投身乡村。要加大对农业发展的支持力度，推动攀西民族地区农村产业升级转型，提高农村生产力，实现农民财富增值。构建城乡一体化的基本公共服务体系，把人才回流留在农村。同时，完善制度建设，营造有利于优秀人才的社会氛围。在吸引更多人才的同时，也要吸引更多农村精英到农村创业。要搭建人才创业平台，为他们的创业提供良好环境，制定优惠的税收金融政策，吸引各界人才参与攀西民族地区现代农业和农村建设，让他们感受到自己还有施展才华的空间，激发他们对农村创新创业的热情。我们要给予他们优惠政策，帮助农民工、高校毕业生、科技人员、退役军人和工商企业参与现代农业建设，让他们有成就感。

第三，建立和完善大学生赴攀西民族地区基层工作长效机制，为攀西民族地区乡村振兴战略实施注入新鲜血液。新时代大学生村官计划为大学生在农村施展才华提供了广阔的舞台。培育和建设一支优秀的农村干部队伍是一项重要举措，有利于推动农村基层组织和队伍优化，提高党的执政能力。大学生到攀西民族地区农村从事农业农村建设，既是对农业农村人才的支持，也是培育优质农业农村、为农村专业干部成长创造条件的途径。大学生下乡实践既是政府对大学生村官培养提出的要求，也是高校人才培养的重要任务。进入新世纪后，大学生几乎覆盖了攀西民族地区所有农村地区，为攀西民族地区农业农村发展做出了巨大贡献。与此同时，许多优秀毕业生走上领导岗位，为攀西民族地区的经济发展做出了贡献，带动了更多村民脱贫致富。在实践中，大学生村官充分展示了自己的才华和智慧，已成为中国高校"四位一体"新人培养的一个亮点。一大批有文化背景、技术熟练、管理水平高的大学生村官被注入攀西民族地区乡村振兴中，成为攀西民族地区乡村振兴中不可或缺的重要人才队伍。要继续完善配套政策，建立引导和鼓励高校毕业生到攀西民族地区基层工作的长效机制。要让大学生村官真正扎根当地社会，充分发挥自身优势，为地方经济发展贡献力量。因此，有必要鼓励更多有抱负的年轻人扎根基层，为乡村振兴服务。实施乡村振兴战略对人才至关重要，要依靠当地的职业农民培养专业技术人才和较强的现代化管理能力。目前，中国职业农民教育培训体系还不够完善，对本土人才尤其是新型职业农民的重视和培养不够。为此，要完善攀西民族地区职业农民培训机制，加快培养农业现代化和农村现代化所需的人才，为乡村振兴提供坚实可靠的人才支撑。

（4）充分利用好已有的培育平台，多力量加快职业农民的培育步伐

新型职业农民的培养包括四项基本教育培训制度建设，具体包括农业学院制度建设、农业技术推广制度建设、农业科技研究制度建设、农业技术学校制度建设。培养方法和途径包括线上教育教学、线下教育教学、课堂专业教学、现场生产培训等内容。对此，攀西民族地区有关职能部门要增强大局意识和责任感，集中力量，全面推进。一是加强攀西民族地区两所高校（攀枝花学院、西昌学院）对职业农民的培训，整合现有各类教育培训资源，形成合力。同时，要加强地方政府的支持，为新时代"三农"工作提供智力支持。攀西民族地区各高校，特别是西昌大学农学院，要把科技研发平台、培训平台、智库平台作为培育新型职业农民的基本支撑条件，充分发挥高校在重点建设职业教育师资培训和乡村振兴战略研究院中的作用和功能。同时，通过校企合作，将理论研究成果转化为实践技能，提高学生适应当地社会经济发展需要的适应能力和创新能力。二是整合外部培训资源，充分发挥其培训优势。结合当地实际情况，将"校企合作"模式引入职业农民培养过程中，建立以政府为主导、多方参与的教学机制。整合教育资源、农业高等院校、四川省农业科研院所、农业技术推广机构、农民专业合作社、农业龙头企业等资源，互补学校培训资源和知识转移领域优势，突出培育的多样性、灵活性和实用性。三是加强与四川农业大学、省级农院及各类栽培资源的协调与合作。以四川农业大学、西昌学院等为主体，以各种培训资源为补充，加强模块化培训的组织管理，完善"专业机构+多资源+市场主体"的教育培训体系，让农民在有知识、有意愿的基础上，科学合理地选择专业化、现代化的道路，为职业农民培育提供更加全面便捷的服务。

（5）改进培育体系，充分发挥农业人才的作用

一是完善培养体系，将规范指导、政策支持、技能培训和教育管理有机结合起来。实施人才培养计划，持续开展青年农民培训计划，吸引更多

年轻人回到攀西创业。二是制订偏远地区职业农民培训计划。偏远地区由于资源匮乏，难以吸引和留住专业人才。因此，攀西民族地区各级财政部门可以设立专项补贴，支持偏远地区农民的技术培训和农村创业；为生产经营专业农民提供技能培训、政策咨询和服务，提高他们的能力；对有专业技能的人员给予补助，提高其自我发展能力。培训职工和服务人员，指导其使用新品种，推广新技术，提供财政补贴。优化和改善农业农村投资环境，降低风险，为返乡企业家提供贷款贴息或保险补贴。三是促进农村涉外人才的培养。要抓住共建"一带一路"发展的战略机遇，着力为涉外农业企业培养人才，探索农业对外合作发展路径，为攀西民族地区农业国际化提供智力支撑。涉外农业企业和农业科技人才的培养，是提高攀西民族地区农业国际竞争力的核心，国际竞争归根结底是人才的竞争。为此，要加快设立涉外农业培训机构，审批建设项目，对土地、水、电、金融、保险、农业补贴、医疗卫生等社会保障政策给予支持。鼓励外资农业企业或公司人员参加培训，并对偏远地区相关人员进行专门培训。四是完善职业农民扶持政策，创新完善农村金融融资模式。扩大农村有效抵押贷款范围，试点实施土地承包经营权、宅基地、农村集体建设用地、农民住房等抵押贷款模式，以及温室设备和温室贷款、农机贷款、畜禽库存贷款等。鼓励土地流转合理向农村人才集中，对土地流转给予适当补贴，支持建设用地按一定比例流转。对农村优秀人才给予医疗等优惠待遇。将现有的政府+银行+保险融资模式扩展到攀西民族地区农村创业。鼓励商业银行、保险公司在农村设立分支机构或营业部，注重服务和支持职业农民培训，支持返乡创业。

9.1.1.2 强化农村专业人才队伍建设

加大攀西民族地区"三农"领域实用型专业人才培养，提高农村专业人才服务保障能力，完善职业农民培训体系，创新培养模式，提升新型职业农民素质技能。加强攀西民族地区农业技术推广人员队伍建设，探索建立公益性与经营性相结合的农业技术推广工作机制，让攀西民族地区农业技术人员提供增值服务合理获取报酬，全面实施农业技术推广服务专项计划。建立多元化的教育培训体系，提高农民素质和技能，加快培养适应新形势的新型职业农民。加强攀西民族地区农业院校和学科建设，着力培养农业科学和科普人才，实施攀西民族地区农业科学研究杰出人才计划和杰出青年农业科学家计划，进一步推进农业系列职称制度改革。

9.1.1.3　激励社会人才致力于攀西民族地区乡村建设

攀西民族地区乡村实施全面振兴战略，人才是推动乡村全面振兴的关键。因此，我们应该把农业人才作为攀西民族地区乡村振兴的重要战略资源，运用各种激励措施，为攀西民族地区农村吸引、聚集、培养和留住人才。招募和派遣青年志愿者是攀西民族地区农村引进人才的重要途径，让青年志愿者在攀西民族地区乡村振兴的舞台上充分发挥自己的才华，绽放自己的价值。为此，首先，要选择合适的人才为攀西民族地区农村服务。选拔时要注意政治思想素质高、业务能力强、公益精神好三个方面。在招募青年志愿者时，要考虑他们是否有服务攀西民族地区农村的意愿，是否愿意在农村生根发芽，这样使志愿服务更具针对性和有效性，与攀西民族地区乡村振兴的实际需求紧密结合，提升志愿服务的综合影响力。其次，要招收相应专业高校的专业毕业生，特别是吸引在攀西民族地区出生和成长的专业毕业生回攀西民族地区工作，使他们能以自己的特长回乡，具有专业知识的优势。这可以帮助他们更好地深入基层，为攀西民族地区乡村振兴贡献力量。

鼓励社会人才参与攀西民族地区建设，建立健全社会人才参与攀西民族地区乡村建设的激励机制，研究完善相关政策措施、管理办法等，激励社会人才投身攀西民族地区乡村建设。加大贫困地区基础设施建设资金倾斜力度，优先用于改善农村生产生活条件。以乡情为纽带，引导和支持企业家、党政干部、专家学者、医生、教师、规划师、建筑师、律师、技术人才等，通过志愿者下乡、投资创业、医学教育、捐赠、法律服务等方式，为乡村振兴事业服务，让符合条件的公务员回到农村服务。加强地方精英人才培养选拔。加强落实和完善融资贷款、配套设施建设、补贴、税收减免等扶持政策，引导和鼓励企业和资本积极参与攀西民族地区振兴。加强对海归企业家的宣传指导和培训，提高其综合素质。留住人才，坚持以情动人，以事业留住人，以环境留住人。加强海归企业家培训教育，提高适应新形势需要的能力。结合对家乡的感情，努力在攀西民族地区营造积极开放有效的政策环境，特别是人才环境。营造宽松的创新创业环境，努力营造尊重人才、爱人才、用人才的环境，为攀西民族地区社会营造良好的社会环境。支持和保护各类人才返乡创业，使广大攀西民族地区农村成为人才就业热土，鼓励各类人才在农村大展宏图，以更加坚实的人才资源，支撑攀西民族地区振兴之路。继续实施"三区"（边远贫困地区、边疆民族地区、革命老区等）人才扶持计划，进一步做好大学生村官工作，因地制宜，落实"三支一扶"政策、高校毕业生在基层发展等计划，实施"妇女行动"乡村振兴青年成才活动。健全农村应用型人才队伍建设规划体系。建立城乡、区域、校际合作交流机制，培养人才。加大对农村应用型人才队伍建设的投入。全面建立城市医生、教师、科技文化人员等经常为农村服务的机制。

9.1.2 攀西民族地区乡村振兴用地保障政策

健全农村土地利用管理的政策体系，激活存量、利用流量、增量为辅，盘活农村土地资源资产，确保攀西民族地区乡村振兴对土地的需求。

9.1.2.1 完善农村土地管理制度

（1）运用挖潜存量资源

攀西民族地区实施乡村振兴战略，土地资源问题是无法回避的。充分利用有限的土地资源，挖掘土地资源潜力，提高土地利用效率，可以有效提高农业综合生产能力和农民生活水平。所谓挖掘潜力存量，就是在利用土地存量的同时，把提高土地利用效率作为挖掘潜力存量的目标，合理解决部分土地利用压力，协调间隔时间，不断加强农村土地保障能力建设。充分重视攀西民族地区闲置土地的开发利用，整合各种土地资源，合理规划土地用途，注重挖掘存量潜力的手段，用好农村集体土地建设。

（2）利用市场作用加强用地监管

攀西民族地区各级政府部门应继续利用市场机制，加强耕地保护，明确土地治理责任，切实提高攀西民族地区农产品质量，提高绿色有机农产品比重，从而促进农业农村发展。目前攀西民族地区农村土地流转还存在诸多问题，严重制约了农民增收和现代农业建设。因此，要有效发挥市场的作用，不断提高土地资源的利用率，真正实现土地资源的合理开发利用和危机的解决。在此基础上，还应重视生态环境建设，确保生态文明与经济社会发展协调可持续发展。为了充分利用攀西民族地区的自然资源，必须大力推进绿色农业产业的发展。在人们生活水平日益提高的今天，绿色有机食品逐渐进入人们的日常生活。攀西民族地区有关部门要打通农产品绿色发展通道，积极落实绿色环保理念，推动实现土地资源合理利用的目标。在此基础上，还应加强生态环境建设和管理，为土地可持续发展创造良好条件。攀西民族地区要坚持规划先行的科学指导，统筹有限土地资源，科学评价土地承载能力，不断创新土地利用管理体制，大力推进生态管理模式，改革土地制度，实现绿色发展。以攀西民族地区农村土地资源的利用与管理为重点，促进土地资源的合理开发利用，从而找到一条可持续发展的道路。同时，还应加强农田建设，不断提高土地资源利用率。

（3）严把土地用途关

探索建立具体用地项目公共利益确认机制，提高征地补偿标准，建立多维保障机制，保障转移农民长期生活。加强对违法使用土地行为的惩戒，建立健全公平合法的准入制度，节约和集约利用土地资源，推进农村宅基地自愿有偿退出管理制度。促进城乡建设用地耦合。总结农村征地、集体建设用地入市、农村宅基地制度改革试点的经验，逐步推进试点，在满足规划和使用控制的情况下，对集体建设用地以出让、租赁、入股等方式入市，明确入市范围和形式。要推动农村"集体经济组织"向股份合作经济组织转变。建立集体建设用地增值分配制度。

9.1.2.2 完善农村新增用地保障机制

加快建立攀西民族地区乡村振兴土地保障机制。首先，以发展攀西农业现代化为目标，完善农村土地"三分制"。明确集体所有权、农民承包权、土地经营权的权利和赋权，防止土地用途闲置和地租过快上涨。其次，整合和完善农业设施管理政策。对攀西农产品冷链开发、初加工、休闲采摘、仓储等设施建设、停车场厕所、住宅健康营养、餐饮等配套用地实行更加灵活宽松的管理政策。对耕地质量低、生态环境脆弱、基础设施落后的地区，可适当提高建设标准，给予相应补贴。最后，优化城乡建设用地布局。统筹城乡发展，合理规划乡镇建设规模。落实攀西民族地区行政用地"在年度新增建设用地计划目标中设定一定比例，支持农村新产业新业态发展"。避免城市基础设施项目选址，避免盲目扩大规模。要保持城乡建设用地增减联动和耕地平衡，预留土地空间推进攀西民族地区乡村振兴，不能把农村建设用地匆忙搬到城市，也不能把欠发达地区建设用地置换到发达地区。

为协调农业农村各项土地利用活动，乡镇土地利用总体规划应预留一定比例的规划用地和建设用地，用于实施乡村振兴战略。加强对违法使用土地行为的处罚。根据规划，确定土地利用结构和布局，在分配年度土地利用计划时，可专门为乡村振兴战略安排一定比例的新增建设用地。按照"多规合一"的要求，试验区城乡建设用地增减联动以人均标准控制。农业生产所需的各种生产设施和配套设施，以及因农业经营规模而必须建设的配套设施，不得占用永久性基本农田，应将其纳入设施农业用地管理，并在县级实施。按照"多规合一"的要求，对乡村空间进行整合和优化。鼓励农业生产和农村建设用地综合利用，大力发展农村新产业、新业态，拓展土地利用功能。加强农村土地承包经营权流转制度改革，完善农村土地所有权、承包权、经营权分离机制，促进土地使用权有序合理流转，探索盘活农村闲置宅基地的有效途径。完善农村土地承包经营权流转制度，促进农民增收。不从农村宅基地买卖入手，探索有效开发利用闲置农村宅基地的具体途径。

9.1.2.3 盘活了农村存量建设用地

完善农民闲置宅基地和闲置农房政策，探索确定宅基地所有权和资格权利，实行使用权"三分离"，实行宅基地集体所有，保障宅基地农民资格权利和农民房屋产权，适度放宽宅基地，保障农民房屋使用权，严禁非法出售宅地，严格土地用途管理，严禁利用农村宅地建设别墅、私人会所等。按照"多规合一"的要求，县级土地利用总体规划应将城乡建设用地规模控制在国家标准以内，不得超过国家标准。在满足土地利用总体规划的基础上，允许县级政府调整村社土地规划，优化村社土地布局，充分利用农村零散建设用地存量。鼓励和引导农村集体经济组织依法有偿取得农村闲置建设用地。对农村闲置建设用地存量，大力发展农村新产业、新业态，对新增建设用地指标给予奖励。

9.1.3 攀西民族地区多元投入的保障政策

完善投入保障制度，健全政府投资机制，全面调动社会投资的动力与活力，加快形成财政优先保障、社会主动参与，形成多元投入格局。

9.1.3.1 继续把财政优先保障作为重点

建立健全攀西民族地区实施乡村振兴战略的财政投入保障制度，明确和强化各级政府对"三农"问题的投入责任，增加攀西民族地区对"三农"问题的公共财政投入，确保财政投入与乡村振兴目标任务相一致。完善攀西民族地区财政农业支出管理体制，完善中央和省级转移支付制度，建立稳定有效的财政资金保障机制。规范攀西民族地区地方政府举债融资，支持攀西民族地区地方政府发行乡村振兴领域公益项目一般债券，鼓励地方政府开展项目融资、收入自平衡等专项债券试点，支持符合条件的农村公益建设项目，有一定效益。加强攀西民族地区财政农业支出管理，提高财政资金使用效率。加大对绿色农业生产、可持续发展、农村人居环境、基本公共服务等重点领域和薄弱环节的财政投入，发挥优化供给结构的关键作用。创新攀西民族地区金融产品服务模式，推动农业金融机构向"三农"问题提供多元化金融服务，引导民间资本进入乡村振兴领域。充分发挥规划的主导作用，促进产业内部资金整合和产业间资金汇聚的相互联系与合作，加快建立农业资金汇聚与整合的长效机制。完善农业资金绩效评价体系与农业资金专项资金监督机制，加强农业资金监督管理，提高财政用于农业的支出效率。

9.1.3.2 加大土地出让收益在农业和农村中的比重

拓宽投融资渠道，完善攀西民族地区乡村振兴投资保障体系，为实施攀西民族地区乡村振兴战略提供稳定可靠的资金来源。一是加强资金保障，确保资金到位。二是坚持以农业为主体的原则，制定调整完善土地出让收益用途、提高农业农村投入比重等政策建议，筹集资金用于支持攀西民族地区实施乡村振兴战略。三是完善耕地补偿余额治理，建立高标准农田建设等新增耕地指标、城乡建设用地增减联动富余指标、跨省调整机制，将支出预算收入用于巩固脱贫攻坚成果，支持攀西民族地区乡村振兴战略的实施。

9.1.3.3 引导并撬动社会资本向攀西民族地区农村倾斜

改善攀西民族地区营商环境，提高农村基础设施和公用事业领域的开放水平，吸引社会资本投资攀西民族地区乡村振兴。建立城乡统一建设用地市场，按照节约和集约利用建设用地的原则，推进城乡建设用地增减联动试点。规范有序使用农村基础设施存量资产，租赁和销售收入主要用于补短板项目建设。落实农村宅基地制度改革方案，完善农村集体建设用地入市政策，允许攀西民族地区居民通过承包经营权进入集体经济组织存量。继续深化"简政放权"改革，鼓励产业和资本进入农业农村，提出全面推进攀西民族地区乡村振兴战略实施的解决方案。支持国内企业在攀西民族地区设立分支机构，扩大经营范围，增强市场竞争力。鼓励外商投资攀西民族地区现代农业、产业融合和生态修复、人居环境改善、农村基础设施等建设。加大对攀西民族地区的财政支持力度，完善农业专项资金管理体制，提高财政资金使用效率。推行一对一商议、以奖代补等，鼓励农民直接从农村基础设施建设和维护中受益，更多地参与建设和维护。

9.1.4 攀西民族地区金融支农政策

完善与农业农村相适应的农村金融体系，在农村经济社会发展重点领域、薄弱环节分配更多的金融资源，较好地适应了攀西民族地区乡村振兴多样化的资金需求。

9.1.4.1 完善攀西民族地区金融支农组织制度

大力发展攀西民族地区农村普惠金融。引导和鼓励民营资本进入攀西民族地区农业领域，建立攀西民族地区多元化农村金融体系。进一步推进银行和非银行金融机构专业化体制机制建设，形成多元化农村金融服务主体。指导设立股份制银行、城市合作银行农村分行，探索建立以法人为主体的新型农村社区金融服务组织体系。引导大型商业银行以攀西民族地区农村普惠金融营业部为基础，建立其他专业机制，完善攀西民族地区专业"三农"金融服务提供机制。鼓励中小银行创新产品模式，提高服务水平。完善农业银行、邮储银行"三农"金融营业部运营体系，确定国家开发银行和中国农业发展银行推动攀西民族地区乡村振兴的责任定位，加大对乡村振兴的信贷支持力度。加快农村小微企业贷款担保公司试点。支持中小银行完善网点和渠道，下沉服务重点。加快农村综合金融服务体系建设，完善金融服务功能。推进农村信用社改革，保持县域农村信用社法人地位，实现数量总体稳定，改善村镇银行准入条件。加强农业贷款风险监测预警和控制，防范化解重大金融风险。引导农民合作金融健康有序发展。鼓励证券、保险、担保、基金、期货、租赁、信托等金融资源聚焦乡村振兴。

9.1.4.2 创新金融支农产品及服务

加快农村金融产品和服务创新，持续改善农村支付环境，充分激发农村金融服务链活力。健全农村产权交易市场制度。稳步有序推进农村承包土地经营权流转、农民住房产权流转和集体建设用地使用权抵押贷款试点。积极发展农村土地经营权、宅基地使用权等农村房产抵押融资业务。探索攀西民族地区县级土地储备公司参与农村土地承包经营权、农户产权等"两权"抵押权试点。积极推动建立以农户为中心的多元化农业保险制度。充分发挥攀西民族地区信用信息共享平台和金融信用信息数据库的作用，探索发展新型信贷类型的金融支持农产品和业务。完善农村土地流转制度，促进规模经营发展，培育新产业、新业态。结合农村集体产权制度改革，探索利用攀西民族地区农村集体资产股权进行量化融资。建立农村财产抵押贷款担保制度，为攀西民族地区农村承包土地流转提供风险保障。提高直接融资比例，支持农业企业在多层次资本市场基础上发展壮大。完善农村金融市场体系，推进"三农"金融服务供给侧结构性改革。不断创新服务模式，引导持牌金融机构利用互联网、移动终端等开展普惠金融服务，促进金融科技和农村金融健康发展。

9.1.4.3 健全攀西民族地区金融支农的激励政策

继续运用奖励、补贴、税收优惠等政策工具，为乡村振兴金融服务提供支持。完善土地承包经营权登记认证制度，推进农村土地所有权、使用权、收益权分离。积极推动建立以服务乡村振兴为核心的现代农村金融体系。以再贷款和再贴现为货币政策工具，以攀西民族地区乡村振兴为背景，引导信贷政策结构调整。加强对农村合作社、龙头企业等新型农村经济组织的金融支持。加大对乡村振兴重点领域的信贷倾斜。对县级金融机构新增农业贷款提供奖励政策，完善农业无息贷款政策，降低农民和新型农业经营者融资成本。加强农村金融产品创新，推动互联网+信贷服务模式发展，促进农村合作社与银行合作共赢。完善农村金融风险化解机制，加快完善乡村振兴融资保障体系。加大乡村振兴领域金融服务力度，创新信贷产品供给，优化金融服务，加强对农民专业合作社和各类小微企业的金融服务。发挥国家融资担保基金的作用，增强担保融资的增信，引导更多金融资源投向乡村。加大新型职业农民培育力度，提高金融服务需求满意度。制定金融机构为乡村振兴服务的评估方法。加大对农业企业特别是小微企业的金融服务力度，创新信贷产品，优化贷款流程，提高服务水平，降低信贷风险。完善农村金融差别化监管制度，合理设置金融机构设立和拓展业务的准入门槛。建立农村金融体系建设长效机制，推动形成多层次资本市场，完善金融服务实体经济机制，促进城乡要素合理流动和有效配置。守住不引发系统性金融风险的底线，强化攀西民族地区地方政府防范处置金融风险的责任意识。

9.1.5 攀西民族地区户籍制度改革政策

9.1.5.1 户籍改革须与产业政策协同匹配，并发挥其组合效应

户籍制度改革要与具体产业政策的制定和实施相协调。中国在劳动力供给方面具有一定的优势，但中国的劳动力成本仍处于较高水平，随着人

口红利的消失，未来劳动力成本将会增加，并将面临更大的挑战。培育新的产能，实现产业升级，需要结合攀西民族地区的具体情况。

户籍制度改革要与农业政策的要求相一致。同时，要加强对攀西民族地区农民工的教育培训，提高他们的技能和素质。在攀西民族地区乡村振兴过程中，只有在多领域改革的后续推进下，加大对"三农"的扶持力度，改善农业的产出效果，才能提高农业经营收入、土地流转、委托农业或农民外出打工保留工资的比例，提高城镇均衡工资水平，倒逼城市低端产业转型升级，持续大力推进农业现代化和工业化。户籍制度改革的实施和相应的福利政策不会与行业的政策目标相抵触。只有这样，才能最大限度地发挥户籍制度改革的作用，有效提高居民的福利水平。

9.1.5.2　完善落户制度

攀西民族地区要进一步放宽落户条件，让农业转移人口在就业地落户，优先考虑在农村学习的学生、即将服兵役和在城市生活工作 5 年以上的农业转移人口、随迁家庭、新生代农民工等农业转移人口。探索建立以户籍为基础的统一登记制度，逐步实现攀西民族地区统一户籍管理制度建设。完善户籍管理办法，建立城乡统一的户籍管理制度，实现"户人分离"，促进人口有序流动，提高城镇化质量。全面落实居住证制度，确保各地申领居住证的门槛不超过国家和四川省标准，享受的各类基本公共服务和办事便利不低于国家标准，推动居住证制度覆盖所有尚未落户的城镇常住人口。

9.1.5.3　维护享有权益

继续扩大城镇基本公共服务覆盖范围，确保符合条件的农民工在流入城市平等享受基本公共服务。加强对新生代农民工的城镇化技能培训和业务指导。多渠道增加高校招生名额，确保农民工随迁子女主要在流入地公办学校接受义务教育，重点办普适幼儿园，开展学前教育。加强农村进城劳动力的职业教育和培训。建立攀西民族地区统一就业失业登记管理制度，为农业转移人口职业技能培训提供政府补贴等综合服务。加强农民工职业教育培训管理，提高农民工素质和技能，促进城乡劳动者公平就业和交流。将攀西民族地区农业转移人口纳入社区卫生和计划生育服务体系，提供基本医疗卫生服务。建立攀西民族地区城乡一体化统一户籍制度，实现从户籍到公共服务的全覆盖。将在城市落户的农村转移人口纳入城镇社会保障体系，将农村养老保险、医疗保险和城镇社会保障体系规范化衔接，转移落实基本医疗保险关系，异地结算医疗费用。建立攀西民族地区城镇低收入家庭最低生活保障制度，解决落户农民工的实际困难。将在城镇落户的农村转移人口全部纳入攀西民族地区住房保障体系，多渠道满足基本住房需求。

9.1.5.4　健全激励机制

保障进城落户农民工的土地承包权、基本农田使用权、集体收入分配权等权利，引导和鼓励进城落户，积极依法有偿转让上述权利。建立攀西民族地区促进城乡流动人口有序流动和保障基本公共服务均等化的制度，推进攀西民族地区城乡户籍管理改革。加快户籍变更与农村"三权"脱钩，推动农村转移人口在不退出"三权"的条件下在攀西民族地区城镇落户。落实支持农业转移人口城镇化的财政政策，以及城镇建设用地增量与农业转移人口落户数量挂钩的政策，建立企业、企业、个人成本分担机制。

加大满足农民工进城需求的公共服务设施建设，完善城乡一体化发展体系，推进城乡公共服务体系一体化。政府还应率先给予农民工就业优惠待遇，加大对农民工的培训，提高他们的专业技能，积极帮助他们了解城市新区的政策。同时，要重视保护农民工合法权益，为农民工营造公平公正的社会环境，为农民工创造良好的落户生活环境。

9.2　攀西民族地区乡村振兴战略的推进路径

攀西民族地区推进乡村振兴战略的途径，应针对攀西民族地区的具体情况，区别不同区域进行分类推进，落实省统筹，州市全面负责，市、县两级抓实抓好乡村振兴的工作机制，遵循党的集中统一领导，各级政府尤其是乡镇政府要履行好职责，聚集攀西民族地区全社会的力量，分类、分步骤扎实有序推进攀西民族地区乡村振兴。

9.2.1　加强组织领导

坚持党总揽全局、协调各方，强化党组织的领导核心作用，提高领导能力和水平，为实现攀西民族地区乡村振兴提供坚强保证。

9.2.1.1　落实各方面责任

各地实施乡村振兴战略，必须坚持发展的原则，并把发展的原则体现在各个方面。坚持党组织讨论决定乡村振兴重大问题和重要任务的机制，落实党政领导第一责任人责任，落实五级书记抓好乡村振兴的工作要求。县委书记要做乡村振兴的"一线指挥员"，下大力气抓好乡村振兴工作。各地要结合本县经济发展水平，按照"产业繁荣、生态宜居、乡村文明、治理有效、生活富足"的总体要求，探索推进具有区域特色的美丽乡村建设。各地要按照国家规划，科学制定地方乡村振兴规划或规划，科学制定配套政策，合理配置公共资源，确定目标任务，以具体细致的政策措施提高可操作性。按照党中央决策部署，地方各级政府要把推动西部地区实施乡村振兴战略作为当前首要政治任务。各司其职，密切配合，抓紧制定专项规划或指导方针，细化落实西部乡村振兴重大目标，并指导实施。县政府要把推进乡村振兴作为重大政治责任，加强组织领导，加大投入，优化资源配置。建立健全规划实施和工作推进机制，加强政策衔接，协调工作。加强宣传引导，营造浓厚氛围。培育和造就一支懂家乡、爱家乡的农民队伍，一支热爱乡村振兴工作的群众队伍，带领群众参与到乡村振兴的宏伟事业中来。

9.2.1.2 加强法治保障

攀西民族地区各级党委和政府要善于运用法治思维和法治手段推动乡村振兴发展，严格执行现行农业法律法规，从规划、项目安排、资金使用等方面进行监督管理，提高标准化、制度化、法治化程度。完善乡村振兴的法律体系和标准，充分发挥立法在保护和促进乡村振兴中的作用。加快制定地方农业农村法规，完善相关法律法规，形成完整的法律框架，为统筹乡村振兴提供强有力的法律支撑。推动各组织和个人按照规定实施和参与乡村振兴工作。坚持依法治国和依法行政相结合，加快制定地方农业农村法律政策，完善西部政府对乡村振兴的制度保障机制。加强基层执法队伍建设，加强市场监管，规范农村市场秩序，切实促进社会正义公平，保障人民群众合法权益。

坚持依法治国和依法行政相结合，加快制定地方农业农村法律政策，完善攀西民族地区政府对乡村振兴的制度保障机制。完善乡村振兴的法律体系和标准，充分发挥立法在保护和促进乡村振兴中的作用。加强基层执法队伍建设，加强市场监管，规范农村市场秩序，切实促进社会正义公平，保障人民群众的合法权益。各级党委和政府要善于运用法治思维和法律手段推动乡村振兴，严格执行现行农业法律法规，从规划、项目安排、资金使用等方面进行监督管理，提高标准化、制度化、法治化程度。鼓励和引导各方依法积极参与乡村振兴，促进农村经济社会协调平衡发展。

9.2.1.3　调动社会参与

搭建社会参与平台，加强组织动员，构建政府、市场、社会协同推进的乡村振兴参与机制。不断创新宣传形式，广泛传播乡村振兴的有关政策与鲜活做法，创造良好的社会氛围。健全农村社区自治体系，完善村务民主管理制度，强化基层群众自我管理、自我教育、自我服务能力建设。充分发挥攀西民族地区工会、共青团、妇联、科协、残联及其他群团组织等部门的作用，汇聚起乡村振兴的巨大合力。健全攀西民族地区乡村振兴人才保障机制，培养造就一支懂农业、爱农村、爱农民的人才队伍。建立乡村振兴工作专家决策咨询体系，整理智库，强化理论研究。充分发挥高校在人才智力支持中的重要支撑作用。推动开展乡村振兴的国际交流与合作，讲好攀西民族地区乡村振兴故事，把攀西的智慧、攀西的方案奉献给中华民族伟大复兴。

9.2.1.4　进行评估考核

加强对乡村振兴战略实施的评估、监督、激励和约束。建立"一县一计划"工作机制。计划实施效果应纳入攀西民族地区各级党委、政府和有关部门的年度绩效考核和考核结果，并作为年度考核和选拔相关领导干部的重要依据，确保目标的实现。坚持问题导向，突出"四个重点"，落实中央部署，抓住重点领域突破，加强关键环节管理，不断提高规划水平。要明确规划规定的制约指标和重大工程、重大项目、重大政策任务，明确责任单位职责，明确进度要求，保证质量和效果。改进规划的技术方法，提高规划的科学性、针对性和可操作性。加强乡村协调，构建客观反映乡村振兴进展的指标和统计体系。建立规划实施监督检查机制，及时对规划进行中期评价和总结评价。

坚持问题导向，突出"四个重点"，落实中央部署，抓住重点领域突破，加强乡村振兴战略实施考核监督激励约束，不断提高规划的科学化水平。建立"一县一计划"工作机制，明确规划规定的制约指标和重大工程、重大项目、重大政策任务，明确责任单位职责和进度要求，确保质量和效果。完善规划技术方法，提高规划的科学性、针对性和可操作性，建立规划实施监督检查机制，及时对规划进行中期评价和总结评价。加强农村统筹，因地制宜地构建客观反映乡村振兴进展的指标和统计体系，将规划实施效果纳入各级党委、政府和有关部门的年度绩效考核中，以此作为年度考核和选拔相关领导干部的重要依据，确保乡村振兴目标的实现。

9.2.2　有序实现攀西民族地区乡村振兴

充分认识到乡村振兴使命的长期性和艰巨性，对过程要有耐心，切忌超越发展阶段，统筹谋划、典型带动、有序推进、不搞齐步走。

9.2.2.1　精准聚焦阶段任务

在全面推进攀西民族地区乡村振兴战略过程中，要围绕防范化解重大风险、有效衔接防治污染、加快农业现代化追赶、填补农村建设空白三大攻坚。要以改善农村居住环境为主线，着力改善民生。加快攀西民族地区城乡一体化制度设计和政策创新，促进攀西民族地区城镇公共资源均衡配置，实现基本公共服务均等化，推进农村治理体系和治理能力现代化，全面提升攀西民族地区农民精神面貌，下好攀西民族地区乡村振兴一盘棋。

加强教育基础设施建设和教师队伍建设，确保农村教育质量。特别是要加强职业教育和培训，促进攀西民族地区农民就业。在就业方面，也要有针对性地改善就业环境，为农民提供就业机会。同时，还要大力推进现代农业发展，开拓农产品新市场，为农民增收创造条件。此外，还应积极发展乡村旅游产业，引入更多的投资，扩大乡村旅游市场。这些都是攀西民族地区乡村振兴的必然要求。

9.2.2.2　科学掌握节奏力度

要合理确定阶段性目标和工作重点，逐步落实，形成整体推进机制。要完善激励约束机制，确保攀西民族地区农民根本利益的实现、维护和发展，促进农民增收，提高农业综合生产能力。要加强主体协调、资源协调、政策协调、城乡协调，避免农民替代，引导农民摒弃"等、靠、要"的观念，激发农村各类主体活力，激活乡村振兴内生动力，形成系统高效运行机制。完善配套保障机制，确保财政资金真正用于支持实施乡村振兴战略，切实解决攀西民族地区农村居民生产生活问题。要立足当前发展阶段，科学评估财政能力、集体经济实力和社会资本实力之间的关系，依法依规规划乡村振兴筹资渠道，避免欠债建设。合理界定农村基础设施、公共产品、制度保障等供给水平，形成可持续、长效发展机制。

9.2.2.3　梯次实现乡村振兴

要科学评价攀西民族地区农村地区差异，尊重和弘扬基层创新精神，挖掘和总结典型经验，推动不同地区、不同发展阶段农业农村现代化有序实现。要充分发挥示范引领作用，以攀枝花、西昌等集体经济实力强、人口净流入的发达地区农村地区为当前示范区，率先实施乡村振兴战略。要统筹推进农民农村共同富裕，加快脱贫攻坚与乡村振兴有效对接，着力解决乡村振兴的关键问题。要加快重点地区、中小城镇周边农村和地势相对平坦地区的发展。加快国家健康养生旅游实验区建设，着力打造一批特色鲜明、魅力四射、充满活力、可持续发展的乡村精品景区，着力对相对偏远地区精准支持，如期实现乡村振兴阶段性目标。

（1）先行示范区

攀枝花市东区、西区和仁和区，凉山州西昌市具有良好的地理位置，交通比较方便，经济发展的质量高、城镇化率高，实现乡村振兴具有良好的根基，基本上不存在巩固和扩大脱贫攻坚成果的任务。在此情况下，结合"十四五"规划建议，提出了构建城乡一体的区域协调发展新格局。这几个区域乡村振兴的首要任务：与成都市郊区先进地区进行对标，探索围绕城市开展乡村振兴的实践经验，争取率先突破，树立攀西民族地区乡村振兴的标杆和起点、高标准实现攀西民族地区的乡村振兴，树立乡村全面振兴攀西民族地区典范，为攀西民族地区的其他县区做了很好的示范。

（2）正常推进区

距县城较近、交通便利、通信便利的区域，实施乡村振兴战略的基础条件优越，且巩固拓展脱贫攻坚成果任务轻。这些区域的主要工作：用活政府给的政策，以巩固和扩大脱贫攻坚成果为前提，完善农业农村基础设施，探索适宜本区种养业发展的路子，有计划打造旅居康养小镇，或引进吸纳相关企业，特别是加工企业入驻，先易后难、不断推进，加快这些区域的乡村振兴步伐，争取在3~5年内达到全省平均水平。到2030年，争取在这些地区取得的乡村振兴阶段性成果，农业农村现代化框架体系初步达成。

（3）持续攻坚区

偏远地区交通和通信不畅，农牧民素质比较差，且思想较为保守，产业、经济和其他基础条件差以及自然条件差、农村基础设施落后，公共服务不到位，巩固和扩大脱贫攻坚成效、预防大范围返贫的任务更加繁重。这些区域的主要工作：进一步强化扶持与帮助，用好用活各项支撑政策，尽快实现此类区域由集中资源扶持脱贫攻坚向巩固扩大脱贫攻坚成果与乡村振兴的转变，防止大范围返贫，在巩固的基础上，提高该类地区的生产能力并奋力赶超，力争较快时间赶上攀西较发达地区的平均水平。

专栏　凉山州乡村振兴战略规划（2018—2022）节选

第一章　总体要求

全面贯彻党的十九大精神，以国省乡村振兴战略规划为指导，坚持高标准谋划、高质量推进、高水平发展，突出规划的前瞻性、科学性和系统性，推动乡村振兴与脱贫攻坚有机衔接，既要打赢脱贫攻坚战，确保与全省、全国同步实现全面小康，又要为有效解决"三农"问题，实现农业农村现代化开好局、起好步、夯好基。

第一节　指导思想

坚持以习近平新时代中国特色社会主义思想为指导，深入贯彻党的十九大和习近平总书记对凉山工作系列重要指示精神，加强党对"三农"工作的全面领导，坚持把解决好"三农"问题作为工作重中之重，坚持农业农村优先发展，坚持把实施乡村振兴战略作为新时代"三农"工作的总抓手，坚持稳中求进工作总基调，牢固树立新发展理念，落实高质量发展要求，按照产业兴旺、生态宜居、乡风文明、治理有效、生活富裕的总要求，统筹推动乡村产业振兴、人才振兴、文化振兴、生态振兴、组织振兴，建立健全城乡融合发展体制机制和政策体系，抓重点、补短板、强基础、扬优势，加快农业大州向农业强州跨越，让农业成为有奔头的产业，让农民成为有吸引力的职业，让农村成为安居乐业的美丽家园。

第二节　总体思路

以凉山特殊的发展历史、独特的人文环境、薄弱的基础条件、脆弱的生态本底、艰巨的振兴任务为规划起草基本遵循，以"一核四极多点、一干多支两向"为空间格局优化方向，注重脱贫攻坚与乡村振兴有机衔接，通过构建"融合化"发展格局、健全"现代化"产业体系、打造"生态化"宜居乡村、营造"和谐化"文明乡风、完善"多元化"治理机制，建设"一体化"基础设施、推进"均等化"公共服务、加强"精准化"支持政策、实现"长效化"脱贫致富的"九化"路径，凝心聚力打造"三区三州"乡村振兴的"凉山样板"，建设产业生态美、人居环境美、乡风文明美、社会和谐美、农民幸福美的"大美凉山、幸福彝区"。

第三节　基本原则

一、坚持党管农村、优先发展原则

充分认识乡村振兴战略的系统性和长效性特征，毫不动摇地坚持和加强党对农村工作的领导，健全党管农村工作领导体制机制，确保党在全州"三农"工作中始终总揽全局、协调各方，为乡村振兴提供坚强有力的政治保障，充分发挥多重政策叠加效应。始终把"三农"工作作为全州工作重中之重，牢固树立农业农村优先发展的政策导向，在干部配备上优先考虑、要素配置上优先满足、资金投入上优先保障、公共服务上优先安排，加快补齐农业农村短板，持续缩小发展差距。

二、坚持政府主导、农民主体原则

充分发挥政策的宏观调控和政策引导作用，在政府主导下加快破解制约乡村充分发展、均衡发展的体制机制障碍，为乡村振兴创造良好的环境和条件。充分尊重农民意愿，维护农民根本利益，激发广大农民积极性、主动性、创造性，激活乡村振兴内生动力，持续增加农民收入，不断提升农民在乡村振兴中的使命感、安全感、获得感、幸福感。

三、坚持城乡融合、干支协同原则

坚持多规合一、区域统筹，建立健全城乡融合发展的体制机制，推动城乡要素自由流动、平等交换，促进城乡在产业发展、公共服务、生态保护等方面全面融合，破解体制机制弊端、打破城乡二元壁垒、消除区域发展藩篱，推动安宁河流域为主干和其他区域为枝叶的区域协同发展，加快形成工农互促、城乡互补、区域联动、全面融合、共同繁荣的新型发展格局。

四、坚持绿色发展、和谐共生原则

坚持绿色、协调发展，牢固树立和践行"绿水青山就是金山银山"理念，落实节约优先、保护优先、自然恢复为主的方针，严守生态保护红线，统筹山水林田湖草系统治理，保护山脉地形和河流水系自然肌理，加大农村污染治理和生态修复，合理利用农业资源，实现人与自然和谐共生、可持续发展。

五、坚持改革创新、开放合作原则

持续深化农业农村改革，把改革红利转化为发展动力。实施创新驱动发展战略，着力推进创新强州、创业富民，强化科技进步引领作用，营造大众创业、万众创新的营商环境。开展全方位、多层次、宽领域开放合作与交流，推动州内优势资源与州外优势资本聚集融合发展，激活主体、要素、市场，在合作共赢中不断拓展发展空间。

六、坚持因地制宜、分类推进原则

遵循乡村发展规律，注重安宁河谷与其他区域的差异，注重河谷地带、二半山、高山之间的不同特征，强化分类推进、典型引路，不搞"一刀切"，既尽力而为，又量力而行；不撒"胡椒面"，既全面振兴，又突出重点；不搞层层加码，不搞形式主义，久久为功，有序、渐进、扎实推进。

第二章　提高乡村产业质量效益

第一节　实施"布局优化行动"，构建农业发展新格局

根据现代特色农业"布局区域化、基地规模化、建设规范化、生产标准化、经营产业化、产品品牌化"的"六化"建设标准，构建"主干引领、干支协同"农业发展新格局。

一、建立"一廊两区一基地"

——安宁河谷农文旅阳光生态走廊。以现代田园城市西昌为引领，推动以西昌为中心的安宁河谷"主干"现代农业协同发展，壮大康养旅游、现代农业等特色产业，聚集现代农业要素动能，打造发展高地，争创国家级现代农业示范区，打造中国的"莱茵河谷"。

——绿色农业优势区。发挥昭觉县原州府所在地历史人文优势，加强对布拖、金阳、美姑、雷波、普格等周边县辐射带动能力，发挥农业、旅游、民族文化等资源优势，大力发展绿色农牧渔业、全域旅游、民族工艺等特色产业，建成绿色农业示范区。

——农文旅融合发展区。发挥绿色生态农业、优美自然风光、独特民族文化等聚合叠加效应，以西香、攀盐高速公路、泸沽湖创 5A 景区、大香格里拉钻石线路和全国精品森林旅游地建设为带动，打造中国最具特色魅力的彝藏农文旅生态示范走廊。大力培育高端绿色产业，依托山水林大力发展攀西地区生态产业，打造现代农林牧产业示范区。

——农特产品基地。以越西为重点发展县，辐射带动周边甘洛、喜德等县，主动对接安宁河谷流域发展，建成"大凉山"优质特色农产品基地及初加工基地。

二、打造特色优势农产品示范区

——马铃薯农产品示范区：①种薯基地。利用已有条件和国省支持，以昭觉、布拖、盐源、喜德、越西等县为中心，州良圆公司、四川高地公司、四川福特农业、喜玛高科等种薯企业为载体，突出抓好原原种、原种、一级种、二级种基地建设。②淀粉加工型商品薯基地。以盐源、昭觉、布拖、喜德、越西、普格、金阳、美姑、冕宁等县为中心的马铃薯主产区，在满足群众自食和畜牧业发展饲料的基础上，重点推广种植淀粉含量在16%以上的高淀粉品种。③薯条薯片全粉加工型商品薯基地。以会理、会东、宁南等县为中心的冬马铃薯主产区，在有薯条薯片全粉加工型品种订单的情况下，努力扩大面积种植。④菜用型商品薯基地。以宁南、会理、会东、甘洛、雷波、西昌等县市为中心的马铃薯主产区，由于交通方便和本地市场有一定的销量，加之适合大面积发展秋冬马铃薯，重点推广种植菜用型品种。⑤马铃薯标准化生产基地。以盐源、昭觉、布拖、喜德、越西、会东、金阳、美姑、普格、冕宁、甘洛、宁南、雷波等重点县为中心建设马铃薯标准化生产基地。

——现代草牧业示范区：把凉山州建设成为四川省最大的优质豆科牧草生产基地、最大的草食畜生产基地。①加强牧草生产基地建设。大力发展紫花苜蓿、光叶紫花苕、白三叶、黑麦草等优良牧草种植，建设优质高产的牧草生产基地。高海拔地区重点发展免耕人工饲草地，低海拔地区发展优质高产人工草地。②加强草食畜生产基地建设。主要在各县市二半山区、高山区发展草食牲畜。在布拖、越西、甘洛、木里、盐源、会东、昭觉7县重点发展肉牛，在德昌、普格、金阳、昭觉、喜德、雷波、会东、会理、美姑、布拖、盐源11县重点发展肉羊。

——错季蔬菜示范区：按照"两茬三区"的蔬菜产业布局进行推进。其中，将会理、德昌、会东、宁南等县金沙江、雅砻江流域建成越冬茬露地型早市商品蔬菜输出区；将西昌、德昌、冕宁、喜德、普格等县市海拔1 800米以下区域打造成冬春茬露地、设施型早市商品蔬菜输出区；将昭觉、美姑、布拖、金阳、越西、盐源、雷波、甘洛等地海拔1 800米以上区域打造成夏秋茬露地、设施型商品、保障蔬菜供应区。

——特色水果示范区：以自然生态条件为主，综合考虑产业发展现状及社会经济条件，进行区域布局规划，按照特色水果种类，在全州形成不同特色的水果产业区域，重点突出不同的区域特色，实现一县一特、一村一品。安宁河流域石榴优生区，包括会理、会东、西昌等县市集中发展优质石榴；大小凉山、小相岭、鲁南山系的二半山苹果优生区，包括盐源、越西、喜德等县，集中发展优质苹果；金沙江、雅砻江、安宁河等干热河谷脐橙优生区，包括雷波、金阳、宁南、布拖、会东、德昌等县集中发展优质脐橙；安宁河下游、雅砻江、金沙江流域晚熟杜果优生区，包括西昌、德昌、会理、会东、宁南、布拖、金阳、雷波、盐源、冕宁等县市，重点发展晚熟杜果；安宁河流域、雅砻江中下游、金沙江下游特色小水果优生区，包括西昌、德昌、会理、会东、宁南、布拖、金阳、冕宁、喜德、越西、甘洛、木里等县市，集中发展梨、葡萄、樱桃、李、枇杷、香芭蕉等优质特色小水果，形成各类特色水果产业带。

——优质蚕桑示范区：①优质蚕茧生产基地。以宁南为核心，包括会东、德昌、西昌、普格、冕宁在内的6县市，推进桑树基础建设和养蚕设施配套建设，中低产桑园改造，病虫害防治体系和蚕业技术服务网络建设，以新品种、新技术、新机具推广运用及省力化、优质化组装配套技术为主要内容，着力夯实产业基础，提高综合生产能力。②优质蚕桑繁育基地。依托州、市蚕种场，以桑蚕品种更新换代、原蚕基地、蚕种冷库及制种，保种软硬件配套设施建设为主要内容，建设年生产和冷藏100万张一代杂交种，全省第一，全国知名的优质蚕种生产供应基地。③优质桑葚生产加工基地。以德昌县为中心，辐射带动西昌、冕宁、会理、盐源等县市适宜区，以"果叶兼用"桑园建设为重点，制定和落实桑葚生产标准和技术规程，推广早、中、晚熟优质桑葚品种，切实加强桑园水肥管理和病虫害预测预报综合防治体系建设，加大桑园综合开发利用。

——精品生猪示范区：安宁河流域及各县河谷平坝区，发展外三元杂交猪为主；各县市二半山区发展外来二元杂交猪和本地凉山猪为主。按照"政府引导，市场主导，农民受益，生态友好"的原则，通过"良种化、规模化、标准化、生态化、产业化"培育建设一批集生猪养殖为特色、设施装备先进、生产方式绿色、辐射带动有力的现代生猪产业园。鼓励和支持龙头企业、养殖专业合作社牵头打造生猪标准化养殖场（小区）。

——传统粮油示范区：①优质水稻和优质玉米生产基地。按照省政府粮食生产功能区划定任务，以安宁河谷为重点，主要在西昌、会理、会东、冕宁、德昌、盐源6县市打造优质水稻和优质玉米基地。②优质小麦生产基地。按照省政府粮食生产功能区划定任务，以安宁河平原为重点，主要在西昌、会理、会东、冕宁、德昌、宁南、盐源7县市打造优质小麦基地。③优质油菜生产基地。以会理、会东、越西、雷波、甘洛5县为重点打造优质油料基地。

——绿色苦荞示范区：①春荞主产区。以盐源、昭觉、布拖、美姑、甘洛、金阳、喜德、冕宁、普格、越西、木里县海拔2 000米以上山区为主。②秋荞主产区。以越西、美姑、昭觉、甘洛、冕宁、德昌、会理、会东、宁南、普格、雷波县及西昌市海拔2 000米以下为主。③加工核心区。在西昌市建设苦荞精深加工核心区，主要功能为精加工、生产管理、市场运作、科学研究等；在各主产县适宜区域建立苦荞初加工区，逐步形成精深加工与粗加工相互协调的苦荞加工带，促进苦荞产业健康发展。

——道地中药材示范区：根据凉山得天独厚生态环境，紧跟"1+X"产业发展步伐，瞄准中药材产业发展走势，利用核桃等经济林下空间，因地制宜发展道地中药材产业。

——特色经果林示范区：实施"1+X"林业生态产业，分片发展经济林果。以安宁河低效林改造区域为重点，以"公司+农户"开展油橄榄特色经果林产业基地建设。以昭觉、布拖、盐源、会理为重点县，建青（红）花椒基地。以甘洛、喜德、雷波、盐源为重点县，发展核桃嫁接改造基地。

——特色花卉示范区：以西昌、德昌、冕宁三县市为重点，建设高档盆花和切花生产基地；以盐源、越西、昭觉、普格等县为重点，建设球根花卉和工业花卉生产基地。

——生态渔业示范区：加强安宁河谷各县重要商品鱼供应功能建设，逐步形成安宁河流域和金沙江流域主要县大宗无公害商品鱼养殖的水产产业带；积极开发冷水资源，形成越西、喜德、冕宁、盐源等县以虹鳟鱼、鲟鱼、裂腹鱼为主的冷水鱼产业带；积极推进大水面渔业资源开发，逐步形成优质特色生态渔业产业区域。

——优质烟叶示范区：切实优化烟区、优化品种、优化烟农，真正向生态条件优越、设施配套完善、种烟积极性高、生产能力强的会理、会东等优势烟区转移；加强烟田、烟水、烟路、烤房等综合配套建设，健全精准防雹减灾服务体系，强化绿色防控、采烤一体化、滴灌水肥一体化等新技术推广，努力实现减工降本，提质增效；倡导诚信经营教育，严控烟叶农残超标，奋力向"凉山烟叶免检品牌"最高目标冲刺，不断巩固提升凉山全国重要的战略性优质烟叶基地地位。

第二节　实施"基础提升行动"，提高农业综合生产能力

强化农业发展的物质装备和技术支撑，完善现代农业生产体系，通过补短板、强弱项提高土地产出率、资源利用率和农业劳动生产率。

一、稳定粮食综合生产能力

全面落实永久基本农田特殊保护制度，加强耕地保护。实施土地综合整治，配套建设粪肥还田管网、储存池等基础设施，建成旱涝保收、稳产高产的高标准农田。加强农田水利设施建设，配套完善治污排污设施，发展喷滴灌等高效节水灌溉，推广农业节水、节肥技术，完善农田灌溉系统。积极开展耕地重金属污染治理和受污染区域土地修复。完善配套电力设施，整治田间生产道和机耕道。到2022年年底，全州建成高标准农田353.43万亩，建成粮食生产功能区182万亩，11个深度贫困县高标准农田占比达到20%以上，其余各县市达到30%以上。

二、提升农业装备和信息化水平

推广适用于山区的农机具，促进农机农艺融合。推进主要作物品种栽培技术和机械装备配套，积极推行主要农作物全程机械化，提高畜牧、水产、设施农业机械化水平。实施农业机械化、信息化、智能化融合工程，实现传统农业精耕细作。以物联网、大数据、云计算等现代信息技术为支撑，推进农田水利设施、农产品加工储运、农机装备等基础设施信息化改造，提高农业生产、管理环节的精准化水平。加强农业信息监测预警和发布，提高农业信息综合服务水平。到2022年年底，农机总动力新增33万千瓦，11个深度贫困县主要农作物机播（收）水平和农业信息化水平均分别达到40%和50%以上，其余各县市分别达到50%和65%以上。

第三节　实施"绿色发展行动"，建立现代农业产业体系

按照现代农业特色产业园区规划，做大做强优势特色产业基地，提高农业产业发展质效，搞好农业社会化服务，提高农业对外合作水平，形成优势鲜明的现代农业产业体系。

一、加快建设现代农业产业基地

按产业布局区域化、基础设施规范化、推广品种良种化、生产过程标准化、生产经营产业化、产品销售品牌化的"六化"标准，完善路、水、电、气、信"五网"配套，做强"粮烟桑蓄荞"等传统产业基地，做大"果薯蔬草药"等特色产业基地和"1+X"生态林业基地，建成国家重要

的战略性优质烟叶基地、全国绿色食品原料马铃薯标准化生产基地，"中国苦荞之都""中国蚕丝之都"，中国最大的华山松籽基地、油橄榄基地、全国重要的优质花卉基地、高原优质水果基地、玉米马铃薯制种基地和全省最大的草食畜生产基地，努力建设四川省星级现代农业园区。到2022年年底，全州建成现代农业产业融合示范基地80个，特色优势产业产值占农业总产值比重达到45%以上。

二、大力实施农产品加工业

支持农产品产地清洗、分级、包装、烘干储藏、贴牌、冷链物流、营销等初加工设施建设，提升农产品产地商品化能力。围绕核桃、花椒、油橄榄等发展精深加工产品，加大政策扶持力度，培育和引进有规模以上精深加工龙头企业，推广运用精深加工新工艺、新技术、新设备。积极探索"凉山初加工园区+成都精加工园区"飞地建园模式，以农产品精加工、仓储物流、贸易、研发、民族文化、生产性服务为主导产业，打造产业集聚和特色民族文化展示平台，构建面向大都市的大凉山特色农产品加工、冷链、展示、体验、销售中心。到2020年年底，马铃薯、玉米等主要农产品综合加工率达到75%以上，农产品加工业产值突破400亿元；到2022年年底，农产品加工业产值与农业总产值比达到2.4以上。

三、提升农产品质量安全水平

完善农业标准体系，重点围绕特色效益农业产业和名特优、"三品一标"农产品，加快农业地方标准的制修订，逐步建立起适应市场需求、与农业国家标准和行业标准相配套的农业地方标准体系。建立农业绿色生产制度，落实"一控两减三基本"要求，深入实施农药、化肥减量化行动，推广高效低毒低残留农药，11个深度贫困县化肥农药用量减少10%以上，其余各市县减少25%以上。建好用好农兽药基础数据平台，建立健全农产品质量追溯体系、检验检测体系和检测数据共享、追溯信息平台，严格投入品使用监管，加强农产品质量安全执法监管。到2022年年底，全州"三品一标"农产品数量达到150个，农产品质量安全例行监测合格率达到97%以上。

四、完善农业社会化服务体系

加快构建以公共服务机构为依托、合作经济组织为基础、农产品企业为骨干、其他社会力量为补充，公益性服务、经营性服务和自助合作性服务相结合的新型农业社会化服务体系。引导农业技术水平高、生产要素禀赋足、市场经营能力强的新型职业农民、返乡创业农民工、高校毕业生、退役军人领办创办农业经营性服务主体，开展农业生产托管服务，大力发展农业生产性服务业。建设适应凉山民族地区实际的乡镇农联组织，构建本土化的社会化服务机构。探索建立集生产服务、供销服务、信用合作服务和公共服务的综合性服务农业服务平台，构建集信息、技术、生产、流通、金融、保险等服务于一体的现代农业服务体系，破解服务下乡"最后一公里"难题，形成"农户+"的新产业组织方式。到2020年年底，全面完成各乡镇农技站改扩建，改造、新建农畜产品批发专业市场5个，升级改造农贸市场30个。

五、深化农业产业交流合作

坚持挖掘潜力与借助外力有机结合，实施充分开放合作和大企业大集团带动战略，不断拓展开放合作领域。加大拓展长三角、珠三角、京津冀、成渝等经济区市场，全面拓展对口合作、区域合作、校地合作等战略合作，积极参加中外知名企业四川行、全国农产品产销对接会等重要招商引资推介活动。抓好"以购代捐""电商扶贫""网络扶贫"等活动，积极参加西博会、农博会等展示展会活动。

第四节　实施"融合增效行动"，推进乡村产业融合发展

坚持市场导向，发挥市场主体作用，推动农村产业深度融合，培育农村新产业新业态，不断拓展农业多种功能，延伸产业链、提升价值链、融合供应链。

一、培育新产业新业态

大力发展休闲农业、观光农业、体验农业、乡村旅游、森林康养、创意农业、电子商务、农村服务业、乡村共享经济等新产业新业态，举办农民丰收节、"尝新节""采摘节"等一大批乡村节庆活动。深入挖掘农耕文化、民族文化，新建一批农业主题公园和美丽休闲乡村，打造一批特色农家乐、特色农家小院、特色观光园、特色新村、特色小镇，提高农业的体验性。

二、开发农业多功能多价值

在传统农业经济（生产功能）基础上，深入挖掘农业农村的生态涵养功能、休闲观光功能、文化体验功能等，着力打造以西昌经济圈为核心的阳光康养旅游目的地，着力构建以红色文化、摩梭文化、彝族文化等特色文化为主题的乡村旅游新格局，打造一批精品旅游品牌。充分发挥乡村特

色资源富集、生态环境优美的优势，推动乡村资源全域化整合、多元化增值，增强地方特色产品时代感和竞争力，形成新的消费热点。

三、打造新载体新模式

着力打造乡村产业融合发展的示范样板和平台载体，延伸乡村产业链、拓展乡村多种功能、发展农业农村新型业态等多模式。开展产村融合示范点建设，依靠特色资源禀赋，兴建彝族特色文化精品旅游线。开发一批具有彝族特色的传统服饰、民俗餐饮、手工刺绣等文化创意产品。围绕草食牲畜、生态果蔬、林下种养殖等特色产业培育"一村一品，一乡一业，一村一韵，一乡一景"各具特色的乡村文化。

第五节　实施"乡村旅游行动"，拓展全域旅游新空间

以乡村产业总体提升为指向，深度整合城乡旅游资源，提高产业聚集度和集群化发展程度，打造一批形式多样、特色鲜明的乡村旅游休闲产品，推动乡村旅游大发展。

一、优化乡村旅游空间布局

以"全域旅游"为统领，树立"旅游+"发展理念，聚焦旅游业强大的产业整合能力，推动旅游业与一二三产业全面深度融合发展，形成以西昌为中心的安宁河谷流域"主干"线为核心引擎、东西向县城为承接枢纽、支尔莫乡阿土列尔村等特色示范村镇为活力点缀的"一带引领、两区示范、多点共荣"的全域乡村旅游发展格局。

一带即以西昌、德昌、冕宁、会东、会理、宁南六市县为核心的农文旅观光示范带。依托安宁河谷流域交通线、旅居线和经济线，以便捷的交通、优越的生态农业产业、优美的田园风光为支撑，突出生态田园观光、特色农业休闲及主题小镇度假功能，以现代农业产业为支撑、以乡村文化为灵魂、以旅游发展为核心，大力推进一、三产业融合互动，实现"产区变景区，田园变公园、产品变商品"的功能升级。

两区即生态观光旅游区（木里、盐源）和休闲康养度假区（昭觉、布拖、雷波、越西、美姑、金阳、喜德、甘洛、普格）。承接安宁河谷流域农文旅休闲观光示范带的辐射，依托良好的高山山地资源、民族文化资源及原味乡村资源，发展生态乡村旅游和森林康养度假。

多点即以特色产业基地、彝家新寨、旅游新村、攀西地区新居、彝族文化、生态小镇等为串珠，打造N个魅力特色村镇，编制一批村镇旅游发展规划，积极包装乡村旅游项目，打造一批乡村旅游示范区、A级景区等品牌。

二、强化旅游基础设施和公共服务

加快乡村旅游交通建设。积极推动我州国省干线公路提档升级，打通旅游的"最后一公里"，完成国道、省道、县级道路沿线旅游标识标牌和安全隐患路段波形护栏建设。改善旅游接待条件。结合彝家新寨、旅游新村、攀西地区新居建设，加快旅游示范重点村镇道路、步游道、停车场、厕所、供水供电、标识标牌、景观小品、垃圾污水处理、应急救援、游客信息服务等旅游基础设施和公共服务配套设施建设；实施改厨、改厕、改房、整理院落为主要内容的"三改一整"工程，重点建设一批游客集散中心、旅游咨询点、旅游综合服务中心、旅游大数据平台中心等基础设施。创新开发模式。依托美姑大风顶、冕宁冶勒、布拖乐安湿地、喜德小相岭、雷波龙头山等自然保护区的资源优势，因地制宜建设一批满足自驾游需求的房车、自驾车生态营地，配套停车、餐饮、厕所、安保等服务设施。

三、做优做精特色乡村旅游产品

以"旅游+"为突破口，培育发展农业旅游、生态旅游、民俗旅游、民俗旅游、休闲旅游、文化旅游等业态。按照"景区带动型"、乡村旅游型"、旅游商品型"三种模式，因地制宜，推动各类资源景观化品牌化，推动农业园区、森林景观、乡村聚落、水利风景、古镇新村等各类乡村资源创建国家 A 级景区、旅游度假区、生态旅游示范区等旅游品牌。打造一批度假乡村、旅游精品村寨，农家乐园、养生山庄、花果人家、森林人家、水上休闲、生态鱼庄、创意文园、民族风苑和国际等精品特色乡村旅游精品经营点，构建多元化乡村旅游精品体系；推进农土特产品旅游化，各县市政府要积极推动农林牧渔产品向旅游商品转化，推出"凉山乡村礼物"系列旅游商品，加快乡村旅游购物网点建设，多渠道促进旅游商品销售。

四、培育乡村旅游人才

强化乡村旅游人才智力支撑，采取灵活多样的方式，深入实施"乡村文旅人才素质提升工程"，积极开展乡村旅游经营户、能工巧匠传承人、乡村旅游创客、乡村旅游导游、乡土文化讲解等各类乡村旅游人才培训，提高乡村旅游从业人员职业素养。实施本土乡村旅游带头人培养计划，发展一批直接从事乡村旅游经营、组织和管理活动的村干部、经营户和合作社带头人，努力造就一批立足凉山州本土、具有战略眼光、富有开拓精神的优秀企业家，使其成为引领乡村文旅产业转型发展的领头雁、带头人。筑巢引凤"吸"人才，强化资金投入，落实奖补政策，引进一批来自全国、全省的文化创意师、园艺规划师、功能设计师，盘活旅游资源、文化资源、农业资源，指导各县市、村镇乡融合特色文化发展乡村旅游。

五、开展乡村旅游市场营销

加强乡村旅游营销推广，借鉴西安、重庆、成都等地先进做法，实施"请进来，走出去"，大力引进国际国内高端品牌展会、节会、体育赛事，提升影响力和吸引力。开展"智慧营销"，积极整合电视台、凉山州专刊、微信朋友圈、网络 App 等载体资源，与中、省、州委媒体进行深度合作，重点围绕乡村民风民俗、景区景观景点、节庆活动、美食娱乐等旅游资源，定期发布旅游攻略、旅游线路等旅游信息，聚集旅游人气。开展"落地式"营销，发挥攀西经济圈区域优势，打造攀枝花、云南周边景区沿线，深化区域合作，构建凉山旅游"朋友圈"，发展高铁旅游，做到优势互补，资源共享。开展"节会式"营销，以举办节庆活动为抓手，突出"火把节、彝历年、密枝节、插花节"等传统节日主旋律，举办各种旅游交易展览会和富有地方特色的主题活动，炒热凉山乡村旅游市场。

第三章　建设生态宜居美丽乡村

第一节　推进幸福美丽新村建设

一、优化镇、村、居融合发展空间布局

结合农村生产生活实际情况，推广"小规模、组团式、微田园、生态化"建设模式，新村、新居、新产业、新农民、新生活"五新同步"，分类推进彝家新寨、攀西地区新居、安宁河谷新村建设，利用边角地、空闲地、撂荒地、拆违地等开展村社绿化美化，积极营造乡村风景林、护村林、游憩林、康杨林等；因地制宜对不同区域村社的村落入口、公共空间等进行风貌引导，建设一批供村民休闲娱乐的小微绿化公园、公共绿地；开展村民庭院和房前屋后绿化美化，大力发展乔木、乡土、珍贵树种和特色林果、特色花木，改善新村生态、生产和生活环境，统筹推进大凉山彝区、木里攀西地区、安宁河谷地区"业兴、家富、人和、村美"幸福美丽新村建设。到 2020 年年底，全州 40% 的行政村建成可持续发展幸福美丽新村。到 2022 年年底，全州 45% 的行政村建成可持续发展幸福美丽新村。

二、加强农村土坯房改造整治

实施"农村土坯房改造行动"，因地制宜，尊重群众意愿，提供多样户型图纸，制定多种建设方案，"拆保改建"结合，让农民自主选择、自主参与。采取政府引导、农户自筹、社会帮扶、金融扶持等形式，拓宽筹资渠道，强化工程质量和安全监管，健全相关建设制度和程序，优先解决农村低收入群众安全住房问题，确保住有所居、住得安全，到2022年年底基本完成农村土坯房分类改造整治任务。

三、推进村容村貌整体提升

实施村容村貌整体提升"五化工程"。因地制宜确定道路建设标准，合理选择路面材料，积极推进各类适宜农村的生态透水型路面设计，鼓励传统村落村内道路采用石板、青砖等传统路面形式，加快实施道路硬化，基本解决村内道路泥泞、村民出行不便问题。积极开展植树造林、古树名木保护、湿地恢复等工作，充分利用房前屋后、河塘沟渠、道路两侧闲置土地搞好绿化。根据村社规划和基本条件，分批推进乡村公共空间和道路照明亮化，推广使用节能灯具和新能源照明，加大设施管护力度，保证乡村路灯正常使用。整治村社公共空间和庭院环境，集中清理私搭乱建、乱堆乱放、电气线路私拉乱接等现象，拆除废弃不用且濒临坍塌的杂物房、牛栏猪圈及残墙断壁等，引导农户整齐堆放生产工具、生活用品、农用物资等物品，促进庭院内外整洁有序、室内卫生舒适。保护利用乡村历史建筑，对古镇、古村落和古名居进行针对性保护和合理利用，争创10个历史文化名村和传统村落，落实"四川最美古村落"创建行动。加强农业农村遗产挖掘保护利用，扶持培育群众文艺和乡土文化本土人才。

第二节　推动特色小镇多元建设

一、促进特色小（城）镇多元发展

按照主体功能定位和管控要求，科学开发利用森林、湿地、江河湖泊、果园等优势资源，融合地理风貌、历史文化、民俗旅游等多元要素特色发展的新载体，实施"百镇建设行动"，创建一批具有产业发展"特而强"、建设形态"精而美"、功能集成"聚而合"、运作机制上要"活而新"的特色小镇，促进宜业宜商宜游环境建设，到2020年年底全州城镇化率达到38%。到2022年年底，争创省级以上特色小镇4个以上。

二、增强特色小（城）镇承载力

深入推进产镇融合发展，以产业、项目规划，引导特色小镇空间规划

的功能分区，构建"错综发展、互相补充、各具特色、相得益彰"的特色小镇发展格局。

加强特色小镇基础设施建设，不断提升小镇综合承载能力。完善内部路网，打通外部交通连廊，提高特色小镇的通达性和便利性。完善加快特色镇供水、排水、供电、通信和燃气等基础设施建设，鼓励建设生态型污水处理设施，完善垃圾分类和收集转运设施。加大特色小镇信息网络基础设施建设力度，提高宽带普及率，实现公共 WiFi 和数字化管理全覆盖。

合理配置教育、医疗、体育等公共服务设施，提升社区服务功能，建有创业服务、文化展示、商贸物流、交往空间等综合功能的公共平台，完善特色小镇公共服务体系，有效发挥上接城市、下联村社的节点作用，增强产业集聚能力和农村人口吸纳能力，构建便捷"生活圈"、完善"服务圈"、繁荣"商业圈"和共享"旅游圈"。

三、创新特色小（城）镇发展机制

创新特色小镇发展投融资机制。鼓励社会力量参与城镇投资、建设、运用和管理，通过建立特色小镇发展基金、股权众筹以及运用 PPP 等建设模式，拓宽融资渠道，以市场化机制带动社会资本投资特色小镇建设。

创新特色小镇产业发展机制。不断促进特色小镇之间主导产业与配套产业、产业与产业间的融合与功能的拓展互补，通过产业链向研发、设计、体验和应用等两端延伸，向"互联网+、智慧+、旅游+、生态+"等横向扩展，发挥小镇经济、社会、生态、旅游、科技多方面的功能。

创新特色小镇人才支撑体系。培育引进专业人才，鼓励企业或单位干部人才到小城镇任职、挂职或兼职，建立健全乡镇村镇规划建设管理机构和人员配置，提高地方专业人才队伍素质。

创新特色小镇治理方式。组建城镇管理中队，健全基层综合服务管理体系，加快推进管理智慧化，不断提升管理、执法和服务水平，营造良好的城镇发展环境。

第三节　加强人居环境综合整治

一、分类推进农村"厕所革命"

按照群众接受、经济适用、维护方便、不污染公共水体的要求，合理选择改厕模式。对于高寒缺水地区的农户，推广使用风光新能源、循环微水冲、泡沫封堵、微生物耗氧堆肥等技术建设粪尿分集式厕所；对于地势平坦或城镇近郊的农户，研发厕浴一体改造产品，选择单户、多户、联户改厕模式，推广分散式污水一体化处理技术，将厕所、厨房等生活污水统一收集处理；对于中低山地区的农户，推广厌氧发酵、膜生物降解等技术的资源综合利用厕所。结合彝家新寨、藏居新居、易地扶贫搬迁、地灾避险搬迁等项目，在脱贫攻坚农房建设中实施户用无害化卫生厕所配套建设。加强厕所粪污治理，全面消除露天粪坑，推行粪肥无害化处理后还田，有效衔接厕所粪污与生活污水治理。

统筹农村公共厕所建设。结合幸福美丽新村建设、扶贫开发、乡村旅游发展等，加快对旅游集镇、中心村、乡镇卫生院、农村社区综合服务中心、公共场所、集贸市场等乡村公厕建设和改造，到2020年年底基本实现每个行政村有1处公共厕所。旅游立足发展全域旅游，重点对农家乐、乡村旅游经营点户厕和旅游聚居点公厕进行特色化改造提升，建设"生态旅游公厕"，到2020年年底力争完成51座乡村旅游厕所新建和改建任务。建立农村公共厕所日常运维管理财政补助机制，探索"以商建厕、以商养厕"的市场化运管模式。

到2020年年底，基本实现农村户用卫生厕所普及率达到70%以上，到2022年年底城镇周边、景区景点、公路沿线基本完成农村无害化厕所改造，11个深度贫困县农村卫生厕所普及率达到85%以上，其余各县市达到90%以上。

二、加大农村污水治理力度

根据农村不同区位条件，村社人口聚集程度，污水产生规模，因地制宜采用污染治理与资源利用相结合、工程措施与生态环境保护措施相结合、集中与分散相结合的建设模式和处理工艺。示范推广低成本、低能耗、易维护、高效率的农村生活污水处理技术和生态处理工艺，整治农村污水乱排，全面控制入河湖污染物。加强农村饮用水水源地环境保护，开展乡镇集中式饮用水水源规范化建设，在乡镇政府驻地和人口规模较大的中心村加快雨污分离排放设施建设，规定饮用水水源保护区，整治保护区内环境违法问题，提升水源地水质监测预警能力，制定并落实污染源防控等措施，保护农村饮水安全。扎实推进农村黑臭水体治理工作。对纳入河长制湖长制管理的山塘，采取以改善和保护水质为核心的综合整治措施，推动地方开展村社水体清理，以房前屋后河塘沟渠、排水沟等为重点，采取控源截污、垃圾清理、清淤疏浚、生态修复等措施，逐步消除农村黑臭水体。选取有代表性的县（市），开展整县推进农村黑臭水体治理试点示范。

三、深入推进农村生活垃圾处理

开展农村存量生活垃圾治理，重点整治垃圾山、垃圾围村、垃圾围坝，大力推进非正规垃圾堆放点整治工作。统筹农村生活垃圾收运处理设施布局，建立健全符合农村实际、方式多样的生活垃圾收运处置体系。加强生活垃圾收集处理水平，持续推进分类减量化、资源化、无害化。交通便利且转运距离较近的地方持续推行"户集、村收、镇运、县处理"城乡环卫一体化模式，其他地方可采取就近分散处理等符合实际、方式多样的处理模式。

四、推进农业生产废弃物资源化利用

深入推进畜禽养殖废弃物资源化利用，大力发展种养循环农业，推广农牧结合生态治理模式。深入推进农作物秸秆综合利用，支持秸秆综合利用新技术产业化发展。建立健全农田残膜回收处理体系，推广生物可降解地膜，实现农膜使用和农田残膜回收利用"减量化、资源化、无害化"。加强农药包装废弃物回收处置，鼓励农药生产企业使用易于回收处理和再生利用的包装材料。深入推进农产品副产物及加工副产物综合利用，不断挖掘农产品加工增值潜力、提升增值空间。

第四节 加大生态环境保护修复

一、强化重点流域生态治理

全面落实州、县（市）、乡镇、村四级河（湖）长责任制，深入开展河段长巡河和清河、护岸、净水、保水四项行动，抓好5条省管河道、10条州管河道、351条县管河道，天然湿地及流域面积50平方公里以下河流的治理保护。落实最严格水资源管理制度，推进水资源消耗总量和强度双控行动。分步推进河湖管理信息化，建立完善河湖在线监测系统，建立河长制信息化工作平台。

二、深入开展大规模绿化凉山行动

大力实施天然林保护、退耕还林还草、"1+X"林业生态产业、抑螺防病林、森林碳汇造林、封山育林等工程，提高森林植被覆盖率。以江河湖泊为主线大力实施河流水系增绿提升行动，建立绿色水系。重点推动金沙江、雅砻江、大渡河三大流域绿色生态廊道防护林体系建设。将三大流域干流第一层山脊内除基本农田、村社和其他建设用地外的全部宜林宜绿土地、其他支流两岸宽度不低于20米宜林宜绿土地全部纳入绿化用地范围，大力营造以水土保护、水源涵养功能为主的防护林，造林绿化。在泸沽湖、邛海、马湖、大桥水库等重要水源地、湖库周边、河渠沿线，营造生态隔离带、生态景观林带，加强国家及省级水利风景区绿化。加快境内高速公路、铁路、国省县道和乡村公路森林走廊建设，全面绿化、美化、彩化通道沿线裸露土地。大力开展生态县（市）、园林城市建设活动，统筹风景、自然、历史人文资源，打造一批独具特色的森林小镇和园林城镇，结合美丽新村建设，加强村组进出道路，集中居住点、房前屋后、休闲地绿化。落实绿化管护责任，保护生态环境及生物多样性，加强森林草原火灾和病虫鼠害防控，扩大生态护林员规模。创新义务植树尽责形式，发挥好绿化基金会作用，推进PPP造林模式，培育一批生态保护修复专业化企业。

三、加强生态系统保护与修复

树立山水林田湖草是一个生命共同体的理念，健全耕地草原森林河流湖泊休养生息制度。坚持因地制宜、因地施策、适地适树原则，采取人工造林、封山育林、人工种草、固土保水（工程治山）、工程引水储水等治理措施，开展岩溶区综合治理，恢复林草植被，探索开展金沙江、雅砻江、安宁河谷流域干旱半干旱植被恢复试点，推动金沙江、雅砻江、大渡河三大流域绿色生态廊道防护林体系建设，推进邛海、泸沽湖等湿地保护与治理，加快建设湿地公园、湿地自然保护区和湿地保护小区，完成生态保护红线、永久基本农田、城镇开发边界控制线划定工作，加强耕地数量、质量、生态"三位一体"保护。严格落实涉水工程水生生物保护和鱼类增殖等补救措施。

四、强化资源保护与节约利用

严守耕地红线，完善耕地、草原、渔业水域等农业资源环境管控制度，严格控制未利用地开垦，落实和完善耕地占补平衡制度，全面推进建设占用耕地耕作层土壤剥离再利用，统筹推进高标准农田建设和耕地质量保护与提升工程。探索建立将城乡土地增减挂钩收益按一定比例用于土壤修复机制，开展耕地重金属污染治理试点，加强污染土壤生态修复综合治理。

第四章　打造乡风文明和谐乡村

以社会主义核心价值观为引领，坚持物质文明和精神文明一起抓，深入实施文化脱贫攻坚，保护传承发展优秀传统文化，持续推进农村公共文化建设和农村文化市场繁荣，实现基本公共文化服务标准化、均等化，推动乡村文化振兴。

第一节　深化"文明创建"行动，加强精神文明建设

把培育和践行社会主义核心价值观作为农村精神文明建设根本任务，牢牢掌握乡村意识形态工作领导权、管理权和话语权，坚决维护意识形态安全，推动乡村文化繁荣兴盛。到2022年年底，县级以上文明乡（镇）、文明村占比均达到50%以上。

一、积极践行社会主义核心价值观

大力培育和践行社会主义核心价值观，提高村民素质和社会文明程度。通过舆论宣传、教育引导、文化熏陶、模范带头、实践养成、制度保障等方式，真正把社会主义核心价值观融入乡村振兴全过程和各项工作的方方面面。发挥学校、乡（镇）文化站、农家书屋、乡村少年宫、乡镇集市、公共文化广场等基层文化阵地作用，以村民喜闻乐见的形式诠释社会主义核心价值观，定期开展"讲文明树新风""家风家训"社会主义核心价值观宣传教育活动，开设社会主义核心价值观讲坛，培育农民正确的价值取向。

二、加快推进文明村镇创建

深入开展全国和省级文明村镇创建，紧扣文明村镇测评标准和"一堂一站一广告"（农村道德讲堂、志愿服务站、讲文明树新风公益广告）文明村镇建设要求，完善文明村镇考核办法，加强动态管理，注重日常创建活动。广泛开展"新家园、新生活、新风尚"活动和农村文化传承、文明村镇、文明集市、星级文明户等活动。深化城乡结对共建文明活动，提升结对乡村管理能力和服务水平，在乡村文化建设、文明创建、村社建设等方面发挥更好的作用。

三、深入开展乡风文明主题建设活动

积极开展"崇德向善·厉行法治""诚信·孝敬·勤俭""传家风、立家规、树新风"等主题教育活动，引导农民形成正确的价值准则。深化"四好"村、"四好"文明家庭创建，引导群众移风易俗，树立文明新风。开展扶贫扶志行动，创新和改进帮扶方式，深化新型农民素质提升工程，办好农民夜校，三年内将贫困户适龄劳动力轮训一遍，提高群众自我发展能力。

第二节　深化"文化惠民"行动，丰富乡村文化生活

按照有标准、有网络、有内容、有人才的要求，健全市、县、乡、村四级公共文化服务体系网络，改善农村公共文化基础保障条件，深化文化惠民行动，提高农村公共文化服务水平，推动城乡公共文化服务体系融合发展，提升基本公共文化服务标准化、均等化水平。

一、健全乡村公共文化服务体系

实施乡村公共文化服务保障行动，落实乡村公共文化服务保障标准，加快农村文化基础设施建设，采取新建、整合资源等方式，积极开展乡镇、村（社区）综合性文化服务中心建设，配套建设乡镇生态文化广场，全面建设村级综合文化室、农家书屋等，并配备相应的舞台、宣传栏、文化墙、文体等实施设备，实现"县有三馆、一乡一站、一村一室"，形成面向基层、布局均衡、便利服务、惠及百姓的公共文化设施网络，实现州、县市、乡、村四级公共文化服务全覆盖。

二、增加公共文化产品和服务供给

深入实施乡村文化惠民工程，常态化开展"送文化下乡""送电影下乡""送图书下乡""送艺术下乡"等活动，使文化惠民更有成效、更接地气。建立群众文化需求反馈机制，以满足各地乡村居民需要，贴近地方文化实际为方向，推动政府向社会购买公共文化服务，开展"菜单式""订单式"服务，大力提升乡村公共文化产品供给能力和服务水平。鼓励文艺工作者深入农村，通过"结对子、种文化"等多种方式，开展文化结对帮扶。鼓励优秀文化产品创作，支持"三农"题材文艺创作生产，积极创作富有凉山乡土特色、反映新时代乡村振兴实践的优秀文艺作品。继续开展文化惠民扶贫工作，抓好乡村文化风貌塑造、"一村一品"文化品牌打造、乡土文化"能工巧匠"培养为内容的文化乡村发展工程，配好驻村工作组和"第一书记"，引导对口帮扶乡、村、贫困户积极投入到乡村振兴，开展"文化扶贫示范村"创建活动，实现乡村振兴与脱贫攻坚有机衔接。深入实施文化信息资源共享工程，使农民群众便捷获取优质数字文化资源。

三、广泛开展群众文化活动

强基础、壮根本，重视乡村文化人才培育和人员队伍的建立。大力培育乡土文化人才，重视发现和培育扎根基层的乡土文艺能人、文艺爱好者、乡贤、乡土文化爱好者和民族民间文化传承人，特别是非物质文化遗

产项目代表性传承人等的培育，大力营造有利于乡土人才成长的环境。深入开展全民阅读、文化科技卫生"三下乡"、戏曲进乡村、惠民音乐会等群众性文化活动，组织乡村歌舞、乡村竞技、"美丽凉山"、彝族艺术表演、传统火把节文化表演等活动，打造农民艺术节、少数民族艺术节和乡村文艺大展等活动平台，为农村提供更多更好的公共文化产品和服务。

第三节　深化"移风易俗"行动，培育良好行为习惯

全面推进移风易俗，遏制不良风气、破除封建迷信、摒弃陈规陋习，实现移风易俗经常化、婚丧事务规范化、民间习俗文明化，形成全社会崇尚文明、节俭、科学的良好风尚，促进社会风气的根本好转，焕发农民的精神面貌，提升乡村社会文明程度，使精神文明成为推动乡村振兴的内生动力。

一、破除陈规陋习，树立文明新风

加大宣传力度，形成正确舆论导向，使移风易俗真正入耳、入脑、入心。依靠制度优势，建立长效工作机制，发挥村规民约的道德自律作用，制定完善村规民约，为村民提供旗帜鲜明的价值导向和道德遵循。丰富工作载体，实行"移风易俗+"，把移风易俗工作与实施乡村振兴战略、脱贫攻坚、美丽乡村建设、城乡文明创建有机结合起来，组织全州各级文明单位与挂钩村开展文明村寨、移风易俗结对帮扶共建活动，引导结对双方在思想观念、移风易俗等方面共建共育共享。抓好"关键少数"，发挥党员干部率先垂范、以上率下的作用。加强文化市场监管，组织文化市场综合执法队伍，联合公安部门，对低俗文艺演出、腐朽文化传播和"黄赌毒"等社会丑恶现象进行严厉打击，坚决整顿肃清社会不良风气和有害行为。

二、以民族节庆活动助推移风易俗

利用各种民族节庆，广泛开展文化、科技、卫生"三下乡"活动，把健康的书籍、文明的娱乐、向上的思想传播给村民，使"黄赌毒"和封建迷信活动失去赖以滋生的土壤。在民族节庆中开展乡风评议，评选文明村寨、文明家庭、文明个人等，广泛发动群众选模范、学模范、做模范等活动，引领群众转变生活方式，树立文明新风。大力倡导优良风尚，以正能量推动节庆，改变在节庆中铺张浪费、大吃大喝、酗酒赌博等一些不良习俗，树立正确的民族价值观，助推移风易俗常态化、大众化。

第四节　深化"保护利用"行动，弘扬优秀传统文化

充分发挥乡村传统文化特有的精神价值，加强文化保护与传承，注重

吸取城市文明及外来文化优秀成果，创造性转化、创新性发展，赋予时代内涵、丰富表现形式，增强乡村文化自信。

一、保护传承乡村文脉

实施乡村文脉保护和传承行动，加强对民族民俗文化、生态文化、旅居康养文化、农耕文化、红色文化、南方丝绸之路文化、乡贤文化等乡村优秀文化遗产资源的保护研究和转化利用，推动形成乡村传统文化保护传承发展体系。划定一定的民族文化生态实验保护区来传承具有凉山独特性、原生性和不可替代性的优秀民族文化。实施乡村记忆工程，加强村志村史编撰和整理，建设优秀乡村文化生产性保护示范基地和保护项目，筹划建设一批民俗生态博物馆、乡村博物馆，注重文化生态建设、新农村建设和城镇化建设三者之间的结合，综合协调、系统推进。加大对传统村落、乡土建筑和民族特色村镇保护力度，按照一村一策、一户一策进行保护修缮、建立健全文物"四有"档案和传统村落"一村一档"，对有价值的古村落、古民宅和民族特色村镇，逐步申报列入各级文物保护单位和历史文化名城（名镇）、传统村落保护名录，编制保护利用规划。实施非物质文化遗产传承工程，大力开展乡村非物质文化遗产资源调查工作，将具有历史、文学、艺术、科学价值的遗产点申报列入非物质文化遗产名录进行保护，加强对村落濒危非遗项目的抢救保护工作，完善保护制度。建设非遗专家队伍，支持各级非遗传承人依托乡土非遗资源优势，因地制宜开展传承传习活动。

二、开发利用乡村传统文化

坚持保护与开发有机结合，依托彝族火把节、彝族年、彝绣、攀西民族地区民歌（攀西民族地区赶马调）、傈僳族刺绣和织布技艺等非物质文化遗产，加强彝、藏、傈僳等少数民族文化资源的研究保护和开发利用。以博物馆、纪念馆、文化遗址等为载体，加快打造一批高质量、有规模、专业化、功能完善的凉山历史名人博物馆和传习基地，加快"非遗+扶贫"就业工坊示范点建设，总结好建设经验，为全州推广就业工坊建设奠定基础。实施乡村历史文化展示工程，采用体验式、互动式、场景式等手段，最大限度重现乡村生产生活，增强传统文化参与度，为繁荣乡土文化、发展乡村经济搭建平台。划定乡村建设的历史文化保护线，打造推出一批特色鲜明、风格各异的精品文化遗产旅游景区、景点和线路。

第五章 构建新型乡村治理体系

乡村振兴，治理有效是基础。加强农村基层党组织建设，建立健全以基层党组织为核心，自治、法治、德治相结合的乡村治理体系，建设平安乡村，推动乡村治理现代化。

第一节 加强基层党组织建设

巩固和加强农村基层党组织的领导核心地位，坚持把政治建设摆在首位，全面推进基层党组织建设，把基层党组织建设成宣传党的主张、贯彻党的决定、领导基层治理、团结动员群众、推动改革发展的坚强战斗堡垒。

一、强化基层党组织领导核心地位

严格农村基层党组织生活，加强农村党员教育、管理和监督。不断完善农村基层党组织体系，积极适应农业农村现代化，切实解决覆盖不全面、设置不规范、隶属关系不明确等问题。健全基层党建工作机制，将基层党建工作作为村级整体工作的重要组成部分，统筹安排，形成党建与社会经济发展齐抓共管的新局面。将基层组织建设与乡村振兴和脱贫攻坚结合起来，持续整顿软弱涣散党组织。

二、选优配强基层党组织带头人

选优配强村"两委"班子，推行村"两委"班子成员交叉任职，鼓励村党支部书记主任和村委会主任"一肩挑"。建立选派第一书记工作长效机制，全面积极向贫困村、软弱涣散村和集体经济薄弱村党组织选派第一书记。优化村级党组织带头人队伍结构，注重从致富能手、返乡农民工、本乡本土大学毕业生、本地复员退伍军人中培养选拔村党组织书记和村级后备干部力量。

三、加强农村党员队伍建设

加强农村基层党员学习培训，注重党性教育、锤炼党性修养。加强农村流动党员管理，认真排查本村流动党员，建立流动党员信息管理台账，通过电话、QQ群、微信群等方式加强对流动党员的联系和管理，增强流动党员对党组织的归属感，做到联系常态化和长效化。同时建立流动党员流入地和流出地相互衔接、协同管理的新机制，构建流动党员教育管理的长效工作机制，保持农村流动党员的先进性。加强党内激励关怀帮扶，定期走访慰问农村老党员、生活困难党员，帮助解决实际困难。

第二节　促进自治法治德治相结合

坚持自治为基、法治为本、德治为先，以德治滋养法治、涵养自治，构建"三治"结合的乡村治理体系。

一、深化村民自治实践

充分发挥民族自治州优势，完善区域自治的具体安排，确保各级政令畅通，拓宽基层群众利益诉求表达的正规渠道，保障民族群众有序政治参与、有效行使自治权利。完善民主治村工作机制，创新村级民主管理模式，充分发挥村民在基层治理中的主体地位，完善农村民主选举、民主协商、民主决策、民主管理、民主监督制度。深入实施"四议两公开一监督"等机制，形成民事民议、民办、民管的"三民善治"模式。完善由"村民委员会+驻村企事业单位代表+社会组织代表+流动人口代表+村民代表"等多方参与的协商制度，持续推进村民自治向最基层延伸。完善村规民约，充分发挥其在基层治理中的独特功能。充分尊重彝族特有的文化习俗，在建立现代乡村治理机制的同时，有效发挥彝族"家支文化"及"习惯法"在乡村治理中的作用。建设新乡贤文化，将积极向上的彝族"德古"纳入凉山新乡贤队伍，设立乡贤信息库，充分发挥新乡贤带动作用，让老党员、老干部、老教师、优秀农民工、返乡和下乡创业者等农村先进群体参与村务管理和村级事务决策，维护乡村秩序，协助调解村内矛盾纠纷。

二、提升乡村法治水平

健全农村公共法律服务体系，深入推进综合行政执法改革向基层延伸，推动执法队伍整合、执法力量下沉，建立乡镇综合执法平台，加大农村的执法力度。深入开展"法律七进"活动，加强法律宣传教育，推动群众遵法、学法、懂法、守法、用法，不断增强农村基层干部的法治观念和依法维权意识。广泛宣传土地管理法、农村土地承包法、村民委员会组织法、婚姻法等与村民生产生活密切相关的法律知识，在乡村形成办事依法、遇事找法、解决问题用法、化解矛盾靠法的良好法治环境，促进依法治理常态化。

三、健全农村德治体系

推进村民道德建设，实施公民道德建设工程。促进乡村移风易俗，开展专项文明行动，遏制大操大办、相互攀比、天价彩礼、薄养厚葬等不良习俗，加强无神论宣传教育，抵制封建迷信活动。建立道德激励约束机制和道德评议机制，积极开展道德评议活动，设立荣誉墙、农民荣誉榜等，加强先进人物事迹的示范引领作用，激励彝区群众改变传统生活习惯和卫生习惯，快速融入现代文明。定期邀请先进人物开展讲座和民族文明礼仪讲座，加强群众思想道德教育和文明素质培育。构建家庭和睦、邻里互助、夫妻恩爱、孝老爱亲的和谐乡村。

四、建设平安乡村

加大农村社会治安综合治理力度，健全齐抓共建机制。扎实开展扫黑除恶专项斗争，依法严厉打击农村黑恶势力、宗族恶势力、宗教极端势力、"村霸"，严防其侵蚀基层干部和基层政权，坚决惩治黑恶势力"保护伞"。加强农村警务、消防、安全生产工作，坚决遏制重特大安全事故，健全矛盾纠纷多元化解机制，深入排查化解各类矛盾纠纷。探索以网格化管理为抓手，推动基层服务和管理精细化精准化。不断推进"六无"平安村创建，不断提升人民群众幸福感、安全感。

第六章　创新乡村人才振兴机制

针对人才难引进、难留住等问题，实行更加积极、开放、柔性、有效的人才政策，让愿意留在乡村、建设家乡的人才留得安心，让愿意返乡下乡创业就业、回报乡村的人才充满信心，让愿意支援凉山、服务凉山人才过得舒心，推动乡村人才振兴。

一、加强培育新型职业农民

摸清凉山职业农民需求和农民职业化发展意愿，建立新型职业农民教育培训体系，研究制定全州新型职业农民教育总体规划，研究开设与推进农业农村现代化相适应的实用专业，逐步建立初、中、高三级新型职业农民教育体系，持续实施农民素质提升计划，支持新型职业农民按国家相关规定通过弹性学制、"半农半读"等方式就地就近接受参加中高等农业职业教育。支持高校、职业院校综合利用教育培训资源，灵活设置专业，创新培养模式，为乡村振兴培育实用型专业人才。实施农村职业经理人壮大行动，以家庭农场、农民合作社等新型经营主体为载体，扶持一批农业职业经理人、经纪人。创新培训组织形式，采取绿色证书培训、产业培训、创业培训等多种方式，加快培育适应现代农业需求的职业经理人和新型职业农民。充分发挥"农民夜校"等平台和载体的作用，通过田间实训、课堂教学、网络学习等多种方式开展培训，支持专业合作社、龙头企业等主体承担培训任务，引导本土化的各类"田秀才""土专家"和新型农业经营主体等发挥科技培训、示范、推广作用。建立新型职业农民监管体系，落实新型职业农民考核、认定、服务工作。深入开展新型职业农民制度试点，以农民职业化为核心探索建立农业工资制度、社会保障制度、职业福利制度等政策，鼓励有条件的地方探索构建标准条件、生产经营、社会福利等政策体系，形成扶持各类人才进入新型职业农民队伍的制度安排。引导符合条件的新型职业农民参加城镇职工养老、医疗等社会保障制度。鼓励各地开展职业农民职称评定试点，建立新型职业农民信息管理系统和档案管理制度。

二、打造农村专业人才队伍

按照"爱农业、懂技术、善经营"的队伍建设要求，提升"三农"工作队伍专业水平和业务素质。加强州县党委政府农口系统分管负责同志、涉农部门领导班子队伍建设，完善培养、考核、选拔、任用机制，推动实现"三农"领导干部年轻化、专业化、专家化。加强乡（镇）村干部的培训培养力度，健全从优秀村支部书记中选拔乡镇领导干部、考录公务员等制度。建立青年公职人员到乡村挂职制度、新进公职人员到农村开展定期服务制度。充分利用省属公办高职院校面向深度贫困县招录培养高职（专科）技能人才等政策，采取定向招生、定向培养、定向就业的方式，加强人才培养；实施农村优秀干部人才递进培训计划，壮大"三农"人才队伍。实施乡土人才培育行动，开展乡土人才示范培训，认定一批带动能力强、有农业生产经验或一技之长的"土专家""田秀才"、农村家庭能人。以乡村手工业、建筑业、民间文化等为重点，培养一批技术精湛、扎根农村、热爱乡土的乡村工匠、文化能人和非遗传承人。发展壮大农技推广人才队伍，全面实施农技推广服务特聘计划，探索公益性和经营性农技推广融合发展机制，支持农技人员创新创业，允许农技人员通过提供增值服务合理取酬。

三、培育返乡创业人才队伍

积极开展农村"大众创业、万众创新"行动，鼓励和吸引外出务工优秀人才、大学生等农业"创客"到农村发展。出台市场准入、财政投入、金融服务、用地用电等方面的优惠政策，支持各类人才流向乡村创业就业。把对返乡农民工的资金支持列入专门的财政预算，对农民工进行免费职业技术培训、创业培训，重点对有返乡创业意愿的农民工进行创业知识、创新意识、管理水平、营销技巧、抗挫能力和风险防控等方面的培训，提高返乡创业农民工自身素质。搭建农民工返乡创业信息发布平台和服务体系，推荐适合农民工特点的创业项目。

四、构建柔性引才育才机制

遵循"不求所有、不求所在、但求所用"的原则，构建灵活多样的人才引进激励机制，建立健全柔性引才育才机制。推行"岗编适度分离"新机制，引导教育、卫生、农业、法律、文化等行业科技人员、专业技术人员向基层流动。推进大学生村官工作和高校毕业生"三支一扶"计划，引导高校毕业生返乡创业就业。实施专家下基层活动，组织专家到乡村开展智力服务。充分挖掘凉山籍在外工作人才资源，搭建人才交流平台，采取联谊交流、项目合作、课题研究、顾问咨询等方式，促进高层次人才柔性回引。积极争取国家引智项目向凉山倾斜，加强与东部地区、中央国家机关、中央企业开展干部双向挂职、任职交流。建立乡村人才援助机制，充分利用好援彝干部职员和帮扶工作队伍。充分发挥群团组织和民主党派的优势和力量，共同推动乡村振兴。在有条件的县（市）政协设立新乡贤界别，引导和支持退休干部、知识分子和工商界人士等新乡贤返乡。大力推进校地合作、院县合作等柔性引才工作机制。实施"夕阳红"示范工程，鼓励老年人积极参与乡村振兴。在专家大院等基础上，找准人才需求和乡村资源的契合点，在做好前期准入考核的基础上探索给予外来人才荣誉村民、特殊集体成员等权利。积极改善人才工作生活条件，提高工资待遇，妥善解决各类人才配偶就业、养老医疗、职务职称、子女入学等问题。

参考文献

一、中文著作

[1] 陈锡文. 中国农村改革：回顾与展望 [M]. 天津：天津人民出版社, 1993.

[2] 陈锡文, 赵阳, 陈剑波, 等. 中国农村制度变迁 60 年 [M]. 北京：人民出版社, 2009.

[3] 韩俊. 中国农村政策调查报告 1 [M]. 太原：山西经济出版社, 2004.

[4] 程国强. WTO 农业规则与中国农业发展 [M]. 北京：中国经济出版社, 2001.

[5] 蔡昉, 王德文, 都阳, 等. 农村发展与增加农民收入 [M]. 北京：中国劳动社会保障出版社, 2006.

[6] 邓小平. 邓小平文选：第 3 卷 [M]. 北京：人民出版社, 2010.

[7] 杜润生. 中国农村改革决策纪实 [G]. 北京：中央文献出版社, 1999.

[8] 杜润生. 杜润生自述：中国农村经济体制变革重大决策纪实 [M]. 北京：人民出版社, 2005.

[9] 段爱群. 论 WTO 中的财政补贴与我国的战略取向 [M]. 北京：中国财政经济出版社, 2003.

[10] 约翰逊. 经济发展中的农业、农村、农民问题 [M]. 林毅夫, 赵耀辉, 译. 北京：商务印书馆, 2004.

[11] 范小建. 加入 WTO 以后的中国农业政策调整 [M]. 北京：中国农业出版社, 2002.

[12] 费孝通. 江村经济：中国农民的生活 [M]. 北京：商务印书馆, 2005.

［13］艾利思. 农民经济学: 农民家庭农业和农业发展 ［M］. 胡景北, 译. 上海: 上海人民出版社, 2006.

［14］冯海发. 农业可持续发展的理论与实践 ［M］. 北京: 新华出版社, 2006.

［15］何菊芳. 公共财政与农民增收 ［M］. 上海: 上海三联书店, 2005.

［16］柯炳生. 工业反哺农业的理论与实践研究 ［M］. 北京: 人民出版社, 2008.

［17］蒋永穆. 中国农业支持体系论 ［M］. 成都: 四川大学出版社, 2000.

［18］姜长云. "三农" 问题的多维透视 ［M］. 太原: 山西经济出版社, 2004.

［19］经济合作与发展组织. 中国农业政策回顾与评价 ［M］. 北京: 中国经济出版社, 2005.

［20］安德森, 速水佑次郎. 农业保护的政治经济学: 国际透视中的东亚经验 ［M］. 蔡昉, 杜志雄, 等译. 天津: 天津人民出版社, 1995.

［21］科斯, 等. 财产权利与制度变迁: 产权学派与新制度学派译文集 ［C］. 刘守英, 等译. 上海: 格致出版社, 2014.

［22］李扬. 财政补贴经济分析 ［M］. 上海: 上海三联书店出版社, 1990.

［23］李建平. 我国农业保护政策研究 ［M］. 北京: 人民出版社, 2007.

［24］林毅夫, 蔡昉, 李周. 中国的奇迹: 发展战略与经济改革 ［M］. 上海: 上海人民出版社, 2002.

［25］罗剑朝, 等. 中国政府财政对农业投资的增长方式与监督研究 ［M］. 北京: 中国农业出版社, 2004.

［26］刘斌. 中国三农问题报告 ［M］. 北京: 中国发展出版社, 2004.

［27］穆月英. 中国农业补贴政策的理论及实证分析 ［M］. 北京: 中国农业出版社, 2008.

［28］秦富, 王秀清, 辛贤, 等. 国外农业支持政策 ［M］. 北京: 中国农业出版社, 2003.

二、学位论文

[1] 曹睿滢. 嵌入式治理理论视角下驻村工作队推进乡村振兴研究 [D]. 长春：吉林大学，2022.

[2] 马晓夏. 民族地区脱贫攻坚与乡村振兴有效衔接的理论与实践研究：基于宁夏的实证分析 [D]. 银川：宁夏大学，2022.

[3] 费惠珊. 变译理论指导下的汉英模拟交传实践报告 [D]. 沈阳：辽宁大学，2021.

[4] 王晓茹. 田园综合体模式及其建设途径初探 [D]. 西安：西安工业大学，2019.

[5] 周义诺. 乡村振兴背景下农旅文体融合发展的理论与实践研究 [D]. 南京农业大学，2020.

三、中文期刊

[1] 代晶晶. 乡村振兴背景下当代高校思想政治教育理论与实践 [J]. 食品研究与开发，2022，43（13）：236.

[2] 易阳，姜文浩，赵亚玲，等. 农村电子商务支持乡村振兴的理论与实践现状研究 [J]. 现代商业，2022（18）：56-59.

[3] 欧阳恩涛. 江恒源"富教合一"农村改进思想对当下乡村振兴的启示 [J]. 连云港师范高等专科学校学报，2022，39（2）：1-5.

[4] 周姝睿，蔡宝刚，李斯明，等. 乡村振兴中"新乡贤+三治融合"模式的理论与实践 [J]. 农业工程技术，2022，42（18）：84-86，99.

[5] 陈俊良. 国家审计促进乡村振兴实践路径构建 [J]. 经济师，2022（6）：116-118.

[6] 任佳嘉. 乡村振兴背景下提升农村基层治理效能的路径 [J]. 乡村科技，2022，13（10）：6-9.

[7] 冼静怡，马永强，于纪锋. 生态产业化发展路径探索：基于漳平市上界村实践调研 [J]. 农村经济与科技，2022，33（9）：29-33.

[8] 王贤斌，王瑞. 习近平关于农村民生重要论述的理论意蕴与实践价值 [J]. 宁波大学学报（人文科学版），2022，35（3）：1-7.

[9] 黄雯. 农民集群创业与乡村振兴：理论与实践 [J]. 创新与创业管理，2022（1）：128-138.

[10] 郭思佳. 农村互助养老内在行为逻辑与实践路径研究 [J]. 北京科技大学学报（社会科学版），2022，38（2）：193-200.

[11] 陆汝成. 从脱贫攻坚到乡村振兴：评《为有源头活水来：广西特色农业扶贫的理论与实践》[J]. 南方自然资源，2022（4）：67-68.

[12] 白永秀，苏小庆，王颂吉. 巩固拓展脱贫攻坚成果同乡村振兴衔接的理论与实践逻辑 [J]. 人文杂志，2022（4）：50-57.

[13] 程涛，郝宇青. 习近平关于实施乡村振兴战略重要论述的三重逻辑 [J]. 学术探索，2022（4）：45-52.

[14] 张梦玲. 新发展阶段乡村新闻官助力乡村振兴的理论与实践研究：以广东省清远市为例的分析 [J]. 天水行政学院学报，2022，23（2）：56-61.

[15] 许梦婷，许桂桂. 乡村旅游助推乡村振兴的理论思考及实践路径 [J]. 环渤海经济瞭望，2022（4）：148-150.

[16] 于润琦. 金融助力乡村振兴的现实基础、理论逻辑与其实践路径分析 [J]. 现代农业研究，2022，28（3）：39-41.

[17] 丁华，丁辉，陈鑫源，等. 乡村振兴视角下地质文化村建设的理论框架构建与实践模式 [J]. 地质论评，2022，68（2）：685-692.

[18] 王超悦. 增能视角下社会工作助力乡村振兴的实践路径研究 [J]. 农村经济与科技，2022，33（4）：145-147.

[19] 谭礼连. 新时代基层党建引领乡村振兴的实践探索及路径选择：以贵州省毕节市Y镇为例 [J]. 山西农经，2022（4）：73-76，84.

[20] 韩港，黄建军. 乡村振兴战略背景下坚持以人民为中心的三重逻辑 [J]. 延安大学学报（社会科学版），2022，44（1）：13-18.

[21] 郑良，周宇，董科娜，等. "乡村振兴的理论与实践"分论坛：搭建"有为政府"与"有效市场"共商共享合作平台 [J]. 小康，2022（5）：50.

[22] 王思瑶，马秀峰. 场域理论视角下职业教育赋能乡村人才振兴的作用机理与实践路径 [J]. 教育与职业，2022（3）：27-34.

[23] 赵亮. 生命共同体：乡村生态振兴理论与实践的依归 [J]. 中国集体经济，2022（3）：1-2.

[24] 于丽伟. 乡村振兴背景下环境设计理论与实践：评《乡村生态景观建设理论和技术》[J]. 世界林业研究，2022，35（1）：137.

[25]. 2022 年《改革与战略》重点选题 [J]. 改革与战略，2022，38（1）：2.

[26] 陈包. 嵌入性理论视角下职业教育服务乡村振兴的治理逻辑、实践困境和行动路向 [J]. 当代职业教育，2022（1）：73-80.

[27] 雷志佳，任静，夏小华. 乡村精神扶贫的实践范式 [J]. 长春理工大学学报（社会科学版），2022，35（1）：19-25.

[28] 涂明辉，谢德城. 数字乡村建设的理论逻辑、地方探索与实现路径 [J]. 农业考古，2021（6）：266-272.

[29] 金艳红，李倩. "两山"理论在全面推进乡村振兴中的实践探索 [J]. 新农业，2021（24）：52-54.

[30] 王暖春. 我国乡村振兴的逻辑起点与实践路径：基于马克思恩格斯小农理论的分析 [J]. 高校马克思主义理论教育研究，2021（6）：78-88.

[31] 常亮，豆书龙. 乡村振兴与基层党建的有效融合及其机制构建 [J]. 中国农村研究，2021（2）：257-277.

[32] 张勇，周婕，陆萍. 乡村振兴视阈下盘活利用农村闲置宅基地的理论与实践：基于安徽省两个案例的考察 [J]. 农业经济问题，2022（4）：96-106.

[33] 李金容，陈元欣，陈磊. 乡村振兴背景下我国体育旅游综合体发展的理论审视与实践探索 [J]. 体育学研究，2022，36（1）：33-42，62.

[34] 王结发. 绿色发展：乡村振兴的前提条件和实践路径 [J]. 西南石油大学学报（社会科学版），2021，23（6）：34-40.

[35] 焦响乐，周飞虎，邵洋. 金融服务乡村振兴的理论与实践：以吉林省为例 [J]. 吉林金融研究，2021（11）：35-38.

[36] 邵晓翀，杜尔玏. 金融助力乡村振兴的现实基础、理论逻辑与实践路径：基于新发展格局视角 [J]. 技术经济与管理研究，2021（10）：76-80.

[37] 苟兴才，杨帆. 乡村应该如何分类振兴：理论框架与实践分析 [J]. 新疆社科论坛，2021（5）：30-34，46.

[38] 吴易雄. 乡村全面振兴何以实现?：基于对"四大法宝"的理论与实践分析 [J]. 当代经济管理，2021，43（11）：46-52.

[39] 张琦，杨铭宇. 民族地区乡村文化治理：逻辑起点、理论机理与实践路径 [J]. 西南民族大学学报（人文社会科学版），2021，42（10）：

114-121.

[40] 韩林松，王小华，周怡彤. 农村集体经济助推乡村振兴的理论诠释与实践探索 [J]. 农村金融研究，2021 (9)：71-80.

[41] 李红连. 乡村振兴视角下高职现代制造业人才培养模式的探索与实践：评《大专业平台人才培养模式：理论架构与实践探索》[J]. 热带作物学报，2021，42 (8)：2436.

[42] 范金妹. 科技特派员制度助力乡村振兴的理论溯源与实践探索：以南平市为例 [J]. 福建商学院学报，2021 (4)：1-5.

[43] 黄泽海. 农户组织化与乡村振兴协同推进机制构建：理论逻辑与实践路径 [J]. 中共云南省委党校学报，2021，22 (4)：147-155.

[44] 段玉欣. 科学社会主义视域下乡村振兴战略的理论逻辑与实践路径 [J]. 农家参谋，2021 (14)：127-128.

[45] 张卓. 对新时代乡村振兴战略的三维审视 [J]. 湖北理工学院学报 (人文社会科学版)，2021，38 (4)：71-77.

[46] 张芳. 基于人地关系思维空间的乡村振兴战略理论建构与实践选择：以专著《乡村振兴战略实践路径》为研究视角 [J]. 大学，2021 (25)：136-138.

[47] 邓吉敏. 乡村振兴战略下我国乡村治理理论与实践研究 [J]. 农村经济与科技，2021，32 (11)：263-266.

[48] 王建康. 立足国情，视野宏阔，多维度阐释中国现代农业经济的发展：《乡村振兴理论与实践研究》述评 [J]. 宝鸡文理学院学报 (社会科学版)，2021，41 (3)：131-132.

[49] 陈庚，邱晶钰. 乡村振兴战略下的文化治理进路：理论向度与实践路径 [J]. 文化软实力研究，2021，6 (1)：34-42.

[50] 王辉，宋敏. 老年人参与和乡村治理有效：理论建构与实践机制 [J]. 农业经济问题，2021 (5)：45-53.

[51] 梁红波. "三大指导员"在助推濮阳市乡村振兴中的理论与实践研究 [J]. 农村·农业·农民 (B版)，2021 (4)：14-16.

[52] 王一帆. "两山"理论在乡村振兴中的实践路径研究：以"无废乡村"建设为视角 [J]. 农村经济与科技，2021，32 (6)：239-240.

[53] 刘洋. 乡村振兴下第一书记长效机制的理论逻辑与实践路径：评《乡村振兴选择与实践》[J]. 热带作物学报，2021，42 (3)：971.

[54] 张红, 赵凡凡, 赵天予. 农村社会工作介入乡村振兴的理论逻辑及实践反思 [J]. 西北农林科技大学学报 (社会科学版), 2021, 21 (2): 12-18.

[55] 杜彬武. 脱贫攻坚与乡村振兴融合发展的理论与实践 [J]. 文教资料, 2021 (6): 80-81.

[56] 汤庆亮, 叶世斌. 新时代农村劳动者主体地位彰显的理论探讨和实践路径研究 [J]. 农村经济与科技, 2021, 32 (3): 240-242.

[57] 向玉玲. 农村生态环境协同治理的理论逻辑与实践路径: 以浙江省衢州市柯城区 "一村万树" 绿色期权模式为例 [J]. 三晋基层治理, 2021 (1): 36-41.

[58] 李武, 钱贵霞. 农村集体经济发展助推乡村振兴的理论逻辑与实践模式 [J]. 农业经济与管理, 2021 (1): 11-20.

[59] 张艳青, 于鹏, 丁萍, 等. 脱贫攻坚与乡村振兴有机衔接的理论逻辑和实践理路 [J]. 社会福利 (理论版), 2021 (1): 18-21.

[60] 李凌汉. 农村合作社驱动农业技术跨区域扩散: 逻辑机理、影响因素与实践探讨 [J]. 湖湘论坛, 2021, 34 (1): 93-106.

[61] 侯姗姗, 茆雁秋. 新时代乡村妇女主体性内涵与实践分析 [J]. 江西电力职业技术学院学报, 2020, 33 (12): 160-161.

[62] 樊美君. 乡村振兴视角下高校思政教育理论与实践: 评《新时代思想政治教育理论与实践问题研究》 [J]. 热带作物学报, 2020, 41 (12): 2601.

[63] 张萍, 徐赟. 乡村振兴视域下传统文化在高校教育教学中的创新: 评《教学理论与实践》[J]. 热带作物学报, 2020, 41 (12): 2617.

[64] 韩莉, 战炤磊. 美丽乡村建设中强村富民的理论逻辑与实践路径 [J]. 江苏第二师范学院学报, 2020, 36 (6): 98-104.

[65] 芦佳. 乡愁赋能乡村振兴: 兼论乡村音乐的文化传承: 评《记住乡愁: 民间音乐文化传承教育理论与实践》[J]. 中国农业资源与区划, 2020, 41 (12): 170, 209.

[66] 李军刚, 李飞跃. 马克思主义城乡关系理论视域下乡村振兴的实践路径 [J]. 齐齐哈尔大学学报 (哲学社会科学版), 2020 (11): 64-66.

[67] 周爱萍, 姚明月. 社会工作参与乡村振兴的机制与路径研究 [J]. 云南民族大学学报 (哲学社会科学版), 2020, 37 (6): 60-65.

[68] 黄晓敏. 首届"青藏高原乡村振兴理论与实践学术论坛"会议综述 [J]. 中国藏学, 2020 (4): 222-224.

[69] 青海省社会科学院成功举办"首届青藏高原乡村振兴理论与实践学术论坛" [J]. 青海社会科学, 2020 (5): 2, 205.

[70] 林移刚, 姚明月. 反贫困政策背景下社会工作参与乡村振兴的理论机制和实践路径 [J]. 西部学刊, 2020 (19): 19-23.

[71] 何启伟. 乡村振兴背景下现代蔬菜产业融合发展研究—评《现代蔬菜产业发展规划理论与实践》[J]. 中国瓜菜, 2020, 33 (10): 117.

[72] 李广. 乡村振兴背景下新型职业农民培育理论与实践研究 [J]. 漯河职业技术学院学报, 2020, 19 (5): 47-49.

[73] 陈涛. "两山"理论引领乡村振兴的内在逻辑与实践路径 [J]. 中共南昌市委党校学报, 2020, 18 (4): 35-38.

[74] 贺莉, 何景周, 刘松. 乡村振兴背景下农村学校体育教学改革: 评《新时期体育教育理论与实践新探》[J]. 热带作物学报, 2020, 41 (8): 1731.

[75] 孙馨月, 陈艳珍. 论脱贫攻坚与乡村振兴的衔接逻辑 [J]. 经济问题, 2020 (9): 12-17.

[76] 曹立, 王声啸. 精准扶贫与乡村振兴衔接的理论逻辑与实践逻辑 [J]. 南京农业大学学报 (社会科学版), 2020, 20 (4): 42-48.

[77] 解德辉, 周炳峰, 李昌城, 等. 创新森林精准经营模式 助推林菌融合循环发展: 交口县践行"两山"理论探索脱贫攻坚与乡村振兴的实践报告 [J]. 山西农经, 2020 (12): 71-72, 164.

[78] 向天成, 赵微. 社会交往理论视域下乡村文化振兴的实践理路 [J]. 贵州民族研究, 2020, 41 (6): 42-47.

[79] 王超. 党建引领乡村振兴的理论与实践: 基于重庆市沙坪坝区中梁镇的考察 [J]. 重庆行政, 2020, 21 (2): 80-82.

[80] 苏星鸿. 新时代乡村振兴战略中的农村生态治理: 理论逻辑、现实困境和实践路径 [J]. 天水师范学院学报, 2020, 40 (1): 34-41.

[81] 高聚林, 姚凤桐, 葛健, 等. 新时代乡村振兴承载生态文明建设的理论与实践探索 [J]. 内蒙古农业大学学报 (社会科学版), 2019, 21 (6): 1-6.

[82] 陈纪, 赵萍. 多元精英参与地方民族事务治理: 基于乡村旅游治

理实践形态的个案考察 [J]. 西北民族研究, 2019 (4): 90-101.

[83] 刘小燕, 李娜. 牧区振兴理论与实践探索: "乡村振兴与牧区发展论坛" 会议综述 [J]. 内蒙古社会科学 (汉文版), 2019, 40 (6): 200-204.

[84] 赵晓峰, 许珍珍. 农民合作社发展与乡村振兴协同推进机制构建: 理论逻辑与实践路径 [J]. 云南行政学院学报, 2019, 21 (5): 6-11.

[85] 丁生忠. 内外资源聚合转换驱动乡村振兴战略的理论与实践 [J]. 理论学刊, 2019 (5): 141-150.

[86] 姜秀影. 我国教育精准扶贫政策合理性及实践方向: 基于教育基本理论视角的探析 [J]. 教育观察, 2019, 8 (23): 138-140.

[87] 段东山. 乡村振兴视角下的绿色农业创业多维模式研究: 评《农业创业理论与实践研究》 [J]. 中国食用菌, 2019, 38 (7): 50.

[88] 阿存海. 推进湟中县村域集体经济 "破零" 工程的调查与思考 [J]. 祖国, 2019 (13): 106-107.

[89] 田鹏. 乡村振兴背景下城郊融合型村社转型的实践逻辑: 基于城乡社区衔接理论视角的分析 [J]. 长白学刊, 2019 (4): 122-129.

[90] 韩超, 杨洁. 发达国家城乡融合发展理论与实践研究 [J]. 郑州轻工业学院学报 (社会科学版), 2019, 20 (1): 63-68.

[91] 霍军亮, 吴春梅. 乡村振兴战略下农村基层党组织建设的理与路 [J]. 西北农林科技大学学报 (社会科学版), 2019, 19 (1): 69-77.

[92] 郑娟尔, 苏子龙, 王世虎, 等. 土地促进乡村振兴的理论与实践 [J]. 国土资源科技管理, 2018, 35 (6): 32-40.

[93] 陈许彬. 农村制度改革与乡村振兴战略的理论实践研究 [J]. 山西农经, 2018 (22): 12-13.

[94] 沈费伟. 赋权理论视角下乡村振兴的机理与治理逻辑: 基于英国乡村振兴的实践考察 [J]. 世界农业, 2018 (11): 77-82.

[95] 敖丽红, 徐建军. 新时代乡村振兴与城郊经济发展的理论与实践探索: 乡村振兴与城郊发展新时代学术研讨会暨中国城郊经济研究会 2018 年会综述 [J]. 中国农村经济, 2018 (10): 136-142.

[96] 梅浩. 习近平城乡融合发展思想的理论逻辑与实践路径 [J]. 中共乐山市委党校学报, 2018, 20 (4): 45-50.

[97] 郭险峰, 严涵. 对比视角下的中国乡村振兴战略理论认知与实践路径 [J]. 四川行政学院学报, 2018 (3): 81-86.

［98］万俊毅，曾丽军，周文良. 乡村振兴与现代农业产业发展的理论与实践探索："乡村振兴与现代农业产业体系构建"学术研讨会综述［J］. 中国农村经济，2018（3）：138-144.

四、外文文献

［1］GREENSTEIN S, KHANNA T. What does industry convergence mean［J］. Competing in the age of digital convergence, 1997, 2010-226.

［2］CURRAN C S, LEKER J. Patent indicators for monitoring convergence-examples from NFF and ICT［J］. Technological forecasting and social change, 2011, 78（2）：256-273.

［3］CASELLI F, VENTURA J. A representative consumer theory of distribution［J］. American economic review, 2000, 90（4）：909-926.

［4］ACEMOGLU D, GUERRIERI V. Capital deepening and nonbalanced economic growth［J］. Journal of political economy, 2008, 116（3）：467-498.

［5］BUSCH L, JUSKA A. Beyond political economy：actor networks and the globalization of agriculture［J］. Review of international political economy, 1997, 4（4）：688-708.

［6］SAXENIAN A. Rengional advantage：cultureand competition in silicon valleyand route［M］. Cambridge：Harvard Universuty Press. 1994.

［7］CAPELLOR. Spatial transfer of knowledge in hi-tech milieux：learning versus collective learning progress［J］. Regional studies, 1999. 33（4）：352-365.

［8］KLINE P, H E MORETTI. Local economic development, agglomeration economies, and the big push：100year of evidence from the tennessee valley authority［J］. The quarterly journal of economic, 2013, 129（1），273-331.

［9］SCOTT A J, M STORPER. Regions, globalization, development［J］. Regional studies, 2003（37）.

［10］PALMER A, KOENIG-LEWIS N, JONES M L E. The effects of residents´social identity and involvement on their advocacy of incoming tourism［J］. Tourism management, 2013（38）：142-151.

［11］MAXIMILIANO E, BABU G. Global warming and tourism：chronicles of apocalypse [J]. Emerald journal, 2012, 10 (4) 332-355.

[12] KIM S, JAMAL T. The co-evolution of rural tourism and sustainable rural development in Hongdong, Korea: complexity, conflict and local response [J]. Journal of sustainable tourism, 2015, 3 (8): 1363-1385.

[13] BERRY S, WALDFOGEL J. Product quality and market size [J]. Journal of industrial economics, 2010, 58 (1): 1-31.

[14] ARMSTRONG M. Competition in two sided markets [J]. Rand journal of economics, 2006, 37 (3): 668-691.

[15] AGUDO I, FERNANDEZGAGO C, LOPEZ J. An evolutionary trust and distrust model [J]. Electronic notes in the oretical computer science, 2009 (244): 3-12.

[16] GEREFFI G, HUMPHREY J, STURGEON T. The Governance of global value chains [J]. Review of international political economy, 2005, 12 (1): 78-104.

[17] LOWE M, GEREFFI G. A value chain analysis of selected California crops [R]. Report prepared for the environmental defence fund. Centre on Globalisation Governance & Competitiveness, Duke University, Carlifornia. 2008.

[18] MAERTENS M, SWINNEN J F M. Trade, standards and poverty: evidence from Senegal [J]. World development, 2009, 37 (1): 161-178.

附录　中华人民共和国乡村振兴促进法

第一章　总　则

第一条　为了全面实施乡村振兴战略，促进农业全面升级、农村全面进步、农民全面发展，加快农业农村现代化，全面建设社会主义现代化国家，制定本法。

第二条　全面实施乡村振兴战略，开展促进乡村产业振兴、人才振兴、文化振兴、生态振兴、组织振兴，推进城乡融合发展等活动，适用本法。

本法所称乡村，是指城市建成区以外具有自然、社会、经济特征和生产、生活、生态、文化等多重功能的地域综合体，包括乡镇和村庄等。

第三条　促进乡村振兴应当按照产业兴旺、生态宜居、乡风文明、治理有效、生活富裕的总要求，统筹推进农村经济建设、政治建设、文化建设、社会建设、生态文明建设和党的建设，充分发挥乡村在保障农产品供给和粮食安全、保护生态环境、传承发展中华民族优秀传统文化等方面的特有功能。

第四条　全面实施乡村振兴战略，应当坚持中国共产党的领导，贯彻创新、协调、绿色、开放、共享的新发展理念，走中国特色社会主义乡村振兴道路，促进共同富裕，遵循以下原则：

（一）坚持农业农村优先发展，在干部配备上优先考虑，在要素配置上优先满足，在资金投入上优先保障，在公共服务上优先安排；

（二）坚持农民主体地位，充分尊重农民意愿，保障农民民主权利和其他合法权益，调动农民的积极性、主动性、创造性，维护农民根本利益；

（三）坚持人与自然和谐共生，统筹山水林田湖草沙系统治理，推动绿色发展，推进生态文明建设；

（四）坚持改革创新，充分发挥市场在资源配置中的决定性作用，更好发挥政府作用，推进农业供给侧结构性改革和高质量发展，不断解放和发展乡村社会生产力，激发农村发展活力；

（五）坚持因地制宜、规划先行、循序渐进，顺应村庄发展规律，根据乡村的历史文化、发展现状、区位条件、资源禀赋、产业基础分类推进。

第五条　国家巩固和完善以家庭承包经营为基础、统分结合的双层经营体制，发展壮大农村集体所有制经济。

第六条　国家建立健全城乡融合发展的体制机制和政策体系，推动城乡要素有序流动、平等交换和公共资源均衡配置，坚持以工补农、以城带乡，推动形成工农互促、城乡互补、协调发展、共同繁荣的新型工农城乡关系。

第七条　国家坚持以社会主义核心价值观为引领，大力弘扬民族精神和时代精神，加强乡村优秀传统文化保护和公共文化服务体系建设，繁荣发展乡村文化。

每年农历秋分日为中国农民丰收节。

第八条　国家实施以我为主、立足国内、确保产能、适度进口、科技支撑的粮食安全战略，坚持藏粮于地、藏粮于技，采取措施不断提高粮食综合生产能力，建设国家粮食安全产业带，完善粮食加工、流通、储备体系，确保谷物基本自给、口粮绝对安全，保障国家粮食安全。

国家完善粮食加工、储存、运输标准，提高粮食加工出品率和利用率，推动节粮减损。

第九条　国家建立健全中央统筹、省负总责、市县乡抓落实的乡村振兴工作机制。

各级人民政府应当将乡村振兴促进工作纳入国民经济和社会发展规划，并建立乡村振兴考核评价制度、工作年度报告制度和监督检查制度。

第十条　国务院农业农村主管部门负责全国乡村振兴促进工作的统筹协调、宏观指导和监督检查；国务院其他有关部门在各自职责范围内负责有关的乡村振兴促进工作。

县级以上地方人民政府农业农村主管部门负责本行政区域内乡村振兴促进工作的统筹协调、指导和监督检查；县级以上地方人民政府其他有关部门在各自职责范围内负责有关的乡村振兴促进工作。

第十一条　各级人民政府及其有关部门应当采取多种形式，广泛宣传乡村振兴促进相关法律法规和政策，鼓励、支持人民团体、社会组织、企事业单位等社会各方面参与乡村振兴促进相关活动。

对在乡村振兴促进工作中作出显著成绩的单位和个人，按照国家有关规定给予表彰和奖励。

第二章　产业发展

第十二条　国家完善农村集体产权制度，增强农村集体所有制经济发展活力，促进集体资产保值增值，确保农民受益。

各级人民政府应当坚持以农民为主体，以乡村优势特色资源为依托，支持、促进农村一二三产业融合发展，推动建立现代农业产业体系、生产体系和经营体系，推进数字乡村建设，培育新产业、新业态、新模式和新型农业经营主体，促进小农户和现代农业发展有机衔接。

第十三条　国家采取措施优化农业生产力布局，推进农业结构调整，发展优势特色产业，保障粮食和重要农产品有效供给和质量安全，推动品种培优、品质提升、品牌打造和标准化生产，推动农业对外开放，提高农业质量、效益和竞争力。

国家实行重要农产品保障战略，分品种明确保障目标，构建科学合理、安全高效的重要农产品供给保障体系。

第十四条　国家建立农用地分类管理制度，严格保护耕地，严格控制农用地转为建设用地，严格控制耕地转为林地、园地等其他类型农用地。省、自治区、直辖市人民政府应当采取措施确保耕地总量不减少、质量有提高。

国家实行永久基本农田保护制度，建设粮食生产功能区、重要农产品生产保护区，建设并保护高标准农田。

地方各级人民政府应当推进农村土地整理和农用地科学安全利用，加强农田水利等基础设施建设，改善农业生产条件。

第十五条　国家加强农业种质资源保护利用和种质资源库建设，支持育种基础性、前沿性和应用技术研究，实施农作物和畜禽等良种培育、育种关键技术攻关，鼓励种业科技成果转化和优良品种推广，建立并实施种业国家安全审查机制，促进种业高质量发展。

第十六条　国家采取措施加强农业科技创新，培育创新主体，构建以企业为主体、产学研协同的创新机制，强化高等学校、科研机构、农业企业创新能力，建立创新平台，加强新品种、新技术、新装备、新产品研发，加强农业知识产权保护，推进生物种业、智慧农业、设施农业、农产品加工、绿色农业投入品等领域创新，建设现代农业产业技术体系，推动农业农村创新驱动发展。

国家健全农业科研项目评审、人才评价、成果产权保护制度，保障对农业科技基础性、公益性研究的投入，激发农业科技人员创新积极性。

第十七条　国家加强农业技术推广体系建设，促进建立有利于农业科技成果转化推广的激励机制和利益分享机制，鼓励企业、高等学校、职业学校、科研机构、科学技术社会团体、农民专业合作社、农业专业化社会化服务组织、农业科技人员等创新推广方式，开展农业技术推广服务。

第十八条　国家鼓励农业机械生产研发和推广应用，推进主要农作物生产全程机械化，提高设施农业、林草业、畜牧业、渔业和农产品初加工的装备水平，推动农机农艺融合、机械化信息化融合，促进机械化生产与农田建设相适应、服务模式与农业适度规模经营相适应。

国家鼓励农业信息化建设，加强农业信息监测预警和综合服务，推进农业生产经营信息化。

第十九条　各级人民政府应当发挥农村资源和生态优势，支持特色农业、休闲农业、现代农产品加工业、乡村手工业、绿色建材、红色旅游、乡村旅游、康养和乡村物流、电子商务等乡村产业的发展；引导新型经营主体通过特色化、专业化经营，合理配置生产要素，促进乡村产业深度融合；支持特色农产品优势区、现代农业产业园、农业科技园、农村创业园、休闲农业和乡村旅游重点村镇等的建设；统筹农产品生产地、集散地、销售地市场建设，加强农产品流通骨干网络和冷链物流体系建设；鼓励企业获得国际通行的农产品认证，增强乡村产业竞争力。

发展乡村产业应当符合国土空间规划和产业政策、环境保护的要求。

第二十条　各级人民政府应当完善扶持政策，加强指导服务，支持农民、返乡入乡人员在乡村创业创新，促进乡村产业发展和农民就业。

第二十一条　各级人民政府应当建立健全有利于农民收入稳定增长的机制，鼓励支持农民拓宽增收渠道，促进农民增加收入。

国家采取措施支持农村集体经济组织发展，为本集体成员提供生产生活服务，保障成员从集体经营收入中获得收益分配的权利。

国家支持农民专业合作社、家庭农场和涉农企业、电子商务企业、农业专业化社会化服务组织等以多种方式与农民建立紧密型利益联结机制，让农民共享全产业链增值收益。

　　第二十二条　各级人民政府应当加强国有农（林、牧、渔）场规划建设，推进国有农（林、牧、渔）场现代农业发展，鼓励国有农（林、牧、渔）场在农业农村现代化建设中发挥示范引领作用。

　　第二十三条　各级人民政府应当深化供销合作社综合改革，鼓励供销合作社加强与农民利益联结，完善市场运作机制，强化为农服务功能，发挥其为农服务综合性合作经济组织的作用。

第三章　人才支撑

　　第二十四条　国家健全乡村人才工作体制机制，采取措施鼓励和支持社会各方面提供教育培训、技术支持、创业指导等服务，培养本土人才，引导城市人才下乡，推动专业人才服务乡村，促进农业农村人才队伍建设。

　　第二十五条　各级人民政府应当加强农村教育工作统筹，持续改善农村学校办学条件，支持开展网络远程教育，提高农村基础教育质量，加大乡村教师培养力度，采取公费师范教育等方式吸引高等学校毕业生到乡村任教，对长期在乡村任教的教师在职称评定等方面给予优待，保障和改善乡村教师待遇，提高乡村教师学历水平、整体素质和乡村教育现代化水平。

　　各级人民政府应当采取措施加强乡村医疗卫生队伍建设，支持县乡村医疗卫生人员参加培训、进修，建立县乡村上下贯通的职业发展机制，对在乡村工作的医疗卫生人员实行优惠待遇，鼓励医学院校毕业生到乡村工作，支持医师到乡村医疗卫生机构执业、开办乡村诊所、普及医疗卫生知识，提高乡村医疗卫生服务能力。

　　各级人民政府应当采取措施培育农业科技人才、经营管理人才、法律服务人才、社会工作人才，加强乡村文化人才队伍建设，培育乡村文化骨干力量。

　　第二十六条　各级人民政府应当采取措施，加强职业教育和继续教育，组织开展农业技能培训、返乡创业就业培训和职业技能培训，培养有文化、懂技术、善经营、会管理的高素质农民和农村实用人才、创新创业带头人。

第二十七条　县级以上人民政府及其教育行政部门应当指导、支持高等学校、职业学校设置涉农相关专业，加大农村专业人才培养力度，鼓励高等学校、职业学校毕业生到农村就业创业。

第二十八条　国家鼓励城市人才向乡村流动，建立健全城乡、区域、校地之间人才培养合作与交流机制。

县级以上人民政府应当建立鼓励各类人才参与乡村建设的激励机制，搭建社会工作和乡村建设志愿服务平台，支持和引导各类人才通过多种方式服务乡村振兴。

乡镇人民政府和村民委员会、农村集体经济组织应当为返乡入乡人员和各类人才提供必要的生产生活服务。农村集体经济组织可以根据实际情况提供相关的福利待遇。

第四章　文化繁荣

第二十九条　各级人民政府应当组织开展新时代文明实践活动，加强农村精神文明建设，不断提高乡村社会文明程度。

第三十条　各级人民政府应当采取措施丰富农民文化体育生活，倡导科学健康的生产生活方式，发挥村规民约积极作用，普及科学知识，推进移风易俗，破除大操大办、铺张浪费等陈规陋习，提倡孝老爱亲、勤俭节约、诚实守信，促进男女平等，创建文明村镇、文明家庭，培育文明乡风、良好家风、淳朴民风，建设文明乡村。

第三十一条　各级人民政府应当健全完善乡村公共文化体育设施网络和服务运行机制，鼓励开展形式多样的农民群众性文化体育、节日民俗等活动，充分利用广播电视、视听网络和书籍报刊，拓展乡村文化服务渠道，提供便利可及的公共文化服务。

各级人民政府应当支持农业农村农民题材文艺创作，鼓励制作反映农民生产生活和乡村振兴实践的优秀文艺作品。

第三十二条　各级人民政府应当采取措施保护农业文化遗产和非物质文化遗产，挖掘优秀农业文化深厚内涵，弘扬红色文化，传承和发展优秀传统文化。

县级以上地方人民政府应当加强对历史文化名镇名村、传统村落和乡村风貌、少数民族特色村寨的保护，开展保护状况监测和评估，采取措施防御和减轻火灾、洪水、地震等灾害。

第三十三条　县级以上地方人民政府应当坚持规划引导、典型示范，有计划地建设特色鲜明、优势突出的农业文化展示区、文化产业特色村落，发展乡村特色文化体育产业，推动乡村地区传统工艺振兴，积极推动智慧广电乡村建设，活跃繁荣农村文化市场。

第五章　生态保护

第三十四条　国家健全重要生态系统保护制度和生态保护补偿机制，实施重要生态系统保护和修复工程，加强乡村生态保护和环境治理，绿化美化乡村环境，建设美丽乡村。

第三十五条　国家鼓励和支持农业生产者采用节水、节肥、节药、节能等先进的种植养殖技术，推动种养结合、农业资源综合开发，优先发展生态循环农业。

各级人民政府应当采取措施加强农业面源污染防治，推进农业投入品减量化、生产清洁化、废弃物资源化、产业模式生态化，引导全社会形成节约适度、绿色低碳、文明健康的生产生活和消费方式。

第三十六条　各级人民政府应当实施国土综合整治和生态修复，加强森林、草原、湿地等保护修复，开展荒漠化、石漠化、水土流失综合治理，改善乡村生态环境。

第三十七条　各级人民政府应当建立政府、村级组织、企业、农民等各方面参与的共建共管共享机制，综合整治农村水系，因地制宜推广卫生厕所和简便易行的垃圾分类，治理农村垃圾和污水，加强乡村无障碍设施建设，鼓励和支持使用清洁能源、可再生能源，持续改善农村人居环境。

第三十八条　国家建立健全农村住房建设质量安全管理制度和相关技术标准体系，建立农村低收入群体安全住房保障机制。建设农村住房应当避让灾害易发区域，符合抗震、防洪等基本安全要求。

县级以上地方人民政府应当加强农村住房建设管理和服务，强化新建农村住房规划管控，严格禁止违法占用耕地建房；鼓励农村住房设计体现地域、民族和乡土特色，鼓励农村住房建设采用新型建造技术和绿色建材，引导农民建设功能现代、结构安全、成本经济、绿色环保、与乡村环境相协调的宜居住房。

第三十九条　国家对农业投入品实行严格管理，对剧毒、高毒、高残留的农药、兽药采取禁用限用措施。农产品生产经营者不得使用国家禁用的农药、兽药或者其他有毒有害物质，不得违反农产品质量安全标准和国家有关规定超剂量、超范围使用农药、兽药、肥料、饲料添加剂等农业投入品。

第四十条　国家实行耕地养护、修复、休耕和草原森林河流湖泊休养生息制度。县级以上人民政府及其有关部门依法划定江河湖海限捕、禁捕的时间和区域，并可以根据地下水超采情况，划定禁止、限制开采地下水区域。

禁止违法将污染环境、破坏生态的产业、企业向农村转移。禁止违法将城镇垃圾、工业固体废物、未经达标处理的城镇污水等向农业农村转移。禁止向农用地排放重金属或者其他有毒有害物质含量超标的污水、污泥，以及可能造成土壤污染的清淤底泥、尾矿、矿渣等；禁止将有毒有害废物用作肥料或者用于造田和土地复垦。

地方各级人民政府及其有关部门应当采取措施，推进废旧农膜和农药等农业投入品包装废弃物回收处理，推进农作物秸秆、畜禽粪污的资源化利用，严格控制河流湖库、近岸海域投饵网箱养殖。

第六章　组织建设

第四十一条　建立健全党委领导、政府负责、民主协商、社会协同、公众参与、法治保障、科技支撑的现代乡村社会治理体制和自治、法治、德治相结合的乡村社会治理体系，建设充满活力、和谐有序的善治乡村。

地方各级人民政府应当加强乡镇人民政府社会管理和服务能力建设，把乡镇建成乡村治理中心、农村服务中心、乡村经济中心。

第四十二条　中国共产党农村基层组织，按照中国共产党章程和有关规定发挥全面领导作用。村民委员会、农村集体经济组织等应当在乡镇党委和村党组织的领导下，实行村民自治，发展集体所有制经济，维护农民合法权益，并应当接受村民监督。

第四十三条　国家建立健全农业农村工作干部队伍的培养、配备、使用、管理机制，选拔优秀干部充实到农业农村工作干部队伍，采取措施提高农业农村工作干部队伍的能力和水平，落实农村基层干部相关待遇保障，建设懂农业、爱农村、爱农民的农业农村工作干部队伍。

第四十四条　地方各级人民政府应当构建简约高效的基层管理体制，

科学设置乡镇机构，加强乡村干部培训，健全农村基层服务体系，夯实乡村治理基础。

第四十五条　乡镇人民政府应当指导和支持农村基层群众性自治组织规范化、制度化建设，健全村民委员会民主决策机制和村务公开制度，增强村民自我管理、自我教育、自我服务、自我监督能力。

第四十六条　各级人民政府应当引导和支持农村集体经济组织发挥依法管理集体资产、合理开发集体资源、服务集体成员等方面的作用，保障农村集体经济组织的独立运营。

县级以上地方人民政府应当支持发展农民专业合作社、家庭农场、农业企业等多种经营主体，健全农业农村社会化服务体系。

第四十七条　县级以上地方人民政府应当采取措施加强基层群团组织建设，支持、规范和引导农村社会组织发展，发挥基层群团组织、农村社会组织团结群众、联系群众、服务群众等方面的作用。

第四十八条　地方各级人民政府应当加强基层执法队伍建设，鼓励乡镇人民政府根据需要设立法律顾问和公职律师，鼓励有条件的地方在村民委员会建立公共法律服务工作室，深入开展法治宣传教育和人民调解工作，健全乡村矛盾纠纷调处化解机制，推进法治乡村建设。

第四十九条　地方各级人民政府应当健全农村社会治安防控体系，加强农村警务工作，推动平安乡村建设；健全农村公共安全体系，强化农村公共卫生、安全生产、防灾减灾救灾、应急救援、应急广播、食品、药品、交通、消防等安全管理责任。

第七章　城乡融合

第五十条　各级人民政府应当协同推进乡村振兴战略和新型城镇化战略的实施，整体筹划城镇和乡村发展，科学有序统筹安排生态、农业、城镇等功能空间，优化城乡产业发展、基础设施、公共服务设施等布局，逐步健全全民覆盖、普惠共享、城乡一体的基本公共服务体系，加快县域城乡融合发展，促进农业高质高效、乡村宜居宜业、农民富裕富足。

第五十一条　县级人民政府和乡镇人民政府应当优化本行政区域内乡村发展布局，按照尊重农民意愿、方便群众生产生活、保持乡村功能和特色的原则，因地制宜安排村庄布局，依法编制村庄规划，分类有序推进村庄建设，严格规范村庄撤并，严禁违背农民意愿、违反法定程序撤并村庄。

第五十二条　县级以上地方人民政府应当统筹规划、建设、管护城乡道路以及垃圾污水处理、供水供电供气、物流、客运、信息通信、广播电视、消防、防灾减灾等公共基础设施和新型基础设施，推动城乡基础设施互联互通，保障乡村发展能源需求，保障农村饮用水安全，满足农民生产生活需要。

第五十三条　国家发展农村社会事业，促进公共教育、医疗卫生、社会保障等资源向农村倾斜，提升乡村基本公共服务水平，推进城乡基本公共服务均等化。

国家健全乡村便民服务体系，提升乡村公共服务数字化智能化水平，支持完善村级综合服务设施和综合信息平台，培育服务机构和服务类社会组织，完善服务运行机制，促进公共服务与自我服务有效衔接，增强生产生活服务功能。

第五十四条　国家完善城乡统筹的社会保障制度，建立健全保障机制，支持乡村提高社会保障管理服务水平；建立健全城乡居民基本养老保险待遇确定和基础养老金标准正常调整机制，确保城乡居民基本养老保险待遇随经济社会发展逐步提高。

国家支持农民按照规定参加城乡居民基本养老保险、基本医疗保险，鼓励具备条件的灵活就业人员和农业产业化从业人员参加职工基本养老保险、职工基本医疗保险等社会保险。

国家推进城乡最低生活保障制度统筹发展，提高农村特困人员供养等社会救助水平，加强对农村留守儿童、妇女和老年人以及残疾人、困境儿童的关爱服务，支持发展农村普惠型养老服务和互助性养老。

第五十五条　国家推动形成平等竞争、规范有序、城乡统一的人力资源市场，健全城乡均等的公共就业创业服务制度。

县级以上地方人民政府应当采取措施促进在城镇稳定就业和生活的农民自愿有序进城落户，不得以退出土地承包经营权、宅基地使用权、集体收益分配权等作为农民进城落户的条件；推进取得居住证的农民及其随迁家属享受城镇基本公共服务。

国家鼓励社会资本到乡村发展与农民利益联结型项目，鼓励城市居民到乡村旅游、休闲度假、养生养老等，但不得破坏乡村生态环境，不得损害农村集体经济组织及其成员的合法权益。

第五十六条　县级以上人民政府应当采取措施促进城乡产业协同发展，在保障农民主体地位的基础上健全联农带农激励机制，实现乡村经济多元化和农业全产业链发展。

第五十七条　各级人民政府及其有关部门应当采取措施鼓励农民进城务工，全面落实城乡劳动者平等就业、同工同酬，依法保障农民工工资支付和社会保障权益。

第八章　扶持措施

第五十八条　国家建立健全农业支持保护体系和实施乡村振兴战略财政投入保障制度。县级以上人民政府应当优先保障用于乡村振兴的财政投入，确保投入力度不断增强、总量持续增加、与乡村振兴目标任务相适应。

省、自治区、直辖市人民政府可以依法发行政府债券，用于现代农业设施建设和乡村建设。

各级人民政府应当完善涉农资金统筹整合长效机制，强化财政资金监督管理，全面实施预算绩效管理，提高财政资金使用效益。

第五十九条　各级人民政府应当采取措施增强脱贫地区内生发展能力，建立农村低收入人口、欠发达地区帮扶长效机制，持续推进脱贫地区发展；建立健全易返贫致贫人口动态监测预警和帮扶机制，实现巩固拓展脱贫攻坚成果同乡村振兴有效衔接。

国家加大对革命老区、民族地区、边疆地区实施乡村振兴战略的支持力度。

第六十条　国家按照增加总量、优化存量、提高效能的原则，构建以高质量绿色发展为导向的新型农业补贴政策体系。

第六十一条　各级人民政府应当坚持取之于农、主要用之于农的原则，按照国家有关规定调整完善土地使用权出让收入使用范围，提高农业农村投入比例，重点用于高标准农田建设、农田水利建设、现代种业提升、农村供水保障、农村人居环境整治、农村土地综合整治、耕地及永久基本农田保护、村庄公共设施建设和管护、农村教育、农村文化和精神文明建设支出，以及与农业农村直接相关的山水林田湖草沙生态保护修复、以工代赈工程建设等。

第六十二条　县级以上人民政府设立的相关专项资金、基金应当按照规定加强对乡村振兴的支持。

国家支持以市场化方式设立乡村振兴基金，重点支持乡村产业发展和公共基础设施建设。

县级以上地方人民政府应当优化乡村营商环境，鼓励创新投融资方式，引导社会资本投向乡村。

第六十三条　国家综合运用财政、金融等政策措施，完善政府性融资担保机制，依法完善乡村资产抵押担保权能，改进、加强乡村振兴的金融支持和服务。

财政出资设立的农业信贷担保机构应当主要为从事农业生产和与农业生产直接相关的经营主体服务。

第六十四条　国家健全多层次资本市场，多渠道推动涉农企业股权融资，发展并规范债券市场，促进涉农企业利用多种方式融资；丰富农产品期货品种，发挥期货市场价格发现和风险分散功能。

第六十五条　国家建立健全多层次、广覆盖、可持续的农村金融服务体系，完善金融支持乡村振兴考核评估机制，促进农村普惠金融发展，鼓励金融机构依法将更多资源配置到乡村发展的重点领域和薄弱环节。

政策性金融机构应当在业务范围内为乡村振兴提供信贷支持和其他金融服务，加大对乡村振兴的支持力度。

商业银行应当结合自身职能定位和业务优势，创新金融产品和服务模式，扩大基础金融服务覆盖面，增加对农民和农业经营主体的信贷规模，为乡村振兴提供金融服务。

农村商业银行、农村合作银行、农村信用社等农村中小金融机构应当主要为本地农业农村农民服务，当年新增可贷资金主要用于当地农业农村发展。

第六十六条　国家建立健全多层次农业保险体系，完善政策性农业保险制度，鼓励商业性保险公司开展农业保险业务，支持农民和农业经营主体依法开展互助合作保险。

县级以上人民政府应当采取保费补贴等措施，支持保险机构适当增加保险品种，扩大农业保险覆盖面，促进农业保险发展。

第六十七条　县级以上地方人民政府应当推进节约集约用地，提高土地使用效率，依法采取措施盘活农村存量建设用地，激活农村土地资源，完善农村新增建设用地保障机制，满足乡村产业、公共服务设施和农民住宅用地合理需求。

县级以上地方人民政府应当保障乡村产业用地，建设用地指标应当向乡村发展倾斜，县域内新增耕地指标应当优先用于折抵乡村产业发展所需建设用地指标，探索灵活多样的供地新方式。

经国土空间规划确定为工业、商业等经营性用途并依法登记的集体经营性建设用地，土地所有权人可以依法通过出让、出租等方式交由单位或者个人使用，优先用于发展集体所有制经济和乡村产业。

第九章　监督检查

第六十八条　国家实行乡村振兴战略实施目标责任制和考核评价制度。上级人民政府应当对下级人民政府实施乡村振兴战略的目标完成情况等进行考核，考核结果作为地方人民政府及其负责人综合考核评价的重要内容。

第六十九条　国务院和省、自治区、直辖市人民政府有关部门建立客观反映乡村振兴进展的指标和统计体系。县级以上地方人民政府应当对本行政区域内乡村振兴战略实施情况进行评估。

第七十条　县级以上各级人民政府应当向本级人民代表大会或者其常务委员会报告乡村振兴促进工作情况。乡镇人民政府应当向本级人民代表大会报告乡村振兴促进工作情况。

第七十一条　地方各级人民政府应当每年向上一级人民政府报告乡村振兴促进工作情况。

县级以上人民政府定期对下一级人民政府乡村振兴促进工作情况开展监督检查。

第七十二条　县级以上人民政府发展改革、财政、农业农村、审计等部门按照各自职责对农业农村投入优先保障机制落实情况、乡村振兴资金使用情况和绩效等实施监督。

第七十三条　各级人民政府及其有关部门在乡村振兴促进工作中不履行或者不正确履行职责的，依照法律法规和国家有关规定追究责任，对直接负责的主管人员和其他直接责任人员依法给予处分。

违反有关农产品质量安全、生态环境保护、土地管理等法律法规的，由有关主管部门依法予以处罚；构成犯罪的，依法追究刑事责任。

第十章 附　则

第七十四条　本法自 2021 年 6 月 1 日起施行。